HEYNE <

Das Buch

Amo ergo sum – eine zeitgemäße Methode der Selbstverwirklichung, hervorgegangen aus dem Dialog von Spiritualität und Wissenschaft: Die treibende Kraft dabei ist die Liebe, ein Bewusstseinszustand, der zur Erkenntnis der Wahrheit führt – nach innen, in das tiefste, wahre Selbst. Indem wir dieses Selbst erkennen und realisieren, können wir unser Glück finden und dazu beitragen, eine neue Wirklichkeit zu erschaffen. Eine Wirklichkeit, die auf dem starken Fundament einer Kultur des Herzens ruht. Der Weg dorthin ist vorgezeichnet, denn unser innerster Kern schwingt immer in dieser Liebe. Wenn wir uns der Liebe öffnen, erfahren wir den Zusammenhang und wenn wir den Zusammenhang erkennen, erfahren wir die Liebe. Ich liebe, also bin ich: *amo ergo sum.*

Die Autorin

Dr. phil. Christina Kessler ist Kulturanthropologin, Soziologin und Religionswissenschaftlerin. Ihre Reisen führten sie rund um den Globus zu den großen Gelehrten, spirituellen Meistern und Heilkundigen unserer Zeit. Sie forschte in Mexiko (Schamanismus), Ladakh (Bön und Mahayana-Buddhismus, tantrische Praxis) und Südindien (Raja-Yoga, Vedanta) mit der Zielsetzung, die Essenz der traditionellen Selbsterfahrungswege in einer modernen Form zugänglich zu machen. Daneben absolvierte sie Fortbildungen in Systemischer Familien- und Paartherapie sowie in verschiedenen Formen der Atem- und Energiearbeit.

CHRISTINA KESSLER

amo ergo sum

Ich liebe, also bin ich

WILHELM HEYNE VERLAG
MÜNCHEN

Die Originalausgabe erschien unter dem Titel
»*Amo ergo sum*« im Arbor Verlag, Freiamt im Schwarzwald.

Umwelthinweis:
Dieses Buch wurde auf chlor- und
säurefreiem Papier gedruckt.

Taschenbucherstausgabe 08/2005

Printed in Germany 2005
Umschlaggestaltung: HildenDesign, München
Umschlagmotiv: © Botanica/Mauritius
Herstellung: Helga Schörnig
Gesetzt aus der 10/12,5 Punkt Scala bei C. Schaber Datentechnik, Wels
Druck und Bindung: GGP Media GmbH, Pößneck

ISBN 3-453-70021-X

www.heyne.de

Ich widme dieses Buch
den Meistern meines Lebens,
meinem verstorbenen Vater
und dem »Inder«.

Inhalt

ZWEITES BUCH

Das Spiel von Wahrheit und Wirklichkeit

Die drei Dimensionen des Selbst

DRITTES BUCH

Lebendige Wahrheit, gelebte Spiritualität – *Die Praxis*

Danksagung

Zuallererst möchte ich mich bei meiner Mutter und meinem Vater bedanken. Sie schenkten mir die Möglichkeit, den Reichtum des Lebens zu erfahren. Ich möchte mich bei meiner Tochter Elena bedanken, die mir durch ihre bedingungslose Liebe das Herz bis zum Rand öffnete und es immer wieder zum Überlaufen bringt. Ich danke meinen Meistern aus aller Welt für die Weisheit ihres Herzens, durch die mir die Augen geöffnet wurden, sodass ich nun die Schönheit in allem erblicken kann. Ich danke meinen Lehrern und Professoren, die meinen Intellekt schulten, der mir inzwischen zu einem großartigen Werkzeug geworden ist. Ich danke meinen Freunden, die den Weg des Wachstums mit mir gingen und mich auf den Durststrecken, in Zeiten des Chaos, der Krisen, des Zweifelns, der Ohnmacht und des Verlustes stützten, weil sie mir vertrauten. Ich danke allen Menschen, die mir jemals begegnet sind, und sei es nur für einen kurzen Augenblick. Sie alle waren meine Meister. Und ich danke dem Leben selbst, dem größten und weisesten aller Meister, unserem eigentlichen Lehrer. Ich bin zutiefst dankbar für alles, was ich bisher erleben, erfahren und sein durfte – für alles, ohne Ausnahme.

Vorwort

Selbstrealisation
ist die volle Entfaltung
des dem Menschen
innewohnenden
Potenzials,
die Befreiung
von allen
geistigen
Begrenzungen –
die Ursehnsucht
der Seele nach
Vollkommenheit.

Über lange Zeit hinweg haben wir diese Sehnsucht mit den falschen Mitteln gestillt.
Trennung, Zerstörung und psychische Anarchie waren die Folgen.
Dies geschah, weil wir unser Selbst nicht vollständig erfassten,
die geistigen Gesetze des Kosmos und des Seins negierten.
Unsere bisherigen Überzeugungen und Werte,
die Art und Weise, wie wir die Welt und den Menschen definierten,
haben sich in ihrer Begrenztheit selbst ad absurdum geführt.

Nun stehen wir an der Schwelle zu einem neuen Zeitalter.
Für jeden Einzelnen von uns wird es Zeit,

das alte Gewand abzulegen,
eine Weile in sich hineinzuhorchen,
die tiefsten Sehnsüchte zu ergründen
und die eigene innere Stimme zu finden.
Wir müssen die Initiation,
die uns unsere Kultur versagt,
selbst vollziehen.

Tun wir das, werden wir reich belohnt.
Dann können wir – wie Phönix aus der Asche –
wieder auferstehen und
unsere höchste Vision verwirklichen.
Dann können wir den Himmel auf Erden erschaffen.
Wir brauchen nur dem Flüstern der inneren Stimme
zu folgen,
die das Leben und die Welt in Schönheit verwandelt.

Liebe Leserin, lieber Leser,

dieses Buch wirft neues Licht auf das uralte Thema der Selbstrealisation oder Ich-Findung, das in allen Weisheitstraditionen der Welt *die* zentrale Rolle spielt. Es geht um die Ur-Sehnsucht des Menschen, sich selbst und das Wesen der Existenz zu erkennen, sein Potenzial zu entfalten, seinen Platz in der Welt einzunehmen und dadurch Erfüllung, Liebe, Lebensfreude und Glück zu finden. In erster Linie geht es um die Beantwortung der Frage nach dem *Wie*. Wie komme ich dorthin? Wie kann ich ohne Umschweife meinen innersten Traum, von dem ich schon immer weiß, den ich aber nie zu leben wagte, Wirklichkeit werden lassen? Es geht jedoch auch um das *Warum*. Warum ist Selbstverwirklichung essenziell für unsere individuelle und kollektive Zukunft? Warum bietet gerade unsere gegenwärtige Zeit die idealen Ausgangsbedingungen nicht nur für die Realisation des Selbst, sondern auch für einen evolutionären, kollektiven Bewusstseinssprung? Und warum kann der Weg zum wahren Selbst heute ganz anders aussehen – leichter, effektiver und schneller sein als noch vor einigen Jahrzehnten?

Amo ergo sum enthält eine »r/evolutionäre« Antwort auf diese Fragen. Es ist die Antwort der inneren Stimme selbst, die unaufhörlich in jedem Menschen flüstert, und die – wenn man auf ihr Flüstern achtet und ihm folgt – das Leben und die Welt in Schönheit verwandeln kann. Sie enthüllt die universellen Gesetze des ewigen Spiels von Wahrheit und Wirklichkeit, indem sie die Erfahrungen der Mystik mit den Erkenntnissen der neuen Wissenschaften verbindet. Dadurch bietet sie einen immens erweiterten Rahmen für ein Selbst-Verständnis, auf dessen Grundlage eine neue Wirklichkeit erwachsen kann. Die Zeit ist reif, um das Alte abzustreifen und dem Neuen, das schon in der Luft liegt, Einlass zu gewähren. So gesehen, versteht sich das vorliegende Buch als Initiation in das zukünftige Welt- und Menschenbild. Es ist eine Anleitung für Menschen, die ihre höchste Vision verwirklichen und gleichzeitig einem neuen, kollektiven »Selbst-Bewusst-Sein« zum Durchbruch verhelfen wollen.

Mit einem Schatz an Weisheit, Wissen und Erfahrung, wie er uns heute erstmals in der Menschheitsgeschichte aus allen Kulturen zur Verfügung steht, ist Selbstrealisation kein schwieriger Weg mehr. Früher war es meist ein Weg der Selbstaufgabe, der Entsagung an das Leben. Heute ist es genau umgekehrt: Selbstrealisation offenbart sich als einfacher, völlig natürlicher Weg, der auf einem System von Gesetzmäßigkeiten beruht, das man so oder so nicht umgehen kann und das Spiritualität und Sinnlichkeit endlich vereint. Jeder bewusste Schritt auf diesem Weg bringt einen enormen Zuwachs an Leichtigkeit, Lebensfreude, Liebe, Erfüllung, Erkenntnis, natürlicher Autorität, Schönheit, Glück und Erfolg. Allein die Entscheidung, jenen Weg zu gehen, kommt einer Neugeburt gleich, bedeutet den Beginn einer Entwicklung vom Sklaven zum Meister seines Selbst, ist ein Quantensprung vom bloßen *Überleben* in das intensive *Erleben* dieser Welt.

Die geistigen Gesetze sind Teil einer alles durchdringenden Ordnung, die sich in der materiellen Wirklichkeit als Schöpfung manifestiert. Doch diese Schöpfung ist bewusst unvollendet. Ihre Vollendung erfährt sie erst durch den Schöpfungsanteil des Menschen, durch *sein* Spiel mit den kosmischen Wahrheiten.

Einiges über mich selbst

Amo ergo sum ist das Ergebnis langjähriger Forschungen. Vor allem aber ist es das Ergebnis meiner eigenen *Erfahrung*. Das Buch entstand aus dem, ich muss gestehen, oft verzweifelten Versuch, Ordnung in das Chaos der unüberschaubaren Vielfalt und scheinbaren Widersprüchlichkeit traditioneller und moderner Wissenschaften der Selbstrealisation zu bringen. Ich spreche von »Wissenschaften der Selbstrealisation« und nicht von Philosophie, Religion, Esoterik, Psychologie, Metaphysik und all jenen Disziplinen, die um das Thema Heilung oder Ganz-Sein kreisen. Letztendlich drückt sich in allen Wissenschaften die Suche nach dem wahren Selbst aus. Die Ursehnsucht, seinen Platz im Ganzen einzunehmen und von diesem Platz aus bewusst an der Schöpfung teilzunehmen, führte den Menschen zur Erforschung der Erscheinungen und ihrer Zusammenhänge. Er erfand Denkmodelle, in denen er seine Erkenntnisse als Wahrheiten legitimierte; Systeme, die sein Leben mit dem Licht der Wahrheit in Einklang bringen sollten; und innerhalb dieser Denkmodelle und Systeme wiederum eine Flut von Methoden und Techniken, um Lebensfreude und Glück zu erlangen.

Ich weiß nicht mehr genau, wann *meine* Suche nach dem Ich begann. Aber ich glaube schon sehr früh. Von Geburt an hatte ich einen unstillbaren Forschungsdrang und ein ausgeprägtes Bedürfnis nach Schönheit, begleitet von einem schier unüberwindbar erscheinenden Konflikt zwischen Sinnlichkeit und hohen Idealen. Und dann gab es da mein Lieblingsspiel, das ich als Sechsjährige entdeckte und ab diesem Zeitpunkt jeden Abend vor dem Schlafengehen spielte. Ich nannte es: Warum bin ich der, der ich bin? Mit eben dieser Frage begann das Spiel. Es führte mich durch eine Verkettung unendlich vieler Antworten in einen faszinierenden Zustand der Grenzenlosigkeit, des Nichts, der Leerheit, in dem es keine Antworten mehr gab und sich selbst die Frage erübrigte. Egal, wie ich die Antworten aneinander reihte, sie endeten immer in jener wonnevollen Freiheit, in der nichts als Klarheit und unendliches Sein jenseits der Welt der Antworten herrschten. Die Antworten spiegelten meine Wirklichkeit wider, die täglich anders aussah. In dieser inneren Welt der Leerheit jedoch fand ich das Ewige und Unveränderliche, in dem nichts mehr von Bedeutung war und das doch alles zu enthalten schien. Ich war richtiggehend süchtig nach diesem Zustand. Mit der Zeit wurde der Sog der Leerheit immer stärker und die Kette meiner Antworten immer kürzer, bis ein bloßes »Ich bin Chri...« mich hinübergleiten ließ. Eine Nebenerscheinung des Spiels war, dass ich, wenn ich die Menschen in ihrem alltäglichen Wirken beobachtete, mir das Gefühl nicht verkneifen konnte, dass die wenigsten von ihnen wirklich verstanden, was sie da eigentlich lebten. Sonntags in der Kirche sangen sie lauthals zu Gott und mir war, als könne ich an ihrem Atem riechen, ob sie wirklich von Gott wussten oder nicht. Die Art, wie sie die Töne zu einem Lied verbanden, die Art, wie ihr Atem dabei aus ihnen hervorstieß und eine bestimmte »Geschmacksnote« annahm, verriet mir, dass nur die wenigsten, und diese auch nur manchmal, verstanden, was sie sangen. Nicht, dass *ich* in meiner Kindlichkeit etwas von Gott und der Welt verstanden hätte. Nein. Es war eher eine vage Ahnung, dass hier etwas nicht stimmte, dass alles, was ich wahrnahm, viel zu grob und begrenzt war und dass es ebenso gut ganz anders hätte sein können. Es sollte noch viele Jahre dauern, bis mein kindliches Spiel zu einer Erkenntnis heranreifte und den wirklichen Durchbruch der inneren Stimme ermöglichte.

Wie auch immer die Anfänge gewesen sein mögen – die Suche nach der »Schönheit des wahren Selbst« führte mich schließlich zum Studium der Kulturanthropologie, Vergleichenden Religionswissenschaften, Philosophie und Soziologie. Innerhalb dieser Fächer spezialisierte ich mich auf die Erforschung und den Vergleich der großen Medizin- und Weisheitssysteme dieser Welt.

Meine Semesterferien verbrachte ich über viele Jahre hinweg in Mexiko bei den Huichol-Indianern, die für ihren Peyote-Schamanismus bekannt sind. Dort sammelte ich Material für meine Magisterarbeit und später für meine Dissertation. Die rituelle Einnahme des halluzinogenen Peyote-Kaktus gewährt dem *Mara'akáme*, wie der Huichol-Schamane genannt wird, Einblick in die Ordnung der metaphysischen Welt. Auch ich machte mittels Peyote und unter der Führung eines *Mara'akáme* wertvolle Erfahrungen in einer Wirklichkeit, welche die sinnlich wahrnehmbare Realität durchdringt; einer Wirklichkeit, in der andere Gesetze herrschen als in der Welt der Materie; einer Wirklichkeit von subtiler Kraft und Dynamik, voller Licht, Farben und Bilder; einer Wirklichkeit, die mir wirklicher erschien als alles, was ich bisher für wirklich gehalten hatte. In den durch Peyote induzierten, erweiterten Bewusstseinszuständen lernte ich die Energiefelder, die jedes belebte, aber auch unbelebte Objekt umgeben, wahrzunehmen und das Wechselspiel der Energien zu beobachten. Ich konnte sehen, wie sich Energie zu Materie verdichtet und erkannte, dass letztendlich auch Materie nichts anderes ist als Energie, wie im Spiel ständig in Bewegung, unaufhörlich fließend und flimmernd, sich ausdehnend und zusammenziehend. Im Licht dieser Zustände betrachtet, bestand nichts und niemand für sich allein, getrennt vom Rest der Welt. Alles berührte sich, floss ineinander, durchdrang und vermischte sich, wogte in einem unendlichen Ozean des Seins und der Fülle. Ich erkannte das Wesen der Elemente und verstand die Sprache der Tiere, begegnete Verstorbenen und sprach mit den Göttern. Ich sah, wie wir durch unsere Gedanken und Gefühle die Welt um uns herum und schließlich uns selbst erschaffen. Die Einblicke in diese Welt lösten ekstatische Freude und ein Sinnenerleben ohnegleichen aus. Ich fühlte mich eingebettet in das Ganze, beschützt von den Göttern der Natur, getragen von Großmutter Erde *Nakawé*, gereinigt von Großvater Feuer *Tatewarí*, durchtränkt von der Leben spendenden Kraft unseres Vaters Sonne *Tayau*. Aufgrund dieser Erlebnisse gewann ich ein starkes Urvertrauen in das Leben und in den Kosmos. Gleichzeitig wurde mir schmerzlich bewusst, wie öde und karg sich dagegen das materialistisch orientierte Weltbild unserer Zivilisation anfühlte, eine Welt in Schwarz-Weiß, eingekeilt in eine starre Struktur, ohne die Leuchtkraft der Farben, ohne das wärmende Pulsieren einer bewusst wahrgenommenen Lebenskraft – ohne wirkliche Schönheit, ohne spielerische Leichtigkeit.

Nach der Promotion gründete ich eine Familie, brachte eine entzückende Tochter zur Welt und wurde für ein paar Jahre sesshaft. Während dieser Zeit ließ ich mich zur Atemlehrerin sowie zur Systemischen Familien- und Paartherapeutin ausbilden, forschte und experimentierte weiterhin mit traditionellen und modernen Methoden der Selbstverwirklichung und entwickelte 1992 die Holistische Energie- und Atemlehre, kurz HEAL, als Resümee meiner bisherigen Arbeit. Bald darauf eröffnete ich eine Praxis, in der ich vor allem junge Künstler und Musiker coachte.

Als meine Tochter allmählich größer wurde, trieb es mich wieder ins »Feld«, wie Kulturanthropologen ihre Forschungsaufenthalte bei fremden Völkern nennen. Der Mahayana-Buddhismus und das tibetische Medizinsystem mit seiner tiefgründigen Psychologie hatten mich in ihren Bann gezogen. In Ladakh und später im tibetischen Exil-Kloster Mundgod in Südindien fand ich hervorragende Lehrer, die mich in den tibetischen Techniken der Selbstrealisation unterwiesen. Das Training war effektiv, doch äußerst zeitaufwendig. Die Praxis des Geistestrainings nahm täglich mehrere Stunden in Anspruch und ließ sich auf Dauer nicht in meinen europäischen Alltag integrieren.

Deshalb machte ich mich noch gezielter daran, die Essenz der Weisheitslehren und Heilsysteme herauszukristallisieren. Ich wollte hinter den Fassaden von Kultur und Religion die reine Aussage, die nackten Prinzipien, den universellen Sinngehalt erfassen. Die meisten Menschen klammern sich an Äußerlichkeiten und Formen fest, an Dogmen, Riten, Mythen, Personifikationen, Göttern, Symbolen und bildhaften Darstellungen. Dabei laufen sie Gefahr, *ihre* Richtung für die einzig wahre zu halten, *ihre* Götter gegen alle anderen zu verteidigen. Es ist ihnen nicht bewusst, dass es sich nur um Werkzeuge handelt, mit deren Hilfe abstrakte Prinzipien für den menschlichen Geist greifbar gemacht werden sollen. Nicht umsonst finden wir in allen Religionen das große Warnschild: »Du sollst dir kein Bild von mir machen.« Geht es doch bei der Selbstrealisation auch darum, sich von festgefahrenen Vorstellungen und Glaubenssätzen, die uns von Kultur, Religion, Gesellschaft, Schule und Familie übergestülpt werden, zu befreien.

Mein Unterfangen nahm mehrere Jahre intensiven Quellenstudiums in Anspruch. Weitere Reisen folgten, Reisen, die mich zu tibetischen, indischen und chinesischen Lehrern, Heilern und Ärzten führten, aber auch in die Vereinigten Staaten, wo es schon seit Jahrzehnten eine Reihe von großartigen Schulen gibt, die eine Synthese von Philosophie, Religion und Naturwissenschaft anstreben. Auch mich hatte die Synthese von Wissenschaft und Mystik immer fasziniert. Die Erkenntnisse der neuen Physik seit Einstein und der Quantenmechanik kommen den Inhalten mystischer Erfahrung erstaunlich nah und konnten diese aus wissenschaftlicher Sicht sogar bestätigen.

Im Zeitalter der globalen Vernetzung, am Beginn der Ära der Informationsgesellschaft steht uns ein immenser Pool an Wissen und Weisheit zur Verfügung, aus dem wir nur zu schöpfen brauchen, um eine »neue Welt« zu erschaffen. Noch nie zuvor war die Fülle so greifbar wie heute. Aber auch noch nie zuvor war das Leben der meisten Menschen so leer. Wir befinden uns inmitten einer Phase der Degeneration und Desorientierung. Man kann das Neue zwar schon ahnen, aber die starren Strukturen des materialistischen Zeitalters und seines mechanistischen Weltbilds halten die meisten von uns noch unerbittlich in ihren Klauen gefangen.

Der moderne Mensch sehnt sich nach Ganzheit, weil er spürt, dass er mehr ist als eine Maschine, mehr kann als nur funktionieren. Mit Prestige und einem Haufen von Statussymbolen umgeben zu sein macht ihn nicht glücklich. Er will Sinn. Freude. Vibrierende Lebensenergie. Persönliche Kraft und Souveränität. Er verlangt nach mehr Schönheit in der Welt, die ihn umgibt, nach wirklicher, nährender Schönheit. Er wünscht sich erfüllende Beziehungen, welche schon so lange nicht mehr möglich erscheinen. Er will Liebe. Ja, er will endlich wieder lieben dürfen – sich selbst und andere. Und instinktiv spürt er, dass dies alles nur möglich wird, wenn er den Mut aufbringt, die Wahrheit – seine innere, ureigene Wahrheit – zu leben.

Mit meiner Sehnsucht nach Schönheit und dem inneren Drängen nach Entfaltung all meiner Möglichkeiten bin ich nicht allein. Ich weiß, dass ich vielen Menschen aus der Seele spreche. An diese Menschen richtet sich meine Botschaft, für diese Menschen habe ich das vorliegende Buch geschrieben.

Ich richtete mein ganzes Bemühen darauf, im Komplexen das Wesentliche zu finden und die Vielfalt auf das Notwendige zu reduzieren. Ich setzte dies so lange fort, bis nur noch die universellen Wahrheiten und die wirklich notwendigen Methoden übrig blieben. Ab diesem Zeitpunkt wurde die Arbeit spielerisch. Das Spiel mit der Wahrheit begann. Mehr und mehr gelang es mir, die einzelnen Aspekte so miteinander zu verknüpfen, dass sie sich gegenseitig in ihrer Effektivität potenzierten.

Eines Tages kam der Durchbruch. Ich fand, was ich mein Leben lang gesucht hatte: mich selbst, mein wirkliches, wahres Selbst, meinen Wesenskern. Meine innere Stimme offenbarte sich mit aller Macht und brachte mich in jenen Zustand der Verzückung, den so viele Mystiker beschrieben haben. Ich erkannte, dass wir tatsächlich die Schöpfer unserer Wirklichkeit sind und dass es die vornehmste Aufgabe des Menschen ist, seine Schöpferkraft *bewusst zu nutzen.* Ich erkannte aber auch, dass der bewusste Umgang mit der Schöpferkraft unbedingt auf die Instanz der inneren Stimme, das »Ge-Wissen« ausgerichtet sein muss, um dauerhaftes Glück zu erlangen. Denn nur diese Stimme kennt die Spielregeln der kosmischen Ordnung.

Eine wilde Entschlossenheit durchströmte mich, ab jetzt mein Leben nach meiner höchsten Vorstellung zu gestalten, Schritt für Schritt der Führung der inneren Stimme zu folgen und mich dabei von nichts und niemandem mehr beeinflussen oder gar abhalten zu lassen. Gleichzeitig tat sich die Erkenntnis auf: »Es ist so einfach ... so einfach ... und ... ich habe es immer gewusst.« Die innere Stimme zu finden ist nicht schwierig. Sie ist ja immer da, in jedem von uns. Sie gibt sich durch Liebe zu allem, was ist, und durch spirituelle Freude zu erkennen. Sie ist unser Glücksbarometer. Sie ist auf das Wohl des Ganzen ausgerichtet.

Dies war also der Wendepunkt. Seither scheint sich mein Leben in Übereinstimmung mit einem zugrunde liegenden Plan zu entwickeln. Manche Ereignisse treten wie Wunder in meinen Alltag. Unerwartet tragen sie mir genau das zu, was mich im Moment weiterbringen kann. Meine Lebensenergie scheint unerschöpflich. Mein Glücksempfinden ist so stark, dass ich es »gerade noch aushalten kann« – obwohl die Umstände im Außen nicht immer rosig aussehen. Das Leben geht schließlich weiter. Noch ist die Welt keine heile Welt und die Menschen sind in ihrer Unerlöstheit keine Engel. An dieser Stelle stehe ich nun und hier möchte ich den Leser an der Hand nehmen, um gemeinsam mit ihm das vollständige Glück zu finden.

Der in *Amo ergo sum* beschriebene Weg beginnt genau an dem Punkt, den ich in langer theoretischer Suche und praktischer Arbeit an mir selbst und mit anderen Menschen erreicht habe. Von diesem Punkt aus lässt sich nämlich klar erkennen, dass es für die Selbstrealisation gar nicht notwendig ist, sein halbes Leben mit psychologischer Vorarbeit zu verplempern. Hätten wir eine Erziehung in die Ganzheit hinein genossen, wurzelte unsere Vorstellung der Wirklichkeit nicht auf einem Paradigma der Trennung, stünden wir jetzt alle an diesem Punkt der Schöpfung unserer Wirklichkeit.

ERSTES BUCH

Zeiten des Wandels

Auf der Suche

Die Schwelle

Die Zeit, in der wir leben, ist eine besondere Zeit. Eine spannende Zeit. Eine Zeit mit Schwellencharakter. Wir befinden uns nicht nur am Anfang eines neuen Millenniums, sondern gleichzeitig an der Schwelle zu einer neuen Epoche der Menschheitsgeschichte. Schon während der vorangegangenen Jahrzehnte hat unsere Welt dramatische Veränderungen erfahren. In rasantem Tempo vollzog sich der Übergang von der Industriegesellschaft zur Informationsgesellschaft. Die modernen Kommunikationstechnologien führten zu einer Vernetzung unseres Planeten, seiner Völker und Kulturen, zu einer immer stärker werdenden Verflechtung auf politischer, wirtschaftlicher und technologischer Ebene. Sie führten auch zur Entstehung eines riesigen Reservoirs an Wissen und Erkenntnis.

Vor ein paar hundert Jahren noch »war« unsere Erde eine flache Scheibe, auf der die einzelnen Erdteile unerreichbar weit voneinander entfernt lagen. Bedingt durch die räumliche Isolation hielt sich jedes Volk für das einzige Volk. Von irgendwelchen Nachbarn wusste man nichts oder stempelte sie in ihrer Fremdheit zu Barbaren ab. Veränderungen und Entwicklungen gingen nur langsam voran und waren stets auf einen bestimmten Raum beschränkt.

Heutzutage ist die Erde bis in ihre letzten Winkel hinein erforscht. Wir kennen alle Kulturen und wissen um deren geheimste Erkenntnisse. Noch nie zuvor in ihrer Geschichte hatte die Menschheit eine solche Fülle an Wissen, Fähigkeiten und Mitteln zur Gestaltung einer besseren Welt zur Verfügung. Doch anstatt hoffnungsvoll auf die Zukunft zu schauen, breitet sich die große Angst aus. Und das nicht zu Unrecht. Denn das Leben auf der Erde ist auf *allen* Ebenen aus dem Gleichgewicht geraten. Bevölkerungsexplosion, Klimaveränderung, Ozonloch, Naturkatastrophen, politische Umwälzungen, weltweite Krisenherde, Vergiftung der Umwelt, Ausbeutung der natürlichen Ressourcen, der internationale Terrorismus und das bedrohlich über uns schwebende Damoklesschwert eines Waffenpotenzials, mit dem wir innerhalb weniger Augenblicke unseren Planeten in die Luft jagen und die Menschheit für immer auslöschen können, sind Zeichen einer Unstimmigkeit, vor der wir nicht länger die Augen verschließen können. Es sind sichtbare Zeichen im Außen.

Doch auch wenn wir uns selbst betrachten und in unser Inneres hineinhören, können wir die Zeichen deutlich wahrnehmen. Wir sind unzufrieden, unerfüllt und desorientiert. Eine allgegenwärtige Unruhe, ein intuitives Unbehagen lassen erkennen, dass eigentlich nichts mehr in Ordnung ist. Die Beziehungen der Menschen sind weder von Dauer, noch sind sie von Glück und Schönheit erfüllt. Partnerschaften und Familien brechen auseinander. Kinder und Jugendliche sind überfordert und haltlos, verschaffen sich Luft durch Rebellion oder fliehen in Süchte. Alter und Tod haben keinen Platz mehr in unserem System und werden demzufolge ausgeklammert und geleugnet. Die Bäuche sind voll, doch die Herzen sind leer. Das Leben ist freudlos geworden, denn unser Handeln verfolgt seit langem nur noch *einen* Zweck: unseren Wohlstand ständig zu vermehren. Wir alle sehen uns mit den bangen Fragen konfrontiert: »Was passiert hier eigentlich? Warum das alles? Wie kommen wir aus diesem Albtraum wieder heraus? Wird es überhaupt ein Erwachen geben?«

Gewöhnlich geht jeder neuen Epoche eine Ära der Degeneration voraus. Altes muss teilweise sterben damit Neues entstehen kann. Das Besondere an dem zurzeit ablaufenden Degenerationsprozess jedoch scheint zu sein, dass nicht nur ein kleiner Ausschnitt der Weltkarte betroffen ist, sondern die Erde als Ganzes. Wissenschaftler sprechen von der ersten globalen Revolution.

Phasen des Übergangs sind stets mit Angst besetzt: mit der Angst der Masse vor dem Verlust der Sicherheit und mit der Angst der Elite vor dem Verlust der Macht. Und da Ängste in unserem Bewusstsein zu Hause sind, ist jeder soziale Wandel gleichzeitig ein Bewusstseinswandel. Gegenwärtig haben wir es mit einem Bewusstseinswandel von gigantischer Größenordnung zu tun, der sich infolge der globalen Vernetzung auch noch rasend schnell vollziehen wird. Ob dies der endgültige Untergang sein wird oder der nächste Schritt in die Evolution, wird sich erweisen, sobald die kritische Masse erreicht ist. Das kann die kritische Masse derer sein, die am Alten festklammern, oder die kritische Masse der Mutigen, die bereit sind, eine neue Wirklichkeit zu erschaffen. Dass wir alle zu den Mutigen gehören und gemeinsam unsere Ängste über Bord werfen können, hängt jedoch weitgehend von einer greifbaren und glaubhaften Vision einer besseren Zukunft ab.

Jetzt, an der Schwelle des neuen Zeitalters, haben wir nicht nur die Chance, eine einigermaßen brauchbare Vision zu entwerfen, eine, die uns hinüberrettet und das Schlimmste erspart. Es gilt vielmehr zu begreifen, dass wir noch nie zuvor eine solche Fülle an wunderbaren Erkenntnissen und Fähigkeiten hatten, um sowohl die höchste Vision von uns selbst als auch den Himmel auf Erden für *alle* erschaffen zu können. Daher ist heute jeder Einzelne von uns aufgerufen, *bewusster* Mitschöpfer der neuen Wirklichkeit zu werden.

Zwar haben wir Menschen schon immer die Schöpferkraft benutzt, um unsere Lebensumstände zu erschaffen, doch waren wir uns dessen keineswegs bewusst. Wie Kinder spielten wir unser Spiel. Wir spielten auf der Spielwiese der Schöpfung und das Spielzeug in unseren Händen waren die geistigen Gesetze des Universums. Wir beobachteten und staunten, wie die Welt um uns herum durch unser Spiel in immer neuen Versionen entstand. Wie im Kino starrten wir gebannt auf das Geschehen auf der Leinwand, nichts ahnend, dass wir selbst die Drehbuchautoren und Regisseure waren; und so versunken waren wir in das Schauspiel, dass wir es für die Wahrheit hielten.

Jetzt aber sind wir aus den Kinderschuhen herausgewachsen. Die Zeit der Reife steht bevor. Es kann eine Zeit voller Wunder werden, wenn wir lernen, die Spielwiese der Schöpfung in ihrer Schönheit zu erhalten, unsere Werkzeuge selbstverantwortlich zu benutzen und die Spielregeln zu beherzigen.

Bevor wir uns daran machen, einen neuen Spielplan zu entwerfen, sollten wir die Spiele, die wir Menschen im Laufe der Geschichte spielten, einmal genauer unter die Lupe nehmen, damit wir abwägen können, was wir hinter uns lassen müssen und was sich in das neue Spiel mit einzubringen lohnt. Ein solcher Rückblick lässt auch eine Ahnung in uns wach werden, auf welche Weise Wirklichkeit entsteht. Erst mit diesem geistigen Rüstzeug wird die Initiation in ein neues, wirklich »r/evolutionäres« Selbst-Verständnis gelingen.

Vertreibung aus dem Paradies

Das Leben ist Leiden lautet die erste der vier edlen Wahrheiten, die Siddharta Gautama Buddha vor mehr als zweitausendfünfhundert Jahren am Beginn seines Erleuchtungsweges erkannte. Selbst wenn ein Mensch mit den größten Reichtümern gesegnet sei, erklärte der Buddha, bleibe ihm der Verlust von angenehmen Dingen und die Konfrontation mit unangenehmen Dingen nicht erspart, und jeder werde schließlich von Alter und Tod heimgesucht. In den folgenden drei edlen Wahrheiten jedoch legte Buddha dar, dass Leiden eine Ursache hat, dass diese Ursache erkannt und Leiden somit vermieden werden kann.

Die Erde ist ein Jammertal heißt es bei uns im Westen. Mit der Vertreibung aus dem Paradies begann der biblische Weg in eine Welt der Dunkelheit. »Unter Schmerzen sollst du Kinder gebären«, sagte die strafende Stimme Gottes zu Eva, und Adam wurde dazu verdammt, im »Schweiße des Angesichts sein Feld zu bestellen«. Als unser mythisches Urelternpaar die Frucht vom Baum der Erkenntnis kostete, die Gott allein vorbehalten war, luden sie sich die Last der Erbschuld auf. Sie wurden von Gott getrennt, weil sie den Antagonismus von Gut und Böse und die Unterschiedlichkeit von Mann und Frau erkannt hatten.

Diese Erkenntnis brachte einen Fluch über die Menschheit, der über Jahrtausende hinweg wirksam war und bis heute anhält. Noch immer ist für die meisten Menschen das Leben ein Kampf, noch immer fühlen sie sich schuldig, unwürdig, ungenügsam und betrachten sich als Opfer des Schicksals. Noch immer suchen sie Gott, doch sie können den Weg zurück ins Paradies nicht mehr finden.

Die Ursehnsucht nach Vollkommenheit

In allen Mythologien und religiösen Überlieferungen der Welt finden wir ähnliche Motive. Die meisten künden von einem uranfänglichen Zustand der Ordnung und Harmonie, der Sicherheit, des Glücks und der Freude, der irgendwann einmal verloren ging, in Leiden, Elend und Chaos endete und den die Menschen seither mit allen nur erdenklichen Mitteln wiederzufinden versuchen.

Jedem Menschen, egal welcher historischen Epoche oder welcher Kultur er angehören mag, sind zwei seelische Grundbedürfnisse eigen: Er möchte Leiden vermeiden und dauerhaftes Glück finden. Beide Bedürfnisse sind eigentlich nur zwei verschiedene Umschreibungen für ein und dieselbe Sehnsucht. Gemeint ist die tiefste Sehnsucht der menschlichen Seele: die Ursehnsucht nach Vollkommenheit.

Jeder Mensch trägt die Ahnung der Vollkommenheit in seinem Herzen und dieser Funke ist es, der seinem Leben Sinn und seinem Tun eine Richtung verleiht. Die Sehnsucht nach Vollkommenheit ist die Antriebskraft allen Lebens und jeglichen Wachstums. Letztendlich jedoch ist diese Sehnsucht weit mehr als nur eine Ahnung. Sie entspringt der innersten Bewusstheit, dass Vollkommenheit der wahre Zustand der Schöpfung und demnach der wahre Zustand unseres Selbst ist.

Es ist das Bestreben, diesen Zustand wiederzufinden und sich mit ihm auf ewig zu verbinden, dem jedweder Versuch, die Welt, das Sein und das Selbst zu erklären, zugrunde liegt. Das Streben nach *religio*, nach Rückverbindung mit der Wahrheit und nach Verwirklichung des wahren Selbst, ist der Ursprungsgedanke sämtlicher Philosophien, Religionen und Wissenschaften. Selbstrealisation ist das Leitbild aller Paradigmen, aller Denkmodelle, die der Mensch je erfand, um sich selbst und seine Stellung in der Welt zu erklären; jener Denkmodelle, die schließlich wie von einem Spiegel zu ihm zurückgeworfen wurden, um zur Grundlage seiner Überzeugungen und seines Denkens zu werden, zu einer Wirklichkeit, die seine Wahrnehmung, seine Entscheidungen und sein Tun wie selbstverständlich lenken sollten.

Ein Synonym für Vollkommenheit ist Göttlichkeit. »Gott« ist der Ausdruck, den der Mensch erfand, um das Vollendete, ewig Gültige, Allumfassende, den letztendlichen Superlativ, die höchste Macht, die Quelle aller Ursachen, kurz, das Absolute, zu beschreiben.

Die Gottesvorstellungen der Kulturen reflektieren somit deren Vorstellungen von Vollkommenheit. Dadurch sind sie gleichzeitig Ideal-Maßstäbe, denen der Mensch sich anzunähern versucht. Sie dienen ihm als Richtschnur für sein Denken, Verhalten und Handeln.

Die Wege der Gottsuche sind also zur gleichen Zeit Wege der Selbstsuche. Im Sanskrit wird die Philosophie der Selbstrealisation deshalb *yoga*, »Joch«, genannt. Gemeint ist damit das »Anschirren an Gott«, die Rückverbindung mit dem Höchsten. Die Sehnsucht nach Vollkommenheit bringt die Sehnsucht nach Wiedervereinigung mit unserem Wesenskern zum Ausdruck. Sie spiegelt die Sehnsucht nach der Rückkehr in den paradiesischen Urzustand wider, der *vor* der »Trennung von Gott«, *vor* der Vertreibung unserer mythischen Ahnen aus dem Garten Eden herrschte. Im Aramäischen, der Muttersprache des Jesus von Nazareth, stammt das Wort für »vollkommen« *(gmar)* von einem Verb ab, das »erreichen, sich verwirklichen oder vollständig werden« bedeutet.

In der Sehnsucht nach Vollkommenheit pulsiert die Ahnung von Ganzheit.

ERSTE ERKENNTNIS

*Vollkommenheit ist der eigentliche Zustand der Schöpfung,
der Zustand unseres wahren Selbst.*

*Jeder Mensch besitzt eine innere Ahnung von diesem Zustand,
ja sein gesamtes Denken und Tun
wird letztlich von dieser Ahnung motiviert.*

*Ein Synonym für Vollkommenheit ist Göttlichkeit.
Der Ausdruck »Gott« reflektiert somit
unsere höchste Vorstellung vom Ganzen
und gleichzeitig die höchste Vision von uns selbst
als einem Individuum.*

*Unsere Definitionen von Vollkommenheit,
das heißt, die Eigenschaften, die wir auf »Gott« projizieren,
bilden wiederum die Blaupausen der jeweiligen Wirklichkeit.
Folglich gehören Gottesvorstellung und Wirklichkeitserfahrung
zusammen wie die zwei Seiten einer Münze.
Eines bedingt das andere.*

Die drei großen Paradigmen der Menschheitsgeschichte

Alle uns bekannten Gottesbilder haben ihren Ursprung in den Vorstellungen des Menschen von Vollkommenheit. Diese Vorstellungen werden ihrerseits stets von zwei wesentlichen Faktoren geprägt: Einmal von den spezifischen Lebensbedingungen, zum anderen durch das jeweils vorherrschende Evolutionsstadium.

Umgekehrt prägen Gottesbilder die Konzeptionen von Mensch und Kosmos. Jahrtausendelang bestimmten sie unsere Identität und in den meisten Ländern der Erde ist das auch heute noch so. Aber selbst in Kulturen, die weder Gott noch Götter billigten, waren es doch immer die Auffassungen vom Absoluten, welche den übergeordneten Rahmen für die Erklärung des Seins und der Erscheinungen bildeten. Sie stellten die Grundlage der großen Paradigmen der Menschheitsgeschichte dar, jener Denkmodelle, innerhalb derer der Mensch sich selbst, das Universum und das Leben definierte und die folglich seine Wahrnehmung, seine Werte und seine Sinngebung steuerten.

Jeder Kultur, jeder Religion, jeder Wissenschaft und jedem Lebensbereich liegt ein eigenes spezielles Denkmodell zugrunde. Wenn wir unseren Blick auf die Menschheitsgeschichte und die Evolution menschlichen Bewusstseins richten, lassen sich auch dort ganz charakteristische Etappen feststellen, die sich durch völlig eigene Weltanschauungen auszeichnen. Auch eine Weltanschauung ist ein bloßes intellektuelles Modell, ein Werkzeug, um die Welt zu erklären, ein Paradigma also, selbst wenn der Mensch stets davon überzeugt war, dass die Welt tatsächlich so sei, wie man es ihn gelehrt hatte – so und nicht anders.

In diesem Buch wollen wir drei große übergeordnete menschheitsgeschichtliche Paradigmen unterscheiden. Wir wollen sie das archaische, das matriarchale und das patriarchale Paradigma nennen. Auch diese Einteilung ist eine Konstruktion, ein Werkzeug im Dienste der Aufgabe, die großen Schöpfungen des Menschen – die Spielwiesen, auf denen er Wirklichkeit erschuf und die von ihm erschaffene Wirklichkeit erprobte – zu beschreiben.

Bei diesen Paradigmen geht es weniger um kulturhistorisch abgrenzbare Epochen als um psychophilosophische Entwürfe menschlichen Denkens. Keines der drei Denkmodelle hat je in der hier beschriebenen institutionellen Reinheit existiert. Jede Kultur ist einzigartig. Jedes weltanschauliche Paradigma antwortet ganz gezielt auf die spezifischen Lebensumstände, Entwicklungen und Erkenntnisse einer Zeit oder eines Volkes; es reagiert, rebelliert, phantasiert, geht Mischformen ein und entwickelt schließlich eine eigene Dynamik. Entwicklung und Wandel dieser großen Paradigmen vollzogen sich außerdem über viele Jahrhunderte, ja sogar mehrere Jahrtausende hinweg. Es geht auch nicht um eine exakte Zusammenstellung wissenschaftlich erwiesener Fakten. Es geht einzig und allein darum, den Leser zur Reflexion anzuregen; ihn erkennen zu lassen, auf welche Weise Wirklichkeit entsteht, damit er selbst zum bewussten Schöpfer seiner Wirklichkeit werden kann.

Über das archaische und das matriarchale Paradigma liegen fast keine schriftlichen Überlieferungen vor. Zum einen deshalb, weil diese Paradigmen von Kulturen entwickelt wurden, die noch keine Schrift kannten, zum anderen, weil ein Großteil des Schrifttums vernichtet wurde oder im Laufe der Zeit verloren ging. Besonders die Versuche, das Matriarchat zu rekonstruieren, gaben der Wissenschaft immer wieder Anlass zu heftigen Diskussionen. Vielfach wurde sogar gänzlich bestritten, dass das Matriarchat als Kultur- und Gesellschaftsform jemals existierte. Ein genaues Bild lässt sich tatsächlich nicht mehr verifizieren. In den Mythologien und Kosmologien der Völker finden wir jedoch genügend Anhaltspunkte, um mit Sicherheit sagen zu können, dass diese beiden Kulturmodelle zumindest als Denkmodelle vorhanden waren. Vor allem aber lässt sich erkennen, dass sowohl das archaische als auch das matriarchale Paradigma im Kollektivbewusstsein der Menschheit unauslöschliche Spuren hinterlassen haben. Das Universum besitzt ein eigenes Gedächtnis, in dem alles gespeichert ist, was jemals erdacht und erfahren wurde. Und dieses Gedächtnis kennt kein Vergessen.

Das archaische Paradigma

Das erste große Paradigma wollen wir das archaische Paradigma nennen. Es ist das Denkmodell der frühzeitlichen Kulturen, der Jäger- und Sammlergesellschaften, die vormals auf allen Kontinenten lebten, deren letzte Zeugen aber auch heute noch in einigen entlegenen Winkeln der Erde zu finden sind.

Das Leben des archaischen Menschen wurde vollständig von der Natur beherrscht. Die Natur war sein Zuhause; die Naturgewalten seine Freunde oder Feinde; ein ausreichendes Angebot an Jagdwild und wild wachsenden Pflanzen sicherte seine Existenz. Dreh- und Angelpunkt des archaischen Paradigmas war das *nackte Überleben in der Natur*. Der

Mensch der Urzeit stand in völliger Abhängigkeit von seiner natürlichen Umgebung. Die Natur war seine maßgebende Größe. Sie stellte für ihn das Übergeordnete und Höchste dar, das ihn versorgte und gleichzeitig bedrohte.

Die Jäger und Sammler besaßen eine äußerst einfache Sozialstruktur. Sie waren Nomadenstämme, die, von den Jahreszeiten und den natürlichen Nahrungsressourcen geführt, von Jagdgrund zu Jagdgrund zogen. Ihre gesamte »Technologie« war rudimentär und musste auf das Notwendigste beschränkt bleiben, um die Mobilität zu sichern. Behausung, Kleidung, Werkzeuge und Waffen waren aus natürlichen Materialien gefertigt und wurden als Geschenke der Götter betrachtet.

Die Jäger-und-Sammler-Gesellschaften organisierten sich in Horden, deren Größenordnung den natürlichen Gegebenheiten angepasst war. Die Männer waren gewöhnlich Jäger, während die Frauen dem Sammeln von wild wachsenden Pflanzen und Früchten nachgingen. Beide Geschlechter waren gleichberechtigt, weil sowohl Männer als auch Frauen bei der Nahrungsbeschaffung unentbehrlich waren.

Blutsverwandtschaft wurde nur zwischen Müttern und Kindern wahrgenommen. Eine väterliche Verwandtschaft wurde bei solchen frühen Gruppen mit ihren wechselnden sexuellen Bindungen weder erkannt noch vermutet. Heute vertritt man durchweg die Annahme, dass der urzeitliche Mensch den Zusammenhang von Sexualität, Empfängnis und Gebären noch nicht kannte. Seiner Überzeugung nach konnte menschliches Leben nur von Frauen erschaffen werden. Die Männer hielten sich nicht für erforderlich bei diesem Vorgang. Väter gab es einfach nicht. Die einzigen verwandtschaftlichen Bande waren demzufolge Mutter-Kind-Beziehungen. Kinder waren als Säuglinge bei der Mutter, danach wurden sie in die Gruppe integriert. Ihre Familie war die Horde.

Bei vielen Naturvölkern herrschte bis zum Zeitpunkt ihrer Entdeckung Unwissenheit über den Zusammenhang zwischen Sexualität und Geburt. Noch die Bewohner der Trobriand-Inseln führten Schwangerschaften auf Geister zurück, nicht auf Geschlechtsverkehr. Die Inselbewohner lachten den weißen Mann aus, als er ihnen erstmals etwas über Befruchtung erzählen wollte. Die australischen Aborigines gingen davon aus, dass Frauen durch den Genuss bestimmter Nahrungsmittel schwanger wurden oder durch die Umarmung eines heiligen Baumes, der mit den Nabelschnüren früherer Geburten behängt war.

Das Weltbild der Urvölker ist das Resultat einer genauen Naturbeobachtung und eines tiefen Einfühlungsvermögens in die kosmischen Prinzipien und Prozesse. Das gesamte wahrnehmbare Universum wurde als beseelt betrachtet. Alle Elemente – Erde, Wasser, Feuer und Luft –, die Gestirne, Pflanzen und Tiere, aber auch die Naturphänomene wie Wetter, Wind und Jahreszeiten wurden anthropomorph gedacht und zu Göttern mit menschlich-emotionalen Charakterzügen erklärt. Meist wurden sie mit Verwandtschaftstermini bezeichnet; das heißt, sie wurden als Mitglieder einer einzigen großen Familie angesehen, zu der auch der Mensch gehört. Wie die Menschen waren auch die Götter männlichen oder weiblichen Geschlechts. Wie der Mensch waren auch sie in ihren Emotionen unberechenbar. Verletzte man ihre Gefühle, ihren Stolz oder ihre Gesetze, drang man in ihre Reviere ein oder beraubte sie ihres Eigentums, dann bekam man ihre Rache zu spüren. Egal, ob es sich um Krankheit, Mangel an Nahrungsmitteln, wilde Tiere oder die Unbilden des Klimas handelte, das Versiegen Leben spendender Wasserquellen ... – man war der Überzeugung, dass alle lebensbedrohlichen Umstände vom Zorn der Götter verursacht wurden.

Das gesamte Trachten des damaligen Menschen war demnach darauf ausgerichtet, die Götter bei guter Laune zu halten, um sie gnädig, milde und großzügig zu stimmen. Dieses Bemühen fand in den urzeitlichen Kulten und Ritualen seinen Ausdruck, die hauptsächlich um die Nahrungsbeschaffung kreisten. Jagdmagie und die Besänftigung der Wetter-Gottheiten standen daher im Vordergrund der uranfänglichen Religion.

Auch die ersten Formen des Schamanismus oder Medizinmann-Wesens wurzeln im archaischen Paradigma. Schamanen kann man als Wanderer zwischen den Welten bezeichnen. Es sind Menschen, die sich profunde Kenntnisse der metaphysischen Welt angeeignet haben und die Fähigkeit besitzen, mit den Göttern und geistigen Wesenheiten zu kommunizieren. Sie bereisen die verschiedenen Dimensionen des Universums, den Himmel und die Unterwelt, um die Götter zu beruhigen, sie durch Opfer großzügig zu stimmen, ihren Rat zu erbitten oder böse Geister zu bekämpfen. Meist werden sie durch ein außergewöhnliches Ereignis, eine schwere Krankheit, einen Schock oder auch durch die Stimmen der Götter berufen. Ihr Dienst an der Gemeinschaft umfasst vom Regenmachen über Krankenheilung bis zur Beschaffung von Jagdtieren die gesamte Bandbreite der übernatürlichen Fähigkeiten.

Der urzeitliche Mensch empfand sich selbst als Teil eines beseelten Kosmos, als völlig abhängig von den natürlichen Gegebenheiten. Der Sinn seines Daseins bestand in der Sicherung der nackten Existenz, dem Überleben im Jetzt. Was im nächsten Augenblick geschehen würde, wusste er nicht und konnte es durch menschliches Zutun auch nicht beeinflussen. Die einzige Möglichkeit der Vorsorge war, sich der Macht der Götter zu unterwerfen und deren Gesetze zu achten. Ansonsten war er ihren »Launen« schutzlos ausgesetzt. Ebenso abhängig war er von der Gruppe, denn eine Absonderung von der Horde hätte seinen sicheren Tod bedeutet.

Daher hatte der archaische Mensch ein starkes Gemeinschaftsbewusstsein. Sein Ich-Verständnis dürfte dagegen eher schwach ausgeprägt gewesen sein, da es weder soziale noch geschlechtliche Differenzierungen gab. Als Mensch unter Menschen fühlte er sich gleich, in der Hand der Götter jedoch war er nur ein Spielball.

Seine Sehnsucht nach Vollkommenheit drückte sich in seinem Traum von einer sicheren Existenz in den »ewigen Jagdgründen« aus. Die ewigen Jagdgründe waren das Paradies des urzeitlichen Menschen, ein Paradies, das erst nach seinem Tode erreichbar war. Die Natur war für ihn die höchste schöpferische und lebenserhaltende Instanz, auf die er sowohl seine höchste Vorstellung als auch seine Ängste projizierte.

Eines Tages veranlasste ihn diese Sehnsucht, die Samen von Gräsern und Früchten in ein ausgewähltes Stück Erde zu säen. Die Samen keimten und wuchsen heran und schenkten ihm Nahrung in Fülle. Aus den ewigen Jagdgründen wurde der »Garten Eden«. Und damit bewegte sich die Evolution auf eine neue Epoche zu.

Das matriarchale Paradigma

Mit dem Übergang des Jägertums zum Pflanzertum und in die Sesshaftigkeit wurde das zweite große Paradigma der Menschheitsgeschichte geschaffen: das matriarchale Paradigma. In diesem Denkmodell wurde das weibliche Prinzip zur vorherrschenden Instanz erhoben. In der Folge entwickelte sich aus diesem Paradigma das Matriarchat, ein soziales und kulturelles System, in dem die Frau die Vorherrschaft und höchste Wertschätzung genoss.

Aus den archaischen Sammlerinnen wurden im Laufe der Jahrtausende, in denen sich die Einführung des Bodenbaus vollzog, erfolgreiche Pflanzerinnen. Frauen mit ihrer natürlichen Affinität zur Erde und zu Pflanzen waren vermutlich die Ersten, die den Boden bearbeiteten, die pflanzlichen Nahrungsmittel erzeugten, für die Vorratshaltung und die Verteilung der Feldfrüchte sorgten und auch Eigentümerinnen des Landes waren, das sie bewirtschafteten, während Männer weiterhin als Jäger und Verteidiger der Gemeinschaft fungierten.

Der Begriff der Vaterschaft war auch dem sozialen und religiösen Denken der frühen Gartenbau-Gesellschaften noch völlig fremd. Wie in den archaischen Kulturen war die Grundlage der Familienloyalität allein die Mutterschaft. Übrigens ist dies noch heute bei vielen Naturvölkern der Fall; die gesellschaftlichen Einheiten werden dort »Mutterschaften« oder »Frauenschaften« genannt. Die Verwandtschaftsregelung war matrilinear, das heißt, die Verwandtschaftsbande setzten sich ausschließlich über die weibliche Linie fort und alle Güter wurden über die mütterliche Linie vererbt. Selbst die Ägypter verfolgten ihre Abstammung noch über die Mütter. Sie nannten sich X, geboren von der Frau Y, und ließen den Namen des Vaters unbeachtet. Die Pharaonen herrschten in matrilinearer Folge und trugen den Beinamen »Herrscher vom Mutterleib an«. Der Titel der Könige Nubiens, des Nachbarlandes von Ägypten, war noch stärker mutterzentriert. Er lautete einfach »Mater«.

Alte Zivilisationen liefern zahlreiche Hinweise auf den matriarchalen Nährboden, auf dem sie wuchsen. »Heim und Mutter«, schreibt der Evolutionstheoretiker Johann Jakob Bachofen 1861 in *Das Mutterrecht*, »steht über allen Phasen der neolithischen Landwirtschaft. Die Frau führte den Grabstock und die Hacke; sie pflegte die Gartenernte und vollbrachte die Meisterstücke der Selektion und Kreuz-Befruchtung, durch die sich rohe, wilde Spezies in fruchtbare und ausreichend nahrhafte häusliche Sorten verwandelten; die Frau fertigte auch die ersten Behältnisse, indem sie Körbe flocht und die ersten Tontöpfe formte. Das Dorf ist von der Form her ebenfalls ihre Schöpfung: Was das Dorf auch sonst sein mag, es war immer ein kollektives Nest für die Sorge und Erziehung der Nachkommenschaft. Hier verlängerte sie den Zeitraum der behüteten Kindheit und spielerischen Verantwortungslosigkeit, wovon so vieles in der Höherentwicklung abhing. Haus und Dorf, schließlich selbst die Stadt, gehen im Großen und Ganzen auf die Frau zurück. *Haus* und *Stadt* konnten in ägyptischen Hieroglyphen als Symbole für *Mutter* stehen, als sollte dadurch die Gleichheit der individuellen und der kollektiven Pflegefunktion bestätigt werden. Die urtümlichen Bauten – Häuser, Räume, Gräber – sind dementsprechend meist rund: So wie die nach Aphrodites Brust modellierte Ur-Schale, die im griechischen Mythos beschrieben ist.«

Die neue Wirtschaftsform und die Sesshaftigkeit hatten ein großes Stück Sicherheit mit sich gebracht. Man hatte jetzt ein festes Dach über dem Kopf und konnte sich in Zeiten der Nahrungsknappheit mit den angelegten Vorräten über Wasser halten. Die Natur schien ihre Grausamkeit verloren zu haben und ganz allmählich waren andere Prioritäten als das pure Überleben in der Wildnis in den Vordergrund gerückt. Nun galt es, in zyklischen Abständen für die Fruchtbarkeit des Bodens und das Wachstum der Pflanzen zu sorgen.

Das Pantheon der Naturgottheiten aus dem Jäger- und Sammlertum wurde deshalb zunächst der neuen Lebensform angepasst und um einige weibliche Gottheiten erweitert, welche die Prinzipien des Wachsens in seinen verschiedenen Stadien, des Reifens, der Fruchtbarkeit, des Erntens, Werdens und Vergehens verkörpern sollten. In Mythologie und Kult der Naturvölker ist oft sehr deutlich zu sehen, auf welche Weise ehemals jägerische Mythen und Rituale die pflanzerischen Elemente in sich aufnahmen und um den neuen Sinngehalt erweiterten.

Mit der Zeit wurde Fruchtbarkeit zum höchsten Prinzip der Pflanzerkulturen erhoben, eine Eigenschaft, die man anfangs ja allein der Frau zuschrieb. Die Idee der »Großen Mutter« oder »Großen Göttin« entstand. Ein Weib, allmächtig und alles gebärend, gewann nun Vorrang über die übrigen Götter und Göttinnen der Natur und wurde als Quelle allen Lebens betrachtet. Die ersten religiösen Kunstwerke sind Figuren der Großen Göttin – das paläolithische Bild der Mutter.

In den Überlieferungen wird die Große Göttin inbrünstig beschrieben als die größte Macht auf Erden; als Gottmutter und Lebenspenderin; als schöpferische und beherrschende Macht des Himmels, der Erde und der Unterwelt; als Mutter-Göttin und Königin der Götter. Die Große Mutter wurde zu einem ewigen, unendlichen und allumfassenden Wesen erklärt. Sie wurde zur weiblichen Ikone der Vollkommenheit und damit zur Leitfigur des Matriarchats.

Neben der Schöpfung der Welt wurde ihr mit der Zeit auch die Erschaffung aller Künste der landwirtschaftlichen Zivilisation zugeschrieben: des Bodenbaus selbst, der Kunst des Handwerks, des Bauens, Webens und Töpferns. Sie soll den Menschen sogar die Schrift und die Rechenkunst beigebracht haben, jene wichtigen Werkzeuge des Intellekts, die später eher dem männlichen Prinzip zugeordnet wurden. Das Sanskrit-Wort *matra* bedeutete wie das griechische *meter* gleichzeitig »Mutter« und »Messung«. Mathematik heißt wörtlich »Mutter-Weisheit«. Viele Bezeichnungen für Rechenvorgänge entwickelten sich aus Stammwörtern für Mutterschaft: Metrik, Mensur, Meter, Mensis, Markierung, Merkmal, Mentalität ... Die Göttin brachte die Rhythmen der Tages- und Jahreszeiten hervor und gab den Menschen den

Kalender, damit diese die Zeit berechnen konnten. Sie schuf die Schönen Künste: Dichtkunst, Musik und Malerei.

Sie erwählte Priesterinnen, durch die sie zum Volk sprechen konnte. Diese Priesterinnen weihte sie in die Macht der Worte ein und brachte dadurch die hohe Kunst der Magie zu den Menschen. Als Große Mutter *Kali Ma* trug sie auf ihrem Halsschmuck eingraviert die von ihr hervorgebrachten heiligen Worte des Sanskrit. Sie konnte alle Dinge erschaffen, indem sie einfach deren Sanskrit-Bezeichnungen aussprach. Aus dieser Vorstellung entwickelte sich später das neuplatonische und noch später das christliche Konzept des schöpferischen Wortes oder *Logos.* Aus der Magie ging die Heilkunst hervor und auch diese Kunst wurde in matriarchalen Gesellschaften von den Priesterinnen der Großen Göttin ausgeübt. Frauen waren im Besitz des Wissens über die Heilkraft der Pflanzen. Sie waren religiöse Führerinnen und leiteten die Rituale.

Die Frauen des Matriarchats genossen Freiheit und hohes Ansehen. Sie wurden geliebt und verehrt, denn im matriarchalen Paradigma wurden Weiblichkeit und Mutterschaft mit nahezu allen positiven Eigenschaften assoziiert, vor allem aber mit überlegener Geisteskraft, Geborgenheit und Schönheit. Die Erde wurde durch Frauen wertvoll und sie setzten sich selbst mit ihr gleich. Natürlich identifizierten sie sich auch mit der Göttin und entwickelten ihr zu Ehren Werte wie Gemeinschaftssinn, Brüderlichkeit und Fürsorglichkeit. Ihre psychische Grundhaltung war durch ein Gefühl der Verbundenheit und des Vertrauens charakterisiert, ihre zwischenmenschlichen Verhaltensweisen durch Spontaneität, Offenheit und Emotionalität. Das höchste Gesetz des Matriarchats lautete: »Zusammen sind wir stark.« Die politischen Prinzipien waren demokratisch und grundlegend friedlich. Neolithische Dorfkulturen mit ihren auf Familienbeziehungen basierenden Regierungen waren kooperativ, nicht kriegerisch und nicht gewalttätig, denn sie entstanden aus einem Geist der Lebensbejahung, der Liebe zum Leben.

Ein weiteres Charakteristikum matriarchaler Kulturen war die tolerante Haltung gegenüber der Sexualität. Darstellungen der Göttin mit überdimensionalen Brüsten und Genitalien gehörten zu den wichtigsten Kultobjekten. Genuss, Vergnügen und Wohlergehen wurden höher bewertet als Keuschheit. Zu späteren Zeiten, als der männliche Beitrag zur Entstehung des Lebens erkannt worden war, zelebrierten die Anhänger der Großen Mutter Fruchtbarkeitsrituale, die auch die körperliche Liebe mit einschlossen.

Der Zyklus der Jahreszeiten fand im monatlichen Zyklus der Frau seine Entsprechung und diese Beobachtungen brachten nicht nur ein zyklisches Zeitverständnis, sondern eine ganz und gar zyklische Betrachtungsweise des Ganzen hervor. Immer währendes Werden und Vergehen, ein endloser Kreislauf von Geburt und Tod wurden zum Erklärungsmodell für das Leben schlechthin. Sexualität wurde als das verbindende Element angesehen, als das dynamische Prinzip, welches den Kreislauf in Bewegung setzte und ihn aufrechterhielt. Sexualität war gleichbedeutend mit Leben spendender Kraft und wurde daher in all ihren Formen verherrlicht.

Selbst in der jüngeren Vergangenheit gab es noch zahlreiche matriarchale und halb-matriarchale Gesellschaften, vor allem bei den nordamerikanischen Indianern, aber auch in Australien und Polynesien. Die Indianer verehrten das Prinzip des Weiblichen, brachten Frauen und Müttern hohen Respekt entgegen. Sie verblüfften christliche Missionare mit einem »christlicheren« Verhalten, als es weiße Männer an den Tag legten. Ein Missionar hielt in seinem Tagebuch fest: »Es überrascht sehr, zu sehen, wie Männer, deren äußere

Erscheinung gänzlich barbarisch ist, einander mit einer Freundlichkeit und Rücksicht behandeln, die unter den gewöhnlichen Angehörigen der meisten zivilisierten Völker in der Regel nicht zu finden ist.« Indianerfrauen wurden »Herrinnen des Bodens« und »Leben des Volkes« genannt. Einem weißen Forscher, der die indianische Verehrung der Frauen nicht nachvollziehen konnte, erklärte ein Indianer: »Natürlich folgen wir Männer den Wünschen der Frauen; sie sind unsere Mütter.«

Zu den noch heute bestehenden Matriarchaten zählen die *Minangkabau* auf Sumatra. Obwohl die *Minangkabau* längst zum Islam übergetreten sind und inzwischen ein modernes Leben führen, halten sie überzeugt am Mutterrecht fest. Dabei sind die Männer nicht unterdrückt, sondern als Brüder und Söhne sowie als Vertreter der Sippe nach außen hin anerkannt. Aber sie beziehen ihre Würde nicht aus ihren sexuellen Fähigkeiten oder aus der Herrschaft über andere.

In naturnahen Gesellschaften war die Frau als Mutter Sinnbild für das Leben schlechthin. Ihre psychische Haltung gegenüber dem Mann war von dem Gefühl einer natürlichen Überlegenheit geprägt. In den Aufzeichnungen des Ethnologen Leo Frobenius bringt eine Äthiopierin diese Einstellung deutlich zum Ausdruck: »Wie kann ein Mann wissen, wie das Leben einer Frau ist? Der Mann verbringt eine Nacht bei einer Frau und geht fort. Sein Leben und sein Körper sind immer dieselben. Die Frau empfängt. Als Mutter ist sie ein anderer Mensch als die Frau ohne Kind. Sie trägt neun Monate lang die Frucht der Nacht in ihrem Körper. Etwas wächst. Etwas wächst in ihr Leben hinein, das nie wieder daraus verschwindet. Sie ist eine Mutter. Sie ist und bleibt eine Mutter, selbst wenn ihr Kind stirbt, selbst wenn alle ihre Kinder sterben. Denn einst trug sie das Kind unter ihrem Herzen. Und es geht nie wieder aus ihrem Herzen hinaus. Selbst dann nicht, wenn es tot ist. All das kennt ein

Mann nicht; er weiß nichts. Er kennt nicht den Unterschied zwischen der Liebe und der Zeit nach der Liebe, vor der Mutterschaft und nach der Mutterschaft. Er kann nichts wissen. Nur eine Frau kann das wissen und darüber sprechen. Das ist es, warum wir uns von unseren Männern nicht sagen lassen wollen, was wir zu tun haben.«

Die dominante Stellung der Frau des Matriarchats in Gesellschaft, Familie, Wirtschaft und Religion war die Folge des matriarchalen Paradigmas. Die hohe Bewertung des Prinzips Fruchtbarkeit, das mit dem Wesen der Frau assoziiert wurde, führte dazu, dass die frühen Bodenbau- und Pflanzerkulturen nahezu alle positiven Eigenschaften auf das Weibliche projizierten und ihm geistige Überlegenheit zuschrieben. In der Gestalt der Großen Mutter fand diese Überzeugung ihren sichtbaren Ausdruck. Die Große Mutter verkörperte die höchste Vorstellung der frühen Agrarkulturen und diente als Ideal für das Selbstbild der Frau, das geprägt war von Freiheit, Würde und persönlicher Autorität, von Erdverbundenheit, Mütterlichkeit, Großzügigkeit, Friedfertigkeit und Weisheit. Der weibliche Eros wurde als gewaltige Urkraft empfunden, als *die* Kraft, aus der Leben entsteht. Das Selbstbild des Mannes war charakterisiert von einer tiefen Verehrung für die Frau, in deren Gegenwart er sich sicher, gestützt, genährt und getragen fühlte. Sinn und Erfüllung seines Daseins war es, seine körperliche Kraft und seine Fähigkeiten einzusetzen, um die aus dem Weib geborene Weisheit *Wirklichkeit* werden zu lassen. Der matriarchale Mann war der Macher im Dienste eines nach weiblichen Maßstäben errichteten Systems, in dem der Kosmos als ein ewiger Zyklus von Werden und Vergehen verstanden wurde.

Es lässt sich nicht mehr nachvollziehen, wann, warum und wie die Epoche des Matriarchats ihr Ende fand. Das Einzige, was sich aus den Mythen und Überlieferungen herauslesen lässt, ist, dass es sich dabei um einen gewaltsamen Sturz gehandelt haben muss. Mit großer Wahrscheinlichkeit war das Ende des Matriarchats kein friedlicher Übergang in ein »besseres« Zeitalter, sondern eine gewalttätige Revolution: der Aufstand des Männlichen gegen das Weibliche. Hatte die übergeordnete Stellung der Frau in matriarchalen Gesellschaften irgendwann zur Unterdrückung und damit zum Aufbegehren des Mannes geführt? War der Mann zum Sklaven der Frau geworden, dessen einzige Daseinsberechtigung darin bestand, seinen Samen zu spenden und den »Weiberclan« gegen Eindringlinge und böse Tiere zu verteidigen? Oder war der Frau selbst die Verantwortung und das Gebot, ständig das Beste verkörpern zu müssen, über den Kopf gewachsen? Hatte sie deswegen begonnen, diesen Druck beim männlichen Geschlecht abzureagieren, ihm, dem Mann, die Schuld für ihre Zwänge zu geben? Wir wissen es nicht. Uns bleibt nur die einfache, aber alles erklärende Einsicht, dass eine ungleiche Verteilung von Macht letztendlich nach Ausgleich drängt. Einseitig verteilte Macht verführt die Inhaber der Macht zu Machtmissbrauch und zur Unterdrückung der Machtlosen, so lange, bis diese nichts mehr zu verlieren haben und zum Gegenschlag ausholen.

Die Männer fürchteten lange Zeit, die Frauen zu bekämpfen. Sie waren überzeugt, dass Frauen über eine enge Verbindung zu den Kräften der Natur verfügten und machtvoller waren als die Männer, weil sie die Mysterien der Götter kannten. Die Große Göttin verlieh dem weiblichen Geschlecht seine Allmacht, daher musste sie zuerst gestürzt werden. Neue – männliche – Gottheiten eroberten das Pantheon der Bodenbauer. Kriegerische, von Zorn und Rebellion erfüllte »Väter« schoben mit den Waffen der Gewalt die »Mütter« beiseite. Ein anderes Mythologem, das den Übergang vom Matriarchat zum Patriarchat versinnbildlicht, ist das Aufbegehren des Sohnes, der die eigene Mutter tötet, um sie vom Thron der Allmacht zu stürzen und ihre welterschaffende Funktion zu übernehmen. In Mexiko stürzte der legendäre Führer der Azteken seine Schwester *Milinalxochitl*, die später als »böse Hexe« bezeichnet wurde. Andere Versionen schildern, dass die Frauen die von ihnen erfundenen heiligen Objekte und Geheimnisse der Magie den Männern »schenkten« und diese danach »baten«, alle Frauen zu töten, damit keine Frau mehr übernatürliche Kräfte besäße. Solche Mythen über die den Frauen gewaltsam entrissene Führerschaft tauchen überall in der Welt auf. Schon Friedrich Engels musste feststellen: »Der Umsturz des Mutterrechts war die weltgeschichtliche Niederlage des weiblichen Geschlechts.« So war es in der Tat und so ist es leider bis heute geblieben. Sämtliche Spuren des matriarchalen Weltbilds und seiner frauenorientierten Gesellschaft wurden durch das aufkommende Patriarchat systematisch vernichtet, verleugnet oder verfälscht.

Das Erstaunliche daran ist, dass dies ein globaler Prozess war, der sich in unterschiedlicher zeitlicher Ausdehnung über alle Kontinente hinweg erstreckte. Faktisch handelte es sich also beim Übergang vom archaischen zum matriarchalen Paradigma um die erste globale Revolution. Die zweite globale Revolution müsste demnach die Phase des Wandels vom matriarchalen zum patriarchalen Paradigma gewesen sein, während es sich bei der Phase, die wir heute erleben, eigentlich erst um die *dritte* globale Revolution handelt.

Sowohl das archaische als auch das matriarchale Paradigma sind nahezu vollständig von der Bildfläche verschwunden. Dennoch haben sie sich in unserem kollektiven Bewusstsein als Archetypen verewigt. Der Wilde und die Große Mutter – beide sind uns auf eine bestimmte Art seltsam vertraut, selbst wenn die Zeit ihre Nebelschleier über ihnen ausgebreitet hat.

In den Texten des Mittelalters wurde das Matriarchat als eine schon lange vergangene »heidnische« Kultur beschrieben. Sänger wussten in ihren Liedern davon zu berichten, begleiteten die alte Mär mit den Klängen ihrer Laute, und die Zuhörer staunten mit offenen Mündern über eine Ära, in der die Frauen das Sagen hatten und in der die »Hexenkunst« der Magie als heilige Kunst betrachtet wurde. Hatte sich doch das Christentum hingebungsvoll mit der Vernichtung der Göttin und ihres Wissens beschäftigt. Klemens von Alexandrien legte Christus die Worte in den Mund: »Ich bin gekommen, um die Werke des Weibes zu zerstören.«

Der weibliche Eros wurde dem Teufel gleichgesetzt und die weibliche Urkraft damit in Sündhaftigkeit verwandelt, in etwas, worüber man sich schämen musste. So zog sich der Eros der Frau gemeinsam mit der Großen Göttin von der Erde zurück.

Seither scheint ihn niemand mehr zu verstehen, nicht einmal diejenigen, die es sich zur Aufgabe machten, die Tiefen der menschlichen Seele zu ergründen. Sigmund Freud, der große Analytiker, dessen Lehre unser modernes Selbst-Verständnis maßgeblich beeinflusst hat, war bereits hoffnungslos vom patriarchalen Paradigma vereinnahmt. Vollständig auf den Phallus fixiert, fehlte ihm ein natürliches Gespür für die weiblichen Werte und damit das Verständnis für die grundlegenden Bande der Menschheit. Ebenso wenig scheint jemand bemerkt zu haben, dass die Abwertung des Weiblichen den Männern genauso viel Schaden zugefügt hat wie den Frauen. Mit der Auslöschung der weiblichen Werte begann das Zeitalter der Dualität. Die Trennung von Mann und Frau wurde mit brachialer Gewalt etabliert und zog die Trennung von Gut und Böse nach sich. Vormals war alles gut und böse *zugleich*, je nach dem, von welchem

Blickwinkel aus man es betrachtete. Nun aber war das Menschengeschlecht aus dem Paradies vertrieben. Es musste den Garten Eden, eines der schönsten Symbole der matriarchalen Welt, hinter sich lassen.

Das patriarchale Paradigma

Das patriarchale Paradigma beherrscht die Erde nunmehr seit mindestens dreitausend Jahren (wahrscheinlicher noch seit mehr als fünftausend Jahren) und ist auch heute noch *das* Denkmodell, welches unsere Wahrnehmung und unser Verhalten, ja unser gesamtes Selbst-Verständnis bestimmt. Von Anfang an als Gegenbewegung zu matriarchalen Werten und Vorstellungen gedacht, weist das Patriarchat denn auch gegenteilige Charakteristiken auf. Im Gegensatz zu der vertrauensvollen Auffassung der Mutterkulturen herrscht in den patriarchalen Kulturen vor allem eine allgemeine Gemütslage der Schuld, des Negativismus und der Furcht vor.

Mit der Zeit schränkte sich der Wirkungskreis des Weiblichen immer mehr ein. Das Wesen des Weiblichen verlor an Wertschätzung. Emotionen, Intuition, Phantasie, Kreativität, Spontaneität, die Fähigkeit zu genießen und sich zu freuen wurden gegenüber den männlichen Eigenschaften als unreif, egoistisch und minderwertig abgetan und durch eine männlich-orientierte Moral unterdrückt. Der weiblichen Art zu sein und zu denken zollte man kaum Beachtung. Die Unterschiedlichkeit der Geschlechter stellte man durch Kleidung und Statussymbole sichtbar heraus.

Die gesellschaftliche Rolle der Frau war in den meisten patriarchalen Systemen der Welt auf Heim und Herd, auf das Gebären und Aufziehen der Kinder reduziert. Sexualität war legitim, wenn sie sich innerhalb der Familie abspielte und auf das Erzeugen von Nachkommenschaft ausgerichtet war. Sie war ebenfalls legitim, wenn es darum ging, die sexuellen und emotionalen Bedürfnisse des Mannes zu befriedigen, denn Letztere kamen in der Männerwelt des Berufslebens viel zu kurz. Die Frau galt als Besitz des Mannes und hatte in der sozialen Außenwelt nur ein geringes Mitspracherecht. Auch Kinder, die in einer gesetzlich legitimierten Beziehung, sprich der Ehe, zur Welt kamen, gehörten dem Vater. Abstammungslinie und Erbfolge waren patrilinear, Frau und Kinder bekamen den Namen des Vaters. In jeder Beziehung war die Frau dem Manne untertan, genauso wie es Gott, der Vater, angeblich befohlen hatte.

Im jüdisch-christlichen Kulturkreis nahm das Mythologem der Vertreibung aus dem Paradies den Beigeschmack des Sündenfalls an. Das Weib, Eva, wurde als Verführerin betrachtet, das durch seinen Ungehorsam den Verlust des paradiesischen Urzustands verschuldet und den Mann mit ins Verderben gezogen hatte. Schuld und Scham bestimmten daher alles, was mit Sexualität zu tun hatte. Generell wurde allen Frauen Sündhaftigkeit unterstellt. Schon deshalb mussten Frauen in ihrer Sexualität gezügelt werden. Keuschheit wurde zu einem hohen Wert erklärt.

Die Gottesfigur der patriarchalen Kulturen verkörperte die höchste Vision männlich orientierten Denkens: Gott war ein Mann, er war Schöpfer allen Seins, allmächtiger Herrscher über das von ihm geschaffene Universum, strenger Wächter über Gesetz und Ordnung. Und er war Vater, verantwortlich für das Wohlergehen der Seinen, aber jene strafend, die seine Gebote missachteten. Sein Thron befand sich im Himmel, unerreichbar weit entfernt von den Lebewesen, offen nur für Menschen, die zwei Bedingungen erfüllten: a) sie mussten bereits gestorben sein und b) sie mussten sich zu Lebzeiten den Vorschriften des Herrschers unterworfen haben. Eine schöne heile Welt gab es nur im Jenseits und das eigentliche Leben war nur dazu gut, auf dieses Jenseits hinzuarbeiten. Leben und Welt wurden durch und durch mit negativen Attributen besetzt. Die Erde wurde zum Jammertal. Und auf der entgegengesetzten Seite des Himmels tat sich die Hölle auf, bereit, die Bösen auf ewig zu verschlingen.

Intellekt und Dualität

Die männliche Geisteswelt wird vom Intellekt dominiert. Der Intellekt ist der Verstandesanteil des menschlichen Bewusstseins, die Fähigkeit, unter Einsatz des *Denkens* aus Wahrnehmungen Erkenntnisse zu erlangen und bereits vorhandene Erkenntnisse kritisch zu sichten, zu analysieren und zu beurteilen. Erst der Verstand ermöglicht es, Wahrnehmungen zu »be-greifen oder zu er-fassen«, damit der Mensch mit ihnen umgehen und sie in seinem Leben anwenden kann. Die Vorgehensweise des Intellekts ist bestimmt durch Selektion, Teilung und Kategorisierung. Das heißt: Zunächst wird das wahrgenommene Objekt aus seiner Umgebung abgespalten und herausgenommen, um eine fokussierte Betrachtungsweise zu ermöglichen. Danach wird es weiter in immer kleinere Stücke zerteilt, mit der Absicht, Aufschluss über die Details und die Beschaffenheit des Objekts zu erhalten. Alle Teile werden mit einer Bezeichnung versehen, damit sie jederzeit wieder abrufbar sind. Schließlich werden sie mit Erkenntnissen aus anderweitigen Wahrnehmungen verglichen, auf Gleichheit, Ähnlichkeit oder Unterschiedlichkeit hin untersucht und in eine der bereits vorhandenen Kategorien eingeordnet. Von dort aus können sie mit anderen Kategorien in Verbindung gesetzt werden, entweder nebeneinander, also linear, oder von oben nach unten, hierarchisch. Diese Anordnung ermöglicht eine exakte Be-Ur-Teilung der Umgebung und ebenso eine Unter-Scheidung in Richtig und Falsch, Gut und Böse, Besser oder Schlechter. Wird eine Kategorie für gut oder richtig befunden, muss die andere notgedrungen schlechter oder falsch sein.

Der Intellekt schafft Ordnung und gibt Struktur. Dadurch ermöglicht er Orientierung und Organisierung. Je komplexer ein Sachverhalt oder ein System ist, desto notwendiger wird ein genauer Plan, mit dessen Hilfe wir unseren Standpunkt bestimmen und uns zum nächsten bewegen können. Einen Stadtplan zu erstellen wäre demnach eine typische Aufgabe des Intellekts. Erst der Intellekt schafft die Voraussetzungen für zielgerichtetes Handeln. Er ist – besonders in einer komplexen Welt wie der heutigen – ein unentbehrliches Werkzeug, sich im Leben zurechtzufinden und es zu gestalten. Er gibt uns die Möglichkeit zu »unter-scheiden«, abzuwägen und zu »ent-scheiden« und schafft damit die Voraussetzung für konstruktives Handeln. Das übergeordnete Wesensmerkmal des Intellekts ist *Trennung*. Durch den Verstand wird *Dualität* geschaffen.

Der Verstand ist ein Segen, solange man ihn als Werkzeug benutzt. Er wird jedoch zum Verhängnis, wenn man die durch ihn geschaffene Konstruktion für die Wahrheit hält. Bei einer einseitigen Ausrichtung auf die Ratio ist diese Gefahr allgegenwärtig.

Zum Zeitpunkt des Übergangs vom matriarchalen zum patriarchalen Paradigma war die Welt bereits ziemlich komplex geworden. Städte und Staaten hatten sich entwickelt und mit ihnen das gesellschaftliche und ökonomische System, die Technologie und alle anderen Lebensbereiche.

Wahrscheinlich ergab sich irgendwann einmal von selbst die Notwendigkeit nach Strukturierung und Organisation, eine Domäne, die dem Mann mehr lag. Dies könnte der Zeitpunkt gewesen sein, an dem das männliche Geschlecht seine Fähigkeiten erkannte und an die Macht drängte. Zusammen mit dieser Einsicht könnte ihm bewusst geworden sein, dass er, der eigentlich Wissende, seit Jahrtausenden im Schatten des Weibes gelebt hatte. Vielleicht liegt hierin der Grund für den gewaltsamen Sturz des Matriarchats.

Die Gründe für den Übergang sind für unsere Betrachtung jedoch weniger wichtig als die Feststellung, dass seit der Entstehung des patriarchalen Paradigmas die Geisteshaltung des Menschen von *Trennung und Dualität* gekennzeichnet ist und damit eine Lawine von so genannten »Erkenntnis-Prozessen« über die Verschiedenheit der Erscheinungen in Bewegung gesetzt wurde. Auf die Erkenntnis der Unterschiedlichkeit der Geschlechter folgte die Erkenntnis von Gut und Böse. Bereits an dieser Stelle war die Spaltung des Ganzen vollzogen. Der Mensch entfernte sich von Gott oder – wie das Alte Testament lehrt – er wurde aus dem Paradies, der Einheit alles Seienden, dem Eins-Sein von Mensch und Gott, vertrieben. Er erkannte sein Ich, sein Anders-Sein. Mit dieser Erkenntnis erschuf er das Bewusstsein des Leidens, denn durch das Anders-Sein hatte er sich selbst zum Opfer der äußeren Umstände erklärt. Unser Wort »Gott«, das auf der germanischen Wurzel »gut« beruht, schließt per Definition bereits alles aus, was als »böse« definiert wird.

Die Erkenntnis von Gut und Böse

Um die folgenden Gedankengänge verstehen zu können, dürfen wir niemals außer Acht lassen, dass die »Erkenntnis von Gut und Böse« eine reine Konstruktion des Intellekts ist. Uns allen aber ist das Trennen und Unterscheiden so selbstverständlich geworden, dass wir die Spaltung schon lange für die eigentliche Wahrheit halten.

Das trennende Element, die Ratio, rückte in der Werteskala des patriarchalen Paradigmas an die oberste Stelle, während Intuition und Gefühl, die weiblichen Formen der Wahrnehmung und Erkenntnis, ans unterste Ende der Skala verdrängt wurden.

Vorbilder der Selbstbehauptung und Dominanz entstanden aus der Nachahmung des Höchsten Vatergottes, Verhaltensmuster, die nicht nur das Gefühl der Überlegenheit entstehen ließen, sondern auch zu Konkurrenz und Rivalitätsdenken führten. Siegen und Besser-Sein wurden zum höchsten Ziel, aggressives Verhalten zum Ideal erklärt.

Auf allen Ebenen der Kultur entwickelten sich Hierarchien, alle Wege richteten sich nach oben, zur Macht hin aus. Die Schwächeren waren der Verachtung, das Fremde der Bekehrung, das Böse der Vernichtung preisgegeben. Die Evolutionstheorie des englischen Naturforschers Charles Darwin (1809–1882), mit dem berühmten Grundsatz des *survival of the fittest*, gipfelte im 19. Jahrhundert in der Überzeugung, das ganze Leben müsse als Existenzkampf betrachtet werden, in dem der Stärkere überlebt und der Schwächere auf der Strecke bleibt. Seither galt der Wettbewerb als Antriebskraft der Wirtschaft.

Machterhalt, Statusdenken, Anstreben und Respektieren von Autorität, das Durchsetzen von Rechten mit Gewalt, hierarchische Systeme der sozialen Organisation und sozialen Kontrolle sind Charakteristiken des patriarchalen Verhaltens. Sie haben das Handeln und die Ziele von institutionalisierter Religion, Recht, Geschäftswesen, Technologie und sogar Medizin oft mit verheerenden Folgen bestimmt.

Wer die Macht hat, hat das Recht auf seiner Seite – diese Moral war typisch für die lineare, hierarchische, männlichdominierte Vorstellungswelt, die weltweit zu einer autoritären, konservativen Politik führte, in der man sämtliche Neuerungen stets zu sabotieren wusste. Krieg, Beherrschung und Unterdrückung, Ausbeutung, Rassismus und Sklaverei waren die schlimmsten Auswüchse; Feudalherrschaft, Diktatur und Faschismus die dazugehörigen Systeme, die selbst die schlimmsten Entartungen legitimierten; Raketen, Waffen und Gewehre waren ihre Symbole – Phallussymbole natürlich, gnadenlos in alles eindringend, was ihnen begehrenswert erschien. Mit diesen Symbolen fühlte sich der Mann endlich in der Lage, seiner psychischen Urangst vor der dominanten Frau des Matriarchats zu begegnen, dem Weib, das er in seiner Phantasie als verschlingende Vulva oder gezähnte Vagina erlebte. Mit solchen Symbolen bestückt, konnte er seiner latenten Kastrationsangst wenigstens äußerlich ein Ende bereiten.

Inzwischen haben sich Machtmissbrauch und Manipulation selbst in die letzten Winkel unseres Lebens geschlichen, bis hinein in Partnerschaften und Familien, bis hinein in die Beziehung von Eltern und Kindern. Und wir halten das alles für normal, weil wir es nicht anders kennen und weil wir gefangen sind in einem System, das eben so und nicht anders funktioniert. Vergewaltigung ist die zentrale Metapher unserer Weltkultur geworden, die selbst vor der Natur, unserer Mutter, nicht Halt macht. In der irrigen Selbstüberschätzung, die Erde und den gesamten Kosmos beherrschen zu können, begann der patriarchale Mensch, seine Mutter zu schänden und seinen eigenen Lebensraum zu zerstören.

Materialismus und mechanistisches Weltbild

Der dualistische Geist des Patriarchats führte zu immer umfassenderen Trennungen, die unsere Weltanschauung bis zum heutigen Tag beeinflussen. Nachdem die abendländische Philosophie der Renaissance den Bruch zwischen Wissenschaft und Religion erklärt hatte, änderte sich unser Verständnis der Welt und des Menschen drastisch, denn die Säkularisierung von Wissenschaft und Religion zog sowohl die Spaltung von Materie und Geist als auch die Spaltung von Körper und Geist nach sich. Ab diesem Zeitpunkt wurde das Universum als mechanistisches System betrachtet, das sich aus elementaren materiellen Bausteinen zusammensetzt. Das Zeitalter des Materialismus war eingeläutet.

Zwei große Denker waren maßgeblich an der Konstruktion des materialistisch-mechanistischen Weltbilds beteiligt: René Descartes (1596–1650) und Isaac Newton (1643–1727). Nach Descartes wurde das auch heute noch vorherrschende Welt- und Menschenbild das *kartesianische* Weltbild genannt. Beide Männer waren Genies und hochspirituelle Menschen, und ihre Ideen hätten in der Folgezeit eine ganz andere Blüte erlangt, wären sie nicht in den ideellen Nährboden eines patriarchalen Paradigmas gesät worden.

Im Alter von dreiundzwanzig Jahren hatte René Descartes eine erleuchtende Vision, die sein ganzes Leben – und das Leben vieler Generationen nach ihm – prägen sollte. In dieser Vision, die nach seiner eigenen Überzeugung eine göttliche Eingebung war, erschaute er »die Grundlage einer wunderbaren Wissenschaft«, welche auf alle Wissensgebiete angewendet werden konnte. Descartes spürte, dass er die größte Entdeckung seines Lebens gemacht hatte.

Die Grundlage seiner Entdeckung bestand darin, dass er die gesamte Natur in zwei unabhängige und getrennte Bereiche unterschied: a) den Bereich des Geistes, den er *res cogitans* – »denkendes Ding« nannte, und b) den Bereich der Materie, den er als *res extensa* – »ausgedehntes Ding« bezeichnete. Sowohl Geist als auch Materie waren Schöpfungen Gottes. Dieser enorm wichtige Gedankengang Descartes', dass Materie und Geist durch eine übergeordnete höchste Instanz, nämlich Gott, miteinander verbunden waren, ja aus ihr hervorgingen, blieb in den darauf folgenden Jahrhunderten von den Wissenschaftlern unbeachtet; ein fataler Irrtum, der nur innerhalb des patriarchalen Paradigmas entstehen konnte. Für Descartes war die Existenz Gottes ein wesentlicher Bestandteil seiner wissenschaftlichen Philosophie. In der Zeit nach ihm wurde jedoch jede Bezugnahme auf Gott vermieden. Dadurch wurde seine großartige Theorie, die im Ansatz durchaus ganzheitlich war, verstümmelt. Die Wissenschaftler befassten sich ausschließlich mit dem Trennungs-Gedanken Descartes' und so entstanden auf der einen Seite die Naturwissenschaften, die sich auf die *res extensa* konzentrierten und sich mit der Frage nach dem Aufbau der Materie beschäftigten; und auf der anderen Seite die Geisteswissenschaften, welche die *res cogitans* in den Mittelpunkt ihrer Betrachtungen stellten, dabei jedoch versuchten, die Methoden der Naturwissenschaften zu kopieren.

Descartes betrachtete sowohl das materielle Universum selbst als auch alle Erscheinungen der Materie innerhalb des Universums als Maschinen mit berechenbaren Funktionsabläufen. Er wollte damit ausdrücken, dass Materie bestimmten – physikalischen – Gesetzen gehorchte, eine Erkenntnis, die später von Isaac Newton zur Vollendung geführt wurde. In dem Bemühen, eine perfekte, unfehlbare Naturwissenschaft zu schaffen, dehnte er seine Theorie auch auf lebende Organismen, Pflanzen, Tiere und den menschlichen Körper aus. In dem Materie-Anteil allein gab es für Descartes weder Leben noch Sinn noch Spiritualität. Materie war nichts als Materie.

In diesem Punkt wird Descartes von den modernen Wissenschaftlern häufig Unrecht getan, dann nämlich, wenn behauptet wird, er hätte den Menschen in seiner Gesamtheit als Maschine gesehen. So mechanistisch, wie wir heute allgemein annehmen, war Descartes' Sichtweise jedoch nicht. Diese Auslegung wurde ihm erst von der späteren Wissenschaft aufgedrängt. Erst im Nachhinein interpretierte man seine Theorie dahingehend um, dass für ihn nur die Materie und nichts als die Materie zählte, dass der Mensch für ihn eine Maschine und nichts als eine Maschine war.

Für Descartes selbst verhielt es sich gerade umgekehrt. Materie zählte für ihn nur wenig, erst der hinter der Materie stehende Geist machte das Leben aus: »*Cogito ergo sum* – Ich denke, also bin ich«, lautete sein berühmt gewordener Kernsatz, der paradoxerweise gerade für das Zeitalter des Materialismus charakteristisch geworden ist. Was Descartes damit ausdrücken wollte, war, dass der eigentliche Wesenskern des Menschen geistiger Natur und der Körper nur sekundär ist. Aus Geist geht Materie hervor. Dies ist eine Grundanschauung des Idealismus und nicht des Materialismus.

Descartes verstand den Menschen als von einer *vernunftbegabten* Seele bewohnt, die mit dem Körper über die Zirbeldrüse im Zentrum des Gehirns verbunden war. Auch hierin kommt er den hellsichtigen Einblicken der großen Weisen in das Gesamtkunstwerk Mensch erstaunlich nahe. Vernunft war für Descartes weit mehr als die reine Funktion des Intellekts. Es war für ihn die Fähigkeit der Erkenntnis schlechthin – die Fähigkeit, sich selbst, das Wesen der Dinge und Gott zu erkennen.

Auch Isaac Newton war eine geniale und vielschichtige Persönlichkeit, Naturwissenschaftler, Mathematiker, Jurist, Theologe und Historiker in einem. Sein ganzes Leben hindurch beschäftigte er sich eingehend mit okkultem und esoterischem Wissen. Für ihn waren die Welt und das Wesen der Existenz ein Mysterium, zu dessen Entschlüsselung es zwei mögliche Zugänge gab: wissenschaftliche Erkenntnis und mystische Einsicht.

Newton war der Mann, der den kartesianischen Traum verwirklichte und die wissenschaftliche Revolution vervollständigte. Die Physik Newtons lieferte eine vollständig geschlossene, mathematische Ausformulierung des mechanistischen Weltbildes und damit die Grundlage eines wissenschaftlichen Denkens, das sich bis ins 20. Jahrhundert hinein behauptete. Das Newton'sche Modell erklärte Materie als aus Atomen bestehend, die mehr oder weniger verdichtet waren, deren Verdichtungsgrad also die unterschiedliche Erscheinungsform der Materie bedingte. Die Teilchen selbst jedoch sowie die zwischen ihnen wirkenden Kräfte hielt auch Newton als von Gott geschaffen.

Ein typisch patriarchales Phänomen war, dass Wissen den Wissenden vorbehalten bleiben sollte. Wesentliche Erkenntnisse wurden nicht benutzt, um die Menschen aufzuklären. Bildung war einzig und allein dazu da, sich über den »einfachen Mann von der Straße« zu erheben. Literatur und wissenschaftliche Werke wurden in einer Sprache verfasst, die nur wenige verstanden. Das Philosophieren über Gott und die Welt war meist nichts anderes als geistige Onanie, die in den Salons der Reichen betrieben wurde. Unterschiedlichkeit auf geistiger und sozialer Ebene wirkte ausgesprochen erotisierend – und das ist bis in die heutige Zeit hinein der Fall geblieben. Noch immer schwärmen die meisten Frauen von einem Mann, der »über ihnen steht« und zu dem sie »aufschauen« können.

Himmel und Hölle

Der wohl schlimmste Auswuchs patriarchalen Denkens war die Erschaffung von Himmel und Hölle. In dieser Vorstellung wurde die extremste Form der Trennung manifest. Himmel und Hölle bildeten die äußersten Enden eines linearen, hierarchischen Weltbildes. In allen großen Weltreligionen, im Christentum, Islam, Buddhismus und Hinduismus, finden wir das Bild von Himmel und Hölle wieder, denn alle Religionen sind schon seit Jahrtausenden patriarchalisiert. Beide Orte gelten als von Gott erschaffen. Beide Orte sind im Jenseits angesiedelt und mit besonderer, numinoser Macht belegt. Dennoch gelten diese Orte als real existierend. Der Himmel wird als Ort höchster Glückseligkeit angesehen und ist jenen vorbehalten, die zeit ihres Lebens streng nach den Geboten Gottes gelebt hatten. Die Hölle dagegen ist der Ort ewiger Verdammnis. Dorthin gelangen die Seelen derjenigen, die sich versündigt, das heißt die Gebote Gottes gebrochen haben. In der Gestaltung dieser Orte hatte »Gott Vater« nicht an Phantasie gespart. Während der Himmel die höchsten sinnlichen Wonnen versprach, drohte die Hölle mit den grausamsten, sadistischsten Qualen, die man sich nur vorstellen kann.

Himmel und Hölle waren *die* Macht- und Manipulationsmittel par excellence. Nimmt man einmal die ganze Palette an Gedanken, Worten und Taten unter die Lupe, die im Laufe der Zeit als Sünden deklariert wurden, so lässt sich sehr schnell feststellen, dass es sich bei den meisten »Sünden« um Faktoren handelte, die nicht in die jeweiligen Systeme passten; Störfaktoren, die aus dem Weg geräumt wurden, indem man sie sanktionierte, bestrafte. Bezeichnenderweise leitet sich das Wort »sanktionieren« vom lateinischen *sanctus* – heilig ab. Die Androhung von Höllenstrafen war für derartige Sanktionen ganz besonders gut geeignet. Sie schüchterte ein, machte gefügig. Auch die Gebote Gottes, die sich ursprünglich auf die kosmischen und geistigen Gesetze bezogen, wurden umfunktioniert in die Gebote des Systems, der Gesellschaft, der Wirtschaft, der Obrigkeit ... kurz, in die Gebote der Stärkeren.

Die Hölle lehrte den Menschen, Gott zu fürchten. Das System lehrte ihn, den Stärkeren zu fürchten. Dem Vater als Stellvertreter Gottes in der Familie wurde von der Kanzel herab gepredigt, seinen Kindern die Gottesfurcht, wenn es sein muss auch mit Gewalt, einzubläuen. Ein gut erzogenes Kind lernte also frühzeitig *alles* zu fürchten: Gott, die Stärkeren und den eigenen Vater. Anpassung, Pflichtgefühl, Gehorsam und Vaterlandstreue wurden in der patriarchalen Erziehung zu zentralen Werten erhoben; Unbeschwertheit, Freude und Genuss dagegen »ver-teufelt«.

Ein Mann durfte im eigenen Heim als Oberhaupt der Familie auftreten. Im Außen jedoch, am Arbeitsplatz und im sozialen Leben, musste auch er von höchster Stelle erfahren, was er nach unten, in die Familie hinein, weitergab: die umbarmherzige Macht des Stärkeren, die sich ausdrückte in Rechthaberei, Besserwisserei, Kritiksucht, Herabsetzung, Demütigung und körperlicher Gewalt.

Der Klerus schließlich, oberste moralische Instanz, Inhaber göttlicher Entscheidungsgewalt und Richter Gottes auf Erden – verbündet selbstverständlich mit den Machthabern aus Politik und Wirtschaft –, durfte absegnen, wer in den Himmel kam und wer dagegen zur Hölle fahren musste. Einer satirischen Statistik gemäß dürfte der Himmel demnach nur dünn besiedelt gewesen sein, während die Hölle in ihrer Überbevölkerung aus den Fugen quoll. Im Himmel frönte die Aristokratie der Scheinheiligen weiterhin ihrer selbstgefälligen Arroganz, während der »Pöbel der anderen« in der Hölle schmorte. »Recht geschieht ihm!«, empfand man von oben herab. »Mitgefühl? Nein, danke.« Man würde sich doch nur die Hände damit beschmutzen.

Und woraus setzte sich der »Pöbel der anderen« zusammen? Aus all jenen, die nicht dem gleichen Gott, nämlich unserem Gott, dienten. Das waren, kurz gefasst, alle anderen Kulturen, alle anderen Völker, alle anderen Religionen, samt ihrem Brimborium an Sitten, Bräuchen, Ritualen und Götzen. Als so genannter Ethnozentrismus ist diese Sichtweise in unsere wissenschaftliche Terminologie eingegangen. Gültigkeit besaß nur der *eine* Gott, der seine Anhänger zu *einem* Volk vereint und zu *seinem* auserwählten Volk gemacht hatte. Der Rest der Welt bestand aus Heiden und diese Heiden waren Feinde. Diese Überzeugung verlieh dem auserwählten Volk das Recht, die Andersgläubigen zu bekehren, zu missionieren und eines Besseren zu belehren. In Wahrheit aber erteilte sie ihm die Verfügungsgewalt, fremde und vor allem schwächere Völker rücksichtslos auszubeuten, um sich an ihnen zu bereichern. Unter dem Deckmantel der Missionierung wurden ganze Erdteile erobert, Städte und Dörfer dem Erdboden gleichgemacht, Millionen Menschen getötet, gefoltert und versklavt und der schmähliche Rest Demütigung, Erniedrigung und Entwürdigung preisgegeben.

Die Hölle wurde zur Wirklichkeit, die nun in unser aller Herzen brennt. Es ist der Bewusstseinszustand der Trennung und ihres treuen Gefolges: Angst und Furcht, Schuld und Scham, Negativität und Verurteilung, Entwürdigung und Entmündigung. Wir haben keine Macht mehr über uns und unser Leben. Wir sind zu Opfern geworden, weil wir die Verantwortung an die Stärkeren abgegeben haben. Und mit der Trennung kam das Leiden.

Trennung ist das Bewusstsein der Unterschiedlichkeit. Wenn dabei das Ganze aus dem Auge gelassen wird, führt Trennung zu Bewertung. Aus Unterschiedlichkeit wird Ungleichheit.

Die Überzeugung der Ungleichheit ist der Kerngedanke des patriarchalen Ich-Verständnisses. Sie öffnet einer Moral die Tore, welche an die Überlegenheit des Stärkeren glaubt und damit dem Stärkeren das Recht zuweist. Die patriarchale Definition von Macht entstand: Macht als Recht des Stärkeren – eine Definition, in der das Phänomen Größenwahn Teil der Programmierung ist. Und weil diese Macht von vornherein mit dem Guten assoziiert wurde, erhielt sie den Nimbus des Unfehlbaren, Unantastbaren, Heiligen, das mit allen Mittel verteidigt werden musste.

Ihm gegenüber stand die Angst des Schwachen, charakterisiert durch Ohn-Macht, gekennzeichnet durch das Gefühl, nicht gut genug zu sein und nicht genug zu bekommen, eine Angst, die immer weitere Kreise zog, bis sie schließlich zu einer *Angstspirale* mit vielfältigen Windungen wurde.

Das Selbstverständnis der Frau im patriarchalen Paradigma war von vornherein zur Ohnmacht verurteilt. Aber auch der Mann hatte sich bald im Spinnennetz der Hierarchien verstrickt. An welcher Stelle er sich auch befand, es gab immer einen Stärkeren über ihm. Selbst jemand, der es bis zur Spitze der Hierarchie geschafft hatte, hatte noch immer den *Einen* über sich: den strafenden Gott und höchsten Richter.

Die Angst, *nicht gut genug zu sein,* manifestierte sich in einem kollektiven Opferbewusstsein, begleitet von Schuld und Scham, während sich die Angst, *nicht genug zu bekommen,* zu einem kollektiven Mangelbewusstsein verdichtete, an dessen Seite Gier, Neid und Eifersucht stehen. Trennung erzeugt Angst, Angst erzeugt Opfer- und Mangelbewusstsein, und diese wiederum bringen Schuld und Scham, Gier, Neid und Eifersucht hervor.

Um Schuld und Scham zu vertuschen, schmückten wir uns mit Statussymbolen, Image und Prestige, strebten Ansehen, Ruhm und Ehre an oder täuschten Stärke vor. Um den Mangel zu stillen, begannen wir verzweifelt alles an uns zu reißen, was Er-Füllung versprach. Besitz wurde zum Symbol für Sicherheit. Ließ sich ein Objekt der Begierde nicht freiwillig ergreifen, wussten wir es durch Manipulation oder Gewalt in unseren Besitz zu bringen. Und da wir alle in dieses Spiel verwickelt waren, blieb es nicht aus, dass wir um die gleichen Dinge wetteiferten. Wurde uns etwas weggenommen, entwickelten wir Aggression und Hass und gingen abermals aufeinander los. Kämpfe, Kriege und Zerstörung waren die unausweichlichen Folgen. Vielleicht meinten wir einen Sieg errungen zu haben, aber dieser Sieg führte nicht ins Glück, sondern nur in einen weiteren Kampf. Was wirklich blieb, war der erschöpfte Blick auf das Schlachtfeld, das nichts als Grauen und Hässlichkeit hinterlassen hatte.

Terror und Terrorismus kennzeichnen den Gipfel der Spirale. Angst ist ihr Ausgangspunkt und Terror ist ihr Ende. Terrorismus ist der spiegelgleiche Ausdruck der inneren Angst, der vollständigen Beschneidung von Freiheit und Würde, des endgültigen Verlustes der Sicherheit. Niemand ist mehr sicher und nirgends ist man mehr sicher; es kann einen jederzeit und überall treffen. Terrorismus kann in alle Lebensbereiche eindringen, Hochhäuser zum Einsturz bringen, per Post tödliche Krankheitserreger schicken oder als Hacker-Angriff auf Computernetze ganze Städte lahm legen – alles mit verheerenden Folgen, verheerender als wir es uns jemals vorstellen konnten. Es ist ein Krieg, der sich auf allen Ebenen abspielt, nicht nur auf den eigentlichen Kriegsschauplätzen. Es ist das große psychologische Spiel mit der Angst, dessen Protagonisten nur die Schauspieler eines Drehbuchs sind, in dem wir alle unsere Handschrift hinterließen.

Warum konnten wir nicht sehen, dass in einem Krieg alle Beteiligten leiden, nicht nur eine Seite; und dass, wenn es so etwas wie »Gott« gibt, alle Parteien von ihm unterstützt werden, nicht nur die eigene? Wie viel Leid und Elend muss es noch geben, bis wir erkennen, dass wir uns am Köder der Angstspirale festgebissen haben? Wann werden wir aus dem patriarchalen Traum eines machtlosen Selbst erwachen? Wann werden wir endlich zur Einsicht gelangen, dass wir durch Trennung, Angst und Selbstsucht unsere eigene Hölle erschaffen? Die Hölle ist der Zustand absoluter Machtlosigkeit. Sie ist das Resultat eines Prozesses, in dessen Verlauf sich der Mensch aus der Ganzheit trennte, immer weiter und immer von neuem trennte, bis er sich schließlich, losgelöst von allem, als ein Häufchen Elend wiederfand, allein, nackt, hungrig und leidend. Oder aber, als Kehrseite der Medaille, zum größenwahnsinnigen Tyrannen mutierte, zur Gänze eingesponnen in den Kokon der Machtphantasien: der Mensch als Krone der Schöpfung, imstande, die gesamte Natur zu besiegen und sich die Welt untertan zu machen. Die Hölle ist das qualvolle Ende eines Irrweges, der uns von der Ganzheit entfernt hat. Der patriarchale Mensch kennt sich selbst und seine wirklichen Wünsche nicht mehr. Er ist sich selbst fremd geworden, weil er sich von seinem innersten Kern entfernt und die Verantwortung für sein Leben abgegeben hat.

Den Ärzten überließ er die Verantwortung für seinen Körper, der Schule die Verantwortung für seinen Geist und die Familie nahm ihm die Verantwortung für die Seele ab, um ihn zu einem gefügigen Werkzeug einer gut funktionierenden Gesellschaft zu machen.

Ohne Verantwortung für das eigene Leben verlor er den Bezug zu sich selbst. Nun kann er seiner Intuition nicht mehr vertrauen, die Sprache des Körpers nicht mehr verstehen und hat den Kontakt zur inneren Stimme verloren. Er hat keine Orientierung mehr.

Die Welt präsentiert sich dem modernen Menschen als ein Puzzle mit Millionen Bausteinen, die, bunt gemischt, kreuz und quer, auf der Spielwiese seines Bewusstseins verteilt sind. Alle Bausteine werden von Spezialisten bewacht. Der Blick ist auf Details gerichtet. Wir schauen in das denkbar Größte, in Galaxien und Universen und auch in das denkbar Kleinste, die Welt der Teilchen. Der Blick für das Ganze und seine wesentlichen Zusammenhänge jedoch ist abhanden gekommen.

Der Feind des Menschen ist nicht der Mensch. Der wirkliche Feind, der einzige Feind, ist die Unwissenheit.

Wendepunkt des Bewusstseins

Die Geburtswehen der neuen Welt haben schon mit Hiroshima begonnen.

Vor etwa fünfzig Jahren fiel die erste Atombombe. Das ungeheure Zerstörungspotenzial der Kernspaltung hatte diesen Schreckensakt ermöglicht. Kernspaltung ist der materielle Ausdruck der Trennung von Bewusstsein und Wesenskern. Hiroshima war ein deutliches Zeichen, ein Zeichen, das wir überhörten. Wir ließen die Destruktivität weiter voranschreiten, geboten ihr keinen Einhalt.

Der Terror spiegelt die letzten Zuckungen, das letzte Beben eines ausgehenden Zeitalters wider, das sich aus patriarchalen Anfängen heraus zu einer lebensvernichtenden Eigendynamik beschleunigt hat. Fortschrittsgläubigkeit, Technikbesessenheit, Konsumsucht und der Zwang zum Wachstum – wobei der aus der Natur entlehnte Begriff »Wachstum« eigentlich nicht geeignet ist, das wuchernde, chaotische Immer-Mehr unserer Zivilisation zu bezeichnen – bedrohen das Leben der »Mutter Erde« und damit uns alle.

Die Naturwissenschaften, erfunden, um die Gesetzmäßigkeiten des Kosmos aufzudecken und Werkzeuge zu entwickeln, mit deren Hilfe man die Welt unterwerfen kann, sind inzwischen, zwei Jahrhunderte später, an ihren äußersten Grenzen angelangt. Zu viele Phänomene des Lebens, der Welt und ihrer Erscheinungen können mit den herkömmlichen Erkenntnissen nicht mehr erklärt werden. Der Rahmen für weitere Entwicklungen ist auf allen Ebenen zu eng geworden.

Wir sind aus den Kinderschuhen herausgewachsen und bewegen uns auf ein neues Paradigma, ein neues Denkmodell für Mensch und Kosmos zu, auf eine neue Kosmologie und ein neues Bewusstsein.

Unsere Bewusstseinsgeschichte befindet sich an einem Wendepunkt, vielleicht an einem der spannendsten Punkte, welche die Menschheit je erlebte. Unser bisheriges Weltbild fällt in sich zusammen wie ein Kartenhaus. Chaos breitet sich aus und die bisher unerkannten Neurosen des Patriarchats mit seinem Paradigma der Trennung und seiner inhärenten Angstspirale drängen an die Oberfläche. Eine katastrophale Zeit, ja, aber auch eine Zeit voller neuer Herausforderungen. Eine Zeit, die ein enormes Wachstumspotenzial in sich birgt – die Chance nämlich, den Wandel bewusst zu nutzen, um uns selbst und alles um uns herum auf eine höhere Bewusstseinsstufe zu erheben. Aus einem neuen Verständnis der Zusammenhänge kann die Kraft erwachsen, die geschichtlichen Phasen des Matriarchats und Patriarchats zu überwinden und eine Verantwortlichkeit zu entwickeln, die nicht das Recht des Stärkeren zur höchsten Vorstellung erhebt. Denn hat nicht bereits im Matriarchat die Macht der Frau zum Aufbegehren des Mannes geführt – dem Gesetz des Ausgleichs folgend?

Die Morgengabe[1] des patriarchalen Paradigmas

Heute sind wir am äußersten Ende der Trennung von der Ganzheit angelangt und stehen an einem Punkt, an dem wir uns nicht länger vormachen können, dass die Wahrheit außerhalb von uns zu finden sei. Unsere bisherigen Überzeugungen und Werte, die Art und Weise, wie wir die Welt und den Menschen definierten, haben sich in ihrer Begrenztheit selbst ad absurdum geführt. An diesen äußersten Punkt der Trennung hat uns das patriarchale Paradigma gebracht. Paradoxerweise liegt aber genau hier die riesige Chance für unsere kollektive und individuelle Befreiung. Denn von hier aus lässt sich das gesamte Panorama der bisherigen Schöpfungsspiele überschauen, lässt sich *wirkliche Bewusstheit* erlangen.

Heute ist es erstmals in der Menschheitsgeschichte möglich, dass der zur Selbstrealisation führende Bewusstseins-Quantensprung *kollektiv* vollzogen werden kann; dass wir alle, nicht nur eine Hand voll Auserwählter, Vollkommenheit, Erleuchtung – wie immer man sie nennen will – erreichen können. Die Voraussetzungen für diesen Quantensprung wurden durch das patriarchale Paradigma geschaffen. Darin besteht das große Geschenk dieses sonst so dunklen Zeitalters. Das Patriarchat war ohne Zweifel eine kollektive Krankheit, aber wie in jeder anderen Krankheit verbirgt sich auch in ihm die Chance zur Weiterentwicklung.

Im Dienste der Ratio spalteten wir uns von der Ganzheit ab, gingen in die Dualität, entfernten uns in den Mikrokosmos und den Makrokosmos. Doch eines Tages waren wir am äußersten Ende der Trennung angelangt. Dort wurde Materie zu Energie; dort entpuppten sich Raum und Zeit als relativ; dort bewies die Quantenmechanik, dass Beobachter, das beobachtete Objekt und der Akt des Beobachtens ein und dasselbe sind. Wir mussten aus der Ganzheit heraustreten, um sie »von außen betrachten« und unseren Anteil an der Erschaffung von Wirklichkeit erkennen zu können. Als die *Kernspaltung* ihr machtvolles Zerstörungspotenzial entblößte, offenbarte sich zugleich ein neues Verständnis von Ganzheit.

»Vor mehr als fünfzig Jahren geschahen merkwürdige Dinge in der Physik; bizarre und verblüffende neue Vorstellungen über Raum und Zeit, Geist und Materie tauchten in der wissenschaftlichen Gemeinschaft auf. Erst heute erreichen diese Ideen allmählich die allgemeine Öffentlichkeit. Konzepte, die seit zwei Generationen Physiker fasziniert haben, erlangen jetzt die Aufmerksamkeit normaler Menschen, die nie vermutet hätten, dass eine große Revolution im menschlichen Denken vor sich gegangen ist.

Im ersten Viertel dieses Jahrhunderts wurden zwei folgenschwere Theorien aufgestellt: die Relativitätstheorie und die Quantentheorie. Aus ihnen entsprang der größte Teil der Physik des 20. Jahrhunderts. Aber es erwies sich bald, dass die neue Physik mehr war als nur ein besseres Modell der physischen Welt. Die Physiker realisierten nach und nach, dass ihre Entdeckungen eine radikale Neuformulierung der grundlegendsten Aspekte unserer Realität erforderten. Sie lernten, sich ihrem Forschungsgegenstand auf eine völlig neue, unvermutete Weise zu nähern, die den gesunden Menschenverstand auf den Kopf zu stellen und mit Mystizismus mehr zu tun zu haben schien als mit Materialismus«, schreibt Paul Davies in seinem Buch *Gott und die moderne Physik*[2].

Die Erkenntnisse der neuen Physik seit Einstein und der Quantentheorie sind im Grenzbereich zwischen Wissenschaft und Mystik angelegt. Sie legen die Forderung nahe, das Universums als Ganzheit mit einer ihm innewohnenden, »impliziten« Ordnung zu betrachten, eine Sichtweise, die sich mit den Einblicken der Mystiker aller Zeiten und Kulturen in die geistigen Gesetze des Seins vollständig deckt. Ja, die modernen Physiker selbst – Einstein, Planck, Bohm, Heisenberg und Capra und andere – gaben sich als moderne Mystiker zu erkennen.

ZWEITE ERKENNTNIS

Seit mehr als dreitausend Jahren
wird unser Welt- und Menschenbild
vom patriarchalen Paradigma geprägt,
das die Überlegenheit der Ratio betont.

Während die archaischen Kulturen
den gesamten Kosmos als beseelt betrachteten,
während das Matriarchat sich
durch ein naturnahes, zyklisches Verständnis des Ganzen,
durch Werte wie Zusammengehörigkeit, Genuss und
Friedfertigkeit auszeichnete, ist das Patriarchat durch
lineares und hierarchisches Denken charakterisiert.

Man könnte diese Epoche,
die sich nun allmählich dem Ende zuneigt,
daher auch das Zeitalter der Trennung nennen:
der Trennung von Mann und Frau,
von Gut und Böse, Himmel und Hölle,
Diesseits und Jenseits, Gott und Mensch,
Wissenschaft und Religion, Intellekt und Intuition.

Diese künstlich geschaffenen Gegensätze
kreierten eine Spirale der Angst,
gekennzeichnet durch Bewertung und Beurteilung,
durch das Streben nach Dominanz und Macht,
durch Schuld, Scham, Mangel,
Wettbewerb und Rivalität,
durch Intoleranz gegenüber den anderen,
deren unausweichliche Folge
Feindschaft, Hass, Gewalt und Diskriminierung waren.

Der patriarchale Mensch
ist von seinem inneren Wesenskern abgeschnitten.
Er hat sich die Verantwortung und damit die Macht
über sein Leben von den Stärkeren abnehmen lassen.
Er ist freudlos und unzufrieden,
rastlos auf der Suche – immer neuen Irrwegen folgend.

Die drei großen Paradigmen der Menschheitsgeschichte
haben in unserem kollektiven Gedächtnis
unauslöschliche Spuren hinterlassen,
die unser Sein und Tun noch heute beeinflussen.

Das archaische Paradigma
hinterließ den Archetyp des Wilden,
mit seinem kindlich-natürlichen Selbst-Verständnis,
und seiner Angst vor der übermächtigen Gewalt des Universums.

Aus dem Matriarchat blieb das Bild der Großen Mutter,
Archetyp weiblicher Urkraft und weiblicher Werte,
Symbol für die Dominanz des Weiblichen.

Das patriarchale Bild des Vatergottes,
der über aller Existenz im Himmel thront,
ist Sinnbild für die Vorherrschaft des Mannes
und weckt in uns männlich-orientierte Glaubenssätze.

Aus dem Kindhaften ging das Weibliche hervor;
aus dem Weiblichen wurde das Männliche geboren …
Nun will uns der Drang der Evolution weiterführen,
viel weiter …

Neue Welt, neues Selbst – die Initiation

R/Evolutionärer Wandel und Selbstrealisation

Flüsse fließen, Berge werden abgetragen, Kulturen erblühen
und zerfallen.
Die Zyklen der Wandlung haben kein Ende.
Zwar geschehen geologische und evolutionäre Veränderungen
ungeheuer langsam,
langsamer als alle übrigen Veränderungen,
und doch haben sie die Welt geformt, wie wir sie heute kennen.
Gesellschaften und Kulturen sind aufgetaucht und untergegangen.
Jede von ihnen hat das menschliche Leben um eine Dimension
bereichert.
In nur zweihundert Jahren haben sich die Vereinigten Staaten
aus einem unterentwickelten Landstrich an der Grenze der
Zivilisation
zur technisiertesten und politisch wie militärisch mächtigsten
Nation der Erde entwickelt.
Jede neue Führerpersönlichkeit und Entwicklungsströmung
manifestiert sich im Weltgeschehen als Wandlung.
Aber keiner dieser Auftritte auf der Bühne der Geschichte
ist dauerhaft.

Tarthang Tulku

Wandel, Veränderung ist eines der universalen Grundprinzipien des Lebens. Gegen den Wandel anzukämpfen, lebensnotwendige Veränderungen aufzuhalten, kostet eine enorme Kraft. Allerdings können wir die Unbeständigkeit des Daseins genauso gut zu unserem Nutzen einsetzen. Wir können lernen, an dem kraftvollen Strom des Lebens teilzunehmen – mit dem Prozess der Wandlung in harmonischer Übereinstimmung. Dazu müssen wir in unseren unwandelbaren Wesenskern zurückkehren und unsere wahre Identität dort verankern. Menschen kommen mit dem Wandel nur zurecht, wenn sie diesen Kern gefunden haben. Der Schlüssel zur Wandlungsfähigkeit liegt in jenem unwandelbaren Gefühl dafür, wer wir sind und wohin unser Lebensweg führt.

Wandel ist der fundamentale Prozess des Lebens, der jeder Existenz zugrunde liegt. Wandel ist Bewegung, schafft Lebendigkeit. Gäbe es keinen Wandel, würde alles, was wir kennen, aufhören zu existieren. Wandel ist das Produkt von Aktivität und der dieser Aktivität vorausgehenden Idee – die Dynamik von Ursache und Wirkung. Wandel führt weiter. Er ist die zeitliche Verbindung von dem, was war, zu dem, was ist und sein wird. Im Prozess der Verbindung von Vergangenheit, Gegenwart und Zukunft findet Veränderung statt, Transformation.

Wird Wandel *bewusst* vollzogen, sprechen wir von *Revolution.* Revolution ist die gezielte Aufhebung oder Umwälzung der bisher als gültig anerkannten Gesetze, Ordnungen und Methoden, mit der Absicht, sie durch etwas Neues zu ersetzen. Ist das Neue dabei auf ein höheres Ziel, eine *höhere Wahrheit ausgerichtet,* geschieht Evolution. Fehlen Bewusstheit und Ausrichtung, entsteht Chaos. Um die gegenwärtig stattfindende Wende zu einem r/evolutionären Prozess zu machen, kommt es demnach darauf an, a) Bewusstheit zu entwickeln und b) sich auf das höchstmögliche Ziel auszurichten; die Verwirklichung der höchsten Vision – nichts weniger als den »Himmel auf Erden« – anzustreben.

R/evolutionärer Wandel und Selbstrealisation sind deshalb nah verwandt. Mehr noch: sie bedingen sich gegenseitig. Getragen von der Sehnsucht nach Vollkommenheit, haben sie das gleiche Ziel und folgen demselben Weg. Werden die beiden Prozesse miteinander verbunden, potenzieren sich ihre jeweiligen Schritte um ein Vielfaches.

Dies gilt besonders für die heutige Zeit. Denn in der Zeitenwende der Gegenwart lädt noch ein weiterer Punkt zur gezielten Verknüpfung von Wandel und Selbstrealisation ein: die Tatsache nämlich, dass der Paradigmenwechsel am Ende des Patriarchats die gleiche *Thematik* besitzt wie das Phänomen der Selbstrealisation. In beiden Fällen geht es darum, *Trennung*, sprich *Dualität*, zu transzendieren. In der äußeren, globalisierten Welt geht es um die Überschreitung der Dualismen von Kulturen, Nationen und Religionen, von Macht und Ohnmacht, von Natur- und Geisteswissenschaften; von Wertesystemen, die auf der Trennung von Gut und Böse basieren. Im Bereich des Individuums geht es um eine vollständige Erneuerung des Selbst-Verständnisses jenseits der Ratio, um die Belebung innerer, universeller Werte, die allen Menschen gemeinsam sind, jener Werte, die wir Werte des Herzens nennen können.

Für Menschen, die diese Zusammenhänge verstehen, erwächst aus der bloßen Einladung, Wandel und Selbstrealisation miteinander zu verknüpfen, unweigerlich eine innere Verpflichtung. Denn ohne Besinnung auf die universal gültigen Wahrheiten wird jedes Bemühen, den Wandel zu einem *r/evolutionären* Wandel zu machen und eine bessere Welt ins Leben zu rufen, scheitern.

Wie aber werden uns diese Wahrheiten zugänglich?

Nun, wieder ist es der Umstand der globalen Vernetzung, der uns dabei zugute kommt. Heutzutage sind uns die großen Weisheitslehren aller Kulturen mit ihren heiligen Schriften und unterschiedlichen Methoden der Selbstverwirklichung allgemein zugänglich. Der Vergleich dieser Lehren drängt die Erkenntnis auf, dass die geistigen Gesetze tatsächlich überall die gleichen sind. Er ermöglicht uns, die Welt der Mythen und Bilder zu durchdringen und dahinter die ewig gültigen Wahrheiten zu erkennen. Rituale, Bilder, Dogmen und Götter werden überflüssig. Die Jahrtausende währenden, eisernen Klammern der Werte- und Normensysteme, der kulturellen und religiösen Imperative, können auf einmal mühelos gesprengt werden. Auch die Religionen werden im Rahmen des r/evolutionären Wandels einen tief greifenden Reinigungsprozess durchlaufen und eine einschneidende Weiterentwicklung erfahren. Dabei gilt es, die Ebene der äußeren Religion, die uns in Dualismen und kulturellen Unterschieden gefangen hält, zu verlassen, und das Herzstück jeder Religion, die mystische Erfahrung, wieder in den Vordergrund zu stellen. Diese Erfahrung ist eine tiefe menschliche Erfahrung und daher überall gleich. Sie allein erlaubt uns, das Geheimnis der transzendenten, nicht-dualistischen Wahrheit zu erfassen, in der die Antwort auf alle Fragen der Menschen verborgen liegt. Nur sie vermag die Komplexität der Erscheinungen zu durchdringen und das Wesentliche zu offenbaren: die Ordnung der Dinge und ihre bewegende Kraft – Lebenskraft. Durch die mystische Erfahrung erkennen wir in unserem Innersten, dass wir Teil dieser Ordnung sind und von derselben Lebenskraft durchströmt werden; dass wir in das Schöpfungsmuster eingewoben sind und von hier aus aktiv an der Schöpfung teilnehmen; dass jeder Ausdruck individuellen Lebens ein Schöpfungsakt ist, der wiederum das Ganze beeinflusst;

dass wir alle voneinander abhängig, ja Teil voneinander sind, verschiedene Facetten eines einzigen wunderbaren Juwels – der Erde.

Erkennen wir die Interdependenz und beginnen wir, die mit dieser Erkenntnis verbundene Verantwortung füreinander zu leben, dann leben wir die Liebe. Liebe ist die Überbrückung der Gegensätze, das, was verbindet und zusammenhält, Ganzheit schafft. Liebe ist eine Art, in dieser Welt zu sein: Großzügigkeit, Toleranz und Freundlichkeit auszustrahlen. Diese Art zu sein kann äußerst machtvoll sein, wie Mahatma Gandhi zeigte. Denn sie *verkörpert* jene tiefe Weisheit, die dem Kreislauf von Hass, Gewalt und Terror ein Ende zu setzen vermag. Vor über zweitausendfünfhundert Jahren sagte der Buddha: »Er tat mir Gewalt an, er schlug mich, er besiegte mich, er raubte mich aus ..., für jene, die solche Gedanken beherbergen, wird Hass niemals enden. Er tat mir Gewalt an, er schlug mich, er besiegte mich, er beraubte mich ...; für jene, die solchen Gedanken keinen Platz geben, wird der Hass enden.«

Vor diese Herausforderung ist heute jeder denkende Mensch gestellt. In jeder menschlichen Seele brennt gegenwärtig die Frage: »Was kann ich tun, um das Wunder dieser Welt zu bewahren? Wie kann ich dazu beitragen, dass Hass und Gewalt und die daraus hervorgehende Verzweiflung ein Ende finden?« Nur durch ein gründliches Umdenken lässt sich unser Überleben sichern. Nur durch ein liebevolles Miteinander lässt sich der Himmel auf die Erde holen. Nur durch eine Initiation in die universalen Gesetze der Wahrheit werden r/evolutionärer Wandel und Selbstrealisation überhaupt erst möglich. »Der Mensch der Zukunft wird ein Mystiker sein oder er wird nicht mehr sein«, hatte der Jesuit Karl Rahner schon vor Jahren gesagt.

Durch die Erkenntnisse der modernen Wissenschaft, die vor fünfzig Jahren den Paradigmenwechsel einleiteten, gewinnen sowohl die mystische Erfahrung als auch die universellen Wahrheiten wesentlich an Transparenz. Ja, sie erhalten dadurch eine nicht mehr von der Hand zu weisende Bestätigung. Unser Weltbild hat sich bereits radikal verändert, selbst wenn diese Tatsache in vielen Disziplinen noch unter den Tisch gekehrt wird. Im Licht dieser Veränderung lassen sich die ewigen Wahrheiten von neuem lesen und mehr noch: eine *neue Tiefendimension* lässt sich in ihnen erkennen.

Es versteht sich von selbst, dass wir unser persönliches Wachstum in dramatischer Weise beschleunigen können, wenn wir uns diese Einsichten zu Eigen machen. Hierin liegt eine einmalige Chance. Es ist ein seltener »Zufall«, wie er uns in der Bewusstseinsgeschichte der Menschheit bisher noch nie begegnete.

Wer das Potenzial des Paradigmenwechsels zu nutzen weiß, wird sehen, dass Selbstrealisation wesentlich einfacher ist, als bisher angenommen wurde. Der spirituelle Weg, der vor hundert Jahren noch ein Leben der Selbstkasteiung und des Rückzugs erforderte, der vor einigen Jahrzehnten noch viele Jahre der Selbstanalyse beanspruchte, kann heute in kürzester Zeit zurückgelegt und vor allem in das *Alltagsleben* integriert werden.

Umgekehrt wird der globale Wandel profitieren, sobald er mit dem Bemühen des Einzelnen um Selbstrealisation verknüpft wird. Dadurch wird der Wandel automatisch zu einem r/evolutionären Wandel, in dem jeder Beteiligte einen wichtigen Beitrag für den kollektiven Sprung auf eine höhere Bewusstseinsebene leistet. Auf diesem Wege kann die kritische Masse, die zur Verwirklichung des »Himmels auf Erden« benötigt wird, sehr schnell erreicht werden. Aus einem träge dahinplätschernden Rinnsal kann sich im Nu ein mächtiger Strom entwickeln, der bald schon alles mit sich reißen wird, was noch unschlüssig herumsteht.

Abschied vom Alten

Der Kult der Naturvölker sah für die Zeiten der Wandlung Riten vor, die den Menschen in einen neuen Zustand begleiten sollten. Diese Riten ermöglichten ihm, sich vom Alten zu lösen, gestatteten ihm eine Zeit der Einkehr und vermittelten ihm das nötige Wissen über die Beschaffenheit des Neuen. Sie lehrten ihn, die Verantwortung für sein zukünftiges Leben zu übernehmen. Uns aber wird keine Institution dabei helfen, den Wandel konstruktiv zu bewältigen. Wir können keine Hilfe von außen erwarten. Diesmal liegt es tatsächlich an jedem Einzelnen von uns, den Schritt in die Evolution zu wagen. Wir müssen die Initiation, die uns unsere Kultur versagt, selbst vollziehen. In unserem Inneren.

Jeder Aufbruch ins Neue beginnt mit dem Abschied vom Alten, jede Initiation mit dem Loslassen einengender Strukturen. Der Abschied sollte ein freiwilliger und freudvoller sein. Wir sollten nicht damit warten, bis er durch äußere Umstände gewaltsam erzwungen wird. Jetzt, genau jetzt, sind wir aufgerufen, unsere alte Wirklichkeit abzuwerfen und unser Bewusstsein einer gründlichen Reinigung zu unterziehen. Gelingt uns das, können wir den Speicher des kollektiven Unbewussten vollständig entrümpeln und den ausgelebten Gedankenballast der ganzen Menschheitsgeschichte hinter uns lassen.

Die kollektiven Glaubenssätze des Paradigmas, in das wir hineingeboren wurden, machen mehr als achtzig Prozent unserer persönlichen Konditionierungen, also unseres Selbst-Verständnisses aus. Durch Kultur, Religion, Gesellschaft, das soziale Gefüge, in das wir eingebettet sind, durch Familie, Eltern, Verwandte, Erziehung, Schule und Arbeitswelt werden wir ständig von neuem mit diesen Glaubenssätzen infiltriert, sodass wir meist nicht einmal wagen, sie in

Frage zu stellen. Vor allem dann nicht, wenn es heißt, dass sie von Gott erschaffen wurden.

Was hindert uns also noch daran, alles, was wir über Gott und die Welt und uns selbst denken, einfach loszulassen? Wir brauchen es nicht mehr. Es hat ausgedient.

Die letzten Götzen

Zunächst dürfen wir alles vergessen, was wir jemals über Gott gehört haben. All das ist Gott nämlich nicht. Gott ist keine *persona*. Gott hat kein Geschlecht. Gott ist weder Mann noch Frau, weder Vater noch Mutter. Gott ist weder androgyn noch homosexuell[3]. Gott hat keine Eigenschaften. Er stellt keine Bedingungen. Er wohnt nicht im Himmel. Er richtet nicht, denn er kennt weder Gut noch Böse. Er ist nicht aktiv, daher hat er weder die Welt erschaffen noch die Menschen. Gott greift nicht in das Weltgeschehen ein und er ist auch nicht der Lenker der Dinge.

Alle Bilder, die wir Menschen uns jemals von Gott machten, waren unsere eigenen Erfindungen: Projektionen unserer höchsten Vorstellung von einer Wahrheit, die wir nicht erfassen konnten; Wunschbilder, die wir auf die Leinwand des Alls projizierten und die von dort an uns zurückreflektiert wurden als »unsere Realität«.

Wir alle neigen zu dem Glauben, die Dinge seien so, wie wir sie wahrnehmen. Aber so ist es nicht. Wir sehen Gott und die Welt nicht so, wie *sie* sind, sondern wie *wir* sind – oder wie wir zu sehen konditioniert sind. Wenn wir den Mund aufmachen, um zu beschreiben, was wir sehen, beschreiben wir eigentlich nur uns selbst, unsere Wahrnehmungen und unsere Paradigmen. Jeder schaut durch die einzigartige Brille seiner persönlichen Erfahrungen innerhalb eines vorgegebenen Paradigmas. »Gott« ist nichts als ein Terminus, die leere Hülse einer Bezeichnung, die der Mensch erfand, um seiner Vorstellung von Vollkommenheit Ausdruck zu verleihen, jener Vollkommenheit, nach der er sich unaufhörlich sehnt.

Es gibt viele Arten des Seins, Zusammenlebens und Denkens. Ein New Yorker Businessman betrachtet die Welt und sich selbst mit ganz anderen Augen als ein tibetischer Lama. Die unterschiedlichen Lebensformen sind abhängig von den äußeren Bedingungen und den Idealen, sprich »Göttern« eines Volkes. Solange jedoch Gott und Götter eine bestimmte Kultur vertreten, wird diese immer von sich behaupten wollen, die einzig wahre Kultur zu sein. Ethnozentrismus, die Meinung, dass nur die eigene Nation richtig liegt und nur das eigene Wertesystem Gültigkeit besitzt, gehört zu den einschränkendsten Vorstellungen, die es überhaupt gibt. Dadurch verurteilen wir uns selbst dazu, all die anderen Möglichkeiten der Lebensgestaltung auszuklammern. Der riesige Bereich unbegrenzter Entfaltungs- und Gestaltungsmöglichkeiten reduziert sich durch ethnozentrierte Glaubenssätze auf ein Minimum – auf kleine, peinlich genau abgesteckte, karge Reviere. Lassen wir sie jedoch los, erobern wir uns die Erde in ihrer Vielfalt und Buntheit zurück und schaffen die Basis für Toleranz und Frieden. Mehr noch: für Freude aneinander.

Das Geschlechter-Trauma

Auch die Glaubenssätze, die mit der Dominanz eines bestimmten Geschlechts über das andere zusammenhängen, müssen unbedingt aus unseren Köpfen verschwinden. Im matriarchalen Paradigma geriet die Balance zwischen männlich und weiblich erstmals ins Wanken. Der nicht mehr endende Kreislauf von Disharmonien, der dadurch in Bewegung gesetzt wurde, konnte bis zum heutigen Tag nicht aufgehalten werden. All die Demütigungen und Qualen, die sich Mann und Frau zugefügt haben – wieder und immer wieder –, müssen ein Ende finden.

Das ungestörte Zusammenwirken der weiblichen und männlichen Kräfte, von *yin* und *yang*, wie sie von den Chinesen genannt werden, bildet das Fundament von Vollkommenheit. Bleibt dieses Prinzip unbeachtet, wird es nie gelingen, Zustände von dauernder Harmonie zu erschaffen. Nicht Gleichheit, wohl aber Gleichberechtigung sollte der Leitgedanke für die Zukunft heißen. Es geht nicht um die Abschaffung von Gegensätzen, sondern um deren Überwindung im Rahmen einer ganzheitlichen Sichtweise. Denn Mann und Frau *sind* verschieden, nicht nur körperlich, sondern auch seelisch und geistig. Ihre Sichtweisen, ihre Sprache, ihr Verhalten und ihre Gefühlswelt sind sogar höchst unterschiedlich; einfach deshalb, weil es die Natur so vorgesehen hat. Erst wenn wir die Geburtsgabe unseres Geschlechts annehmen und die in ihr enthaltene Kraft zur Blüte bringen, wird es uns gelingen, die Dualität von *yin* und *yang* zu transzendieren.

Im innersten Kern trägt jeder Mensch sowohl das männliche als auch das weibliche Prinzip in sich. Wenn wir eine der Eigenschaften im Außen abwerten, verdrängen wir sie auch aus unserem Inneren. Durch Wertschätzung holen wir die abgeschnittenen Anteile wieder in unseren inneren Raum zurück.

Mehr denn je geht es heute darum, Wertschätzung zu entwickeln sowohl für unser eigenes als auch für das andere Geschlecht. Mit Sicherheit wird sich dies äußerst positiv auf den Bereich der Sexualität auswirken und ihn auf eine neue Stufe des Erlebens anheben. Ein Erleben, in dem nicht mehr Triebhaftigkeit, Schuld, Scham, Show oder die Frage, »wer sich gerade oben auf« befindet, eine Rolle spielt, sondern ein

Erleben, das von Wahrhaftigkeit, Hingabe, Bedingungslosigkeit und Freude aneinander gekennzeichnet ist – von der totalen Lust, miteinander zu verschmelzen, um gemeinsam die Ekstase der Ganzheit zu erleben. Wenn es uns gelingt, uns gegenseitig vor Entzücken »anzubeten«, wie dies in den mystisch-erotischen Epen des Orients beschrieben wird, werden wir die Nische der Lust im Garten Eden wiederfinden und unseren Nachkommen eine große karmische Last ersparen.

Geschundene Erde

Wertschätzung ist es auch, mit der wir unsere Beziehung zur Erde heilen können, die von uns erbarmungslos vergiftet und gequält wurde. Die Erde ist ein lebender Organismus, »ein Leib, der einem Lebewesen zugehört«, wie der Physiker und Astronom Johannes Kepler schon vor knapp vierhundert Jahren feststellte. Studien der Internationalen Gesellschaft für Rhythmusforschung in Stockholm haben gezeigt, dass die Erde sogar wie ein Mensch ein- und ausatmet. Sie hat nicht nur eigene Energien und Impulse, sondern eigene Lebensäußerungen. Sie ist ein Wesen, mit dem wir aufs Engste verbunden sind. In ihrem Energie- und Atemfeld leben wir wie ein Embryo im Mutterleib, sanft behütet und mit allem Notwendigen versorgt. Alles, was wir ihr angetan haben, sollten wir durch Wertschätzung heilen und unsere Ignoranz für immer abstreifen.

Gleichzeitig dürfen wir unsere Angst vor den Kräften des Universums loslassen. Die Spuren dieser Angst lassen sich bis ins archaische Paradigma zurückverfolgen, in dem sich der Mensch als Spielball der Natur empfand. In der archaischen Existenzangst wurzelt das Gefühl einer tiefen Unsicherheit, das die Menschheit seither mit sich herumträgt und in immer neuen Variationen zur Entfaltung bringt. »Ich bin klein und hilflos angesichts der großen Welt da draußen«, lautet der sich dahinter verbergende Glaubenssatz. Dieses Muster können wir getrost aus dem Katalog der kollektiven Überzeugungen streichen. Wir sind keine hilflosen Opfer in einem bedrohlichen Universum. Vielmehr sind wir eingebettet in ein unvorstellbar weise funktionierendes Ganzes, das sich unaufhörlich selbst reguliert. Seit dem Urknall sind schließlich schon ein paar Jahre vergangen und der Kosmos steht immer noch. Auf der Spielwiese der Schöpfung sind wir getragen und geborgen. Alles, was wir beachten müssen, ist, die darin wirkenden Gesetze zu respektieren.

Das Wissen um Eingebundensein in die Natur sollten wir mitnehmen in eine Zukunft, die einer ökologischen Philosophie wieder mehr Raum schenkt. Dann kann die Natur endlich zu dem werden, was sie tatsächlich ist: zu einer lebenserhaltenden Instanz, die unsere Existenz letztendlich sichert, indem sie uns einen Platz zum Leben und Nahrung gibt. Und wir Menschen können ein Urvertrauen erwerben, das alle Ängste fern halten wird, welche den Fluss der Lebensenergien behindern. Wenn die Lebenskraft erst einmal frei im Ganzen pulsieren kann, werden sich allmählich unsere subtilen Wahrnehmungsfähigkeiten entwickeln, die nicht nur Einblick in die kosmischen Ordnungsprinzipien gewähren, sondern auch die Möglichkeit eröffnen, mit feinstofflichen Kräften zu arbeiten. Eine neue Welt unerschöpflichen Reichtums wird sich uns dadurch erschließen.

Ego

In unserem Inneren wirken *zwei* Kräfte, die ständig miteinander in Widerstreit liegen. Die eine entspringt der Sehnsucht nach Vollkommenheit und Ganzheit, die andere dagegen jenem Denken, das auf Unwissenheit und Trennung beruht und die Blaupause unserer falschen Selbstbilder darstellt. Letztere wird in den östlichen Philosophien »Ego« genannt. Auf einen gemeinsamen Nenner gebracht, beinhaltet das Ego alle Denkgewohnheiten, die nicht mit der inneren Wahrheit in Einklang stehen. Denn unser wirkliches Selbst ist Wahrheit, Liebe und Glückseligkeit. Nur das und nichts als das. Es ist verbunden mit allem, was ist. Arbeiten wir gegen das Ganze, dann arbeiten wir gegen uns selbst.

Das Verflixte daran ist, dass wir die Wahrheit und das wahre Selbst nicht erkennen können, solange wir uns mit falschen Selbstbildern identifizieren und uns von Glaubenssätzen der Trennung beherrschen lassen. Daher besteht die fruchtbarste Arbeit, die wir in unserem Leben vollbringen können, darin, unsere Konditionierungen loszulassen. Die gegenwärtige Phase der Menschheitsgeschichte ist eine phantastische Herausforderung, umzukehren und uns auf den Heimweg in unser inneres Universum zu machen.

Rückkehr zur Mitte

Wenn wir den »Mind« mit seinen
messenden Eigenschaften überschreiten,
mit seinen Kategorien von Raum und Zeit,
dann finden wir den eigentlichen Grund des Universums.
Dort sind die Dinge nicht tote Materie,
wie uns die westliche Wissenschaft
lange Zeit glauben machen wollte.
Hier ist alles Leben und Intelligenz.
Der westliche Mensch war über Jahrhunderte hinweg
nach außen gekehrt, der Welt der Sinne zugewandt,
und er verlor sich im äußeren Raum.
Die Zeit ist nun gekommen, sich nach innen zu wenden,
den Raum im Inneren des Herzens zu erkunden,
sich auf diese spannende Reise ins Zentrum zu begeben.
Vergleichen damit ist die Erforschung des Mondes und der Planeten
wie das Spiel eines Kindes.

Bede Griffiths

Der wahre Zustand des Selbst und der Schöpfung ist Vollkommenheit. Deshalb geht unser ganzes Sehnen dorthin. Alle unsere Bemühungen richten sich darauf, diesen Zustand zu finden und in ihm aufzugehen. Jeder von uns besitzt eine Ahnung davon. Wir wissen, dass er das Höchste, das Letztendliche, Absolute ist. Wir gaben diesem Zustand einen Namen, nannten ihn »Gott«. Wir machten Gott zu einer Figur, auf die wir projizierten, was immer wir uns als das Höchste vorstellten, bis dieses Höchste höher wurde als wir selbst und uns von dort oben, da draußen zu beherrschen begann.

So viele Wirklichkeiten haben wir erschaffen, doch die Wahrheit fanden wir nicht. Im Gegenteil. Je mehr wir nach außen projizierten, desto weiter entfernten wir uns von der Wahrheit, desto mehr gaben wir ab von unserer Macht – bis zu jenem Punkt der Geschichte, an dem wir die innere Heimat vollständig verließen, um uns auf die Suche nach Gott zu machen, der auf einmal in unerreichbare Ferne gerückt war. Dabei erkannten wir nicht, dass wir selbst es waren, die ihn durch Projektionen und selbstsüchtige Interessen ins Jenseits befördert hatten.

Die Wahrheit können wir niemals im Außen, in der Arena der Erscheinungen finden. Auch nicht in jenen Teilen unseres Selbst, mit denen wir uns gemeinhin identifizieren: mit dem Körper, der Seele, dem Intellekt und den Sinnen. Selbst diese Vorstellungen müssen wir abwerfen, wenn wir die Mitte erreichen wollen. *Alle* unsere Vorstellungen müssen verlöschen. Denn die Wahrheit können wir uns nicht vorstellen, wir können sie nur *erfahren*.

Die mystische Erfahrung

Die Erfahrung der Wahrheit tritt genau in dem Augenblick ein, in dem jegliches Bewusstsein des Ich und der Welt in ihrer Vielfältigkeit verlöscht. Daher kann sie sich auch in total extremen oder verzweifelten Situationen einstellen, etwa wenn ein Mensch keine andere Alternative mehr findet, als sich gänzlich aufzugeben.

Die Hindus bezeichnen diese Erfahrung mit *samadhi*, der Buddhismus spricht von *nirvana* und bei den christlichen Mystikern ist es die *unio mystica*, die mystische Vereinigung mit »Gott«. Es ist der transzendente Zustand der Leerheit, des Vakuums, in dem nur der Urgrund existiert, den die Inder *brahman* und die Chinesen *tao* nennen – weitere Namen für das Unnennbare, das Mysterium, das jenseits des Beschreibbaren, jenseits der Worte liegt.

Die mystische Erfahrung ist begleitet von einer überwältigenden Glückseligkeit, die alle geläufigen Vorstellungen von Glück übersteigt. Es ist das Heimkommen nach einer langen, beschwerlichen Reise, die Wiedervereinigung mit der Quelle, aus der wir alle hervorgegangen sind. Es ist das Ziel, nach dem wir uns so unendlich lange sehnten.

Die Religionsstifter der Geschichte, Krishna, Buddha, Jesus, Mohammed, die großen Mystiker und Weisen, Schamanen und Heiler, Künstler, die Einzigartiges schufen, und Menschen, die zu ihrem Genius oder zur bedingungslosen Liebe fanden, hatten den Weg zur Quelle entdeckt und wussten aus ihr zu schöpfen.

Die mystische Weltliteratur ist voll von faszinierenden Schilderungen, die den überbewussten Zustand der Verzückung und der darin gewonnenen Einsichten in das Wesen des Seins poetisch und symbolisch in Worte zu kleiden versuchen. Dennoch entzieht sich dieses Erleben jeder Beschreibung. Selbst die schönsten Verse und Bilder, selbst die wunderbarste Musik können nur eine Ahnung in uns erwecken. Doch manchmal gelingt es ihnen, die innere Wahrheit zum Schwingen zu bringen.

Stadien der unio mystica

Das Verständnis des Prozesses der *unio mystica* ist von ausschlaggebender Bedeutung für alle Menschen, die auf der Suche sind. Denn hier liegt der Schlüssel für jene Wandlung verborgen, die den Suchenden vom Sklaven der Umstände zum Meister seines Lebens werden lässt. Hier öffnet sich das Tor, das ihm die Sicht freigibt auf den Weg, den er nun gehen darf. Hier bekommt er die Richtschnur in die Hand gelegt, die ihm künftig durch die Wirren des Lebens helfen wird. Und hier erhält er Einblick in das unendliche *Spiel von Wahrheit und Wirklichkeit.*

Die mystische Vereinigung vollzieht sich in drei typischen Stadien.

Das erste Stadium beginnt dort, wo die Welt der Vorstellungen verlöscht. Es ist bei weitem die schwierigste Phase – ein innerer Todeskampf. Das Ego wehrt sich mit allen Mitteln, seine Existenz aufzugeben. Tatsächlich ist es wie ein Gang durch die Hölle, dem absoluten Nichts, der äußersten Leere, der letzten Vernichtung gegenüberzustehen und ihr anheim zu fallen. Es ist wie das Auslöschen einer Flamme, wie das Hinüberschreiten an ein anderes Ufer. Es bedeutet, seine Seele zu verlieren. Oft lodern in diesem Stadium, in sinnlichste Bilder gekleidet, noch einmal Versuchungen auf, die *Wirklichkeit* festzuhalten. Wird die Versuchung überwunden, steigt aus den Tiefen die Todesangst mit der Fratze des Teufels empor und setzt zu einem letzten Einschüchterungsversuch an. »Mein Gott, mein Gott, warum hast du mich verlassen?«, rief Jesus im Todeskampf aus. Todesangst ist die letzte Facette der Trennungs-Illusion. Aber auch sie ist vergänglich, währt nur einen Moment lang. Blickt man dem Tod ungerührt ins Auge, dann durchschaut man die Illusion und das Nichts tut sich auf – die Leerheit. Die vollständige Hingabe geschieht bereits von selbst. »Es ist vollbracht.«

Im Augenblick der Hingabe, wenn man den Tunnel des Todes durchquert, erschaut man die Leere als absolute Fülle. Dies ist das zweite Stadium der mystischen Erfahrung und das erste große Paradoxon.

Leerheit und Fülle sind das Gleiche. Sie sind wie die beiden Seiten eines Antlitzes – des Antlitzes der Einheit, des Absoluten, der *Wahrheit.* Nur durch einen Wimpernschlag lassen sie sich voneinander unterscheiden, nur durch ein Lächeln des Ich an das Eine. Wir sprechen von Leerheit, weil hier nichts mehr gültig ist, was wir jemals glaubten, weil dieser Zustand frei ist von jeglicher Bedingtheit, leer von Determiniertheit. Karma, das Gesetz von Ursache und Wirkung, Kategorien wie Raum und Zeit – nichts dergleichen spielt eine Rolle mehr, einfach deshalb, weil es keine Gedanken mehr gibt. Nichts entsteht, verändert sich oder vergeht mehr; in anderen Worten: nichts *besteht* mehr. Vielmehr *ist* hier alles gleichzeitig. So gesehen, lässt *Es* sich als »absolute Fülle« bezeichnen. Es ist eine Fülle, die alles umfasst, beinhaltet und durchdringt, was existiert – vom kleinsten Partikel der Materie bis zum flüchtigsten Gedanken. Leerheit und Fülle sind nur zwei Worte, um ein und dasselbe Phänomen zu beschreiben; Worte, die nur eine Krücke darstellen, um das Unvorstellbare verständlich zu machen. Eigentlich dürfte man in diesem innersten Raum keine Worte mehr benutzen, und viele der großen spirituellen Meister weigerten sich, dies zu tun.

Die *Wahrheit* ist losgelöst von jeglicher Relativität. Sie transzendiert alle Komplexität in eine wundervolle Ein-fachheit. Das Ganze ist jenseits der Dualität, ein Ozean der Einheit und der Ruhe, unbegrenztes und ewiges Sein. Alles ist in einem zeitlosen Jetzt und einem raumlosen Punkt gegenwärtig; einem Punkt, in den hinein sich alle Projektionen auflösen, in dem alle Fragen, die jemals an »Gott« gestellt wurden, mit der umfassenden Erklärung *»Es ist, wie es ist«* Befriedigung finden. Der Durst nach Antwort ist gestillt; man erfährt Frieden und Glückseligkeit jenseits allen Verstehens, verschmilzt im Punkt des Absoluten zum ES IST.

Hier deutet sich bereits das zweite große Paradoxon an. Die Quelle allen Seins, der Urgrund jeglicher Existenz, wird zugleich erfahren als das wirkliche Selbst, das Ich, ohne welches selbst das Absolute nicht sein kann. Dies ist die »letzte Einung«, das dritte Stadium der *unio mystica*. In diesem Augenblick erfahren wir uns als alleinige Schöpfer unserer Wirklichkeit, ja selbst als Schöpfer unseres Gottes, sofern wir an einen bestimmten Gott glauben. Wir werden mit »Gott« gleich, mit ihm eins und identisch. Der deutsche Mystiker Angelus Silesius drückt diese Erfahrung mit den Worten aus: »Ich weiß, dass ohne mich Gott nicht ein Nu leben kann. Werd' ich zunicht, er muss vor Not den Geist aufgeben.« Und der Sufi-Meister Al-Halladj lehrte: »Ich bin derjenige, den ich liebe, und der mich liebt, ist mein Ich.«

Das ES IST wird zum ICH BIN, zum *ICH BIN DAS »ES IST«*. So wurde Jesus Christus »mit dem Vater eins«. So ging Buddha ins *nirvana* ein. Dies ist die mystische Ekstase. Sie ist der Gipfelpunkt des Erlebens und die höchste Erfahrung, die einem Menschen zuteil werden kann.

Der in der mystischen Vereinigung gekostete Nektar des Glücks ist unvergänglich. Die Erkenntnis der Wahrheit verwandelt das Leben in Liebe und Freude. Selbst wenn Elend und Leiden im Außen damit noch nicht beendet sind, können sie dem inneren Glück nichts mehr anhaben. Krisen, Probleme und Leid sind sowohl in ihrer Vergänglichkeit als auch in ihrem Illusionscharakter erkannt. Die Wurzel des Unheilsamen – Trennung –, die sich in Angst und Mangel niederschlägt, ist ausgerissen und damit findet auch der Drang ein Ende, alles nur Erdenkliche zu tun, um die Angst zu bekämpfen und das Mangelgefühl zu befriedigen.

Die Quelle befindet sich mitten in uns selbst. Sie sprudelt von innen nach außen. Sie kommt aus der Tiefe und nicht von »oben herab«. Der ganze Kosmos wohnt in uns und gleichzeitig sind wir das Zentrum des Universums.

Om. Im Zentrum des Brahman-Schlosses,
unseres Körpers, befindet sich ein kleines
Heiligtum in der Gestalt der Lotosblume.
Darin befindet sich ein winziger Raum.
Wir sollten entdecken, wer darin wohnt,
wir sollten wünschen, ihn zu kennen.
Der kleine Raum im Herzen ist so groß
wie das große weite Universum.
Der Himmel und die Erde sind darin,
und Sonne, Mond und Sterne.
Feuer, Blitz und Wind sind darin,
und alles, was da ist, und alles,
was da noch nicht ist:
Denn in ihm ist das ganze Universum.
Es wohnt in unserem Herzen.

Aus der Chandogya-Upanishad

Alle großen Religionsgründer der Weltgeschichte waren Mystiker. Sie alle hatten die Wahrheit erkannt. Sie alle hatten aufgerufen, »Gott« im eigenen Inneren zu suchen und nicht im Außen.

Sie hatten Recht, als sie *einen* Grundsatz zum obersten Gebot erhoben: »Du sollst dir kein Bild von Gott machen.« Folge deiner Sehnsucht, aber benenne Gott nicht, denn damit projizierst du ihn aus deinem Herzen hinaus ins Außen, von wo aus er zu deinem Gebieter wird, und du zu seinem Sklaven. Dann bleibst du gefesselt stehen, genau dort, wo du seinen Namen ausgesprochen hast.

Wenn sich die religiösen Traditionen dieser Welt wirklich finden wollen, kann ihnen dies nur aufgrund dieser Erkenntnis gelingen und nicht durch den Glauben an Gott, weil es Religionen und Weisheitstraditionen gibt, wie den Buddhismus, die nicht an Gott glauben.

Gott ist nur ein Name für das letzte Mysterium. Hinter dem Namen verbergen sich Illusionen. Das letzte Geheimnis aber birgt die Wahrheit. Und diese Wahrheit ist *unantastbar*. Niemals wird sie durch den Intellekt oder durch eine Wissenschaft, so fortgeschritten sie auch sein mag, erfasst werden können. Das ALLES lässt sich nicht zerlegen, reduzieren oder messen. Aus einem einfachen Grund: Dann wäre es nicht mehr alles. Dauerhafte Seligkeit erfährt nur jener, der sich vor dem Mysterium in Andacht und Demut verneigt.

Wiedergeburt im wahren Selbst

In der verborgenen Kammer unseres Herzens, die in der *Chandogya-Upanishad* beschrieben wird, liegt die Heimat des wahren Selbst oder – wie wir es nennen wollen – des *Hohen Selbst*, jenes Teiles unseres Selbst, *durch* den und *in* dem sich die einigende Erleuchtung vollzieht.

Das Hohe Selbst ist das *»Seelenfünklein«*, wie es von den großen christlichen Mystikern Bernhard von Clairvaux und Meister Eckhart genannt wird. Es ist das *sirr* der islamischen Mystik und das *atman* der indischen Philosophie. Es ist unser Wesens-Stern, der von Menschen mit erhöhter Sinneswahrnehmung als wunderschöner Stern gesehen wird, welcher unendlich nach außen strahlt und dessen Licht das Leuchten aller anderen Wesens-Sterne durchdringt. Das Hohe Selbst ist die Essenz unseres Seins und bei jedem Menschen völlig einzigartig. Es hat in jedem von uns schon immer bestanden, vor Beginn der Zeit. Es ist jenseits der Begrenzungen von Zeit und Raum, von Glauben und Wissen. Es ist der Teil unseres Selbst, der voller Liebe, Mut, Schönheit und Reinheit ist, aus dem die schöpferische Energie und die unwandelbare Weisheit fließen. Es ist der Teil, der um die Ordnung des Seins und ihre Gesetzmäßigkeiten weiß; aus dem die innere Stimme spricht.

Im Hohen Selbst sind wir zugleich in die kosmische Ganzheit und in unser höchstes individuelles Potenzial gebettet. Damit ist das Hohe Selbst sowohl überpersönlich als auch persönlich. Es ist die Verbindung von Wahrheit und Wirklichkeit, von Urgrund und individueller Existenz.

Das Geheimnis der Vollkommenheit

Existieren (lat.: *existere*) bedeutet: heraustreten aus diesem Urgrund. Jegliche Existenz hat ihren Anfang in dem Schritt, der aus der Einheit heraus in die Dualität führt. Das Heraustreten aus dem Namenlosen ist der Schritt zurück ins Leben, die Auferstehung im wahren schöpferischen Selbst.

Dualität ist somit die Grundbedingung der materiellen Existenz. Aber erst in der Verbindung zur Ganzheit wird sie zu unserem wichtigsten Schöpfungswerkzeug. Ohne unsere materielle Existenz, sprich ohne unser menschliches Leben, können wir die Wahrheit weder erkennen noch erfahren. Und ohne die Erfahrung der Wahrheit können wir nicht bewusste Schöpfer unserer Wirklichkeit sein.

Jeder Mensch, der Erleuchtung erlangt, erreicht die Befreiung aus seiner unbewusst erschaffenen Wirklichkeit, und mit der Befreiung erlangt er die Gabe, Wirklichkeit bewusst zu schaffen. Der eigentliche Schöpfungsprozess ist dabei immer gleich, weil er den kosmischen Gesetzen folgt. Der Unterschied liegt allein in der Bewusstheit und in der Anbindung an die innere Führung. Darin liegt die große Wandlung. Wir werden zu bewussten Schöpfern unseres Schicksals. Wir haben *Vollkommenheit* erlangt. Unsere tiefste Sehnsucht ist gestillt und die vergebliche Suche im Außen hat ein Ende.

Vollkommenheit ist das harmonische Wechselspiel von materieller Existenz und geistiger Essenz, von Dualität und Einheit, von Wirklichkeit und Wahrheit. Materielles Leben und Bewusstheit, Sinnlichkeit und Spiritualität sind die zwei Schwingen des Phönix, die beiden Flügel des verwirklichten Selbst.

Die innere Stimme hat die Aufgabe, uns durch dieses Wechselspiel zu führen. Sie zeigt uns den Weg auf. Dabei ist sie zugleich auf das höchste Wohl des Selbst als auch auf das höchste Wohl des Ganzen ausgerichtet. Sie bewegt sich im Kraftfeld von Wahrheit und Wirklichkeit und beugt sich den kosmischen Gesetzen. Sie spricht die Sprache der Liebe, die gleichermaßen Liebe zu sich selbst wie Liebe zu allem Existierenden ist. Auf diese Weise ist das Hohe Selbst Weg, Wahrheit und Leben in einem – Vollkommenheit.

Jeder Mensch hat ein Hohes Selbst. Jeder Mensch trägt die Quelle in sich. Das heißt in seiner letzten Bedeutung: *Wir alle sind bereits vollkommen.* JETZT.

Im Hohen Selbst sind wir ALLES. Liebe. Fülle. Reichtum. Nie endende Freude. Hier sind wir wunschlos – wunschlos glücklich ...

Aus diesem neuen Blickwinkel erscheinen die Verbrechen und Verrücktheiten im alltäglichen Albtraum des Menschen weder böse noch einfältig – sie rufen einfach nur Mitgefühl hervor. Hinter dem »normalen, unvollkommenen und unglücklichen« Treiben der anderen erkennt man deren potenzielle Vollkommenheit und das damit verbundene Glück – von denen sie jedoch noch nichts wissen.

Diese schwer zu verstehende, weil paradoxe Erkenntnis wird in Dostojewskis Roman *Die Besessenen* vortrefflich ausgedrückt. Der Autor lässt seinen Protagonisten *Kirillow* sagen:

»Der Mensch ist unglücklich, weil er nicht weiß, dass er glücklich ist. Es ist nur das. Das ist alles, das ist alles! Findet das einmal einer heraus, wird er sofort, im gleichen Augenblick, glücklich werden … Alles ist gut, ich habe das ganz unvermittelt entdeckt.«

»Und wenn einer Hungers stirbt« (fragt *Stavrogin*) »und wenn einer das kleine Mädchen beleidigt und ihm Gewalt antut, ist das gut?«

»Ja! Und wenn sich einer für das kleine Kind den Schädel zerschmettert, dann ist das auch gut. Alles ist gut, alles. Es ist für diejenigen gut, die wissen, dass alles gut ist. Wüssten sie, dass es gut für sie ist, so wäre es gut für sie, aber solange sie nicht wissen, dass es gut für sie ist, solange wird es schlecht für sie sein. Das ist die ganze Idee, alles, was dahintersteht! … Sie sind schlecht, weil sie nicht wissen, dass sie gut sind. Wenn sie das herausfinden, werden sie einem kleinen Mädchen keine Gewalt antun. Sie werden herausfinden, dass sie gut sind, und alle, jeder Einzelne von ihnen, werden gut werden.«[4]

Vergleichbar ist dies mit dem Paradoxon der Gegenwart. Alle Suchenden auf dem spirituellen Weg bemühen sich um ein Leben im Jetzt. Aber warum sich bemühen? Wir sind doch immerzu in der Gegenwart, sogar, wenn wir an die Vergangenheit oder die Zukunft denken …

Jedes Ding, jede Erscheinung, jedes Ereignis, jeder Prozess und jede Erfahrung in ihrem unausweichlichen Jetzt-Sein und in ihrer besonderen Einmaligkeit ist präzise das, wozu es bestimmt ist, und das in einem Maße, dass es göttliche Autorität und Originalität erlangte. Jedes Ereignis im Jetzt ist das Ergebnis unserer Schöpferkraft.

Daher noch einmal: Wir sind bereits vollkommen. Wir brauchen uns nicht anzustrengen, etwas Besonderes zu sein. Wir sind weit mehr, als wir uns vorstellen können, wenn wir einfach das annehmen und leben, was wir bereits *sind.* Tatsächlich ist das erstaunlichste Merkmal der mystischen Erfahrung die neu gewonnene Überzeugung, dass diese ganze unbeschreibliche Welt richtig ist, so richtig, dass unsere normalen Ängste lächerlich werden, dass die Menschen, könnten sie nur sehen, vor Freude außer sich wären.

Wer sein Hohes Selbst gefunden hat, kann in aller Gelassenheit seiner wahren Bestimmung nachgehen und den Lebensplan entrollen, der in ihm angelegt ist. Folgt er dabei konsequent der inneren Stimme, bleibt er unanfechtbar gegenüber Verunsicherungen und Bedrohungen. Das Ego hat seine Macht über ihn verloren. Vorlieben und Abneigungen zählen nicht mehr. Glasklar erkennt er das Wesen der Dinge, sich selbst und seine Aufgabe. Die Fähigkeit, Hinderliches vom Förderlichen zu unterscheiden, ergibt sich nun aus dem Augenblick heraus. Festgelegte Kategorien von Gut und Böse, Richtig und Falsch, die ihm einst Sicherheit zu bieten schienen, braucht er nicht mehr. Sein Unterscheidungsvermögen ist scharf wie ein Schwert geworden.

Es ist wohl der größte Traum eines jeden Menschen, seine wirkliche Bestimmung zu leben; das, was er denkt, fühlt und liebt, durch sein Tun zu verwirklichen. Wie sehr wurde er von seinen eigenen Gedanken daran gehindert! Welche Barrieren hatte er sich selbst durch Werte und Normen, Gebote und Verbote geschaffen, die er unreflektiert aus »seinem Paradigma« übernommen hatte! Wie herzlos hatte er seine Lebenskraft und seine Freude beschnitten! Wie gnadenlos hatte er sich von der Liebe abgetrennt, weil er sich und andere ständig verurteilte! Was für eine überschäumende Freude ist es dagegen, sich selbst gefunden zu haben, an die innerste Kraft angeschlossen zu sein und im Bewusstsein der Wahrheit handeln zu können; Liebe verströmen zu dürfen!

Ist ein Mensch in seinem Hohen Selbst bewusst verankert, erhält er Zugang zu seinem höchsten Potenzial, zu seinem individuellen Genius. Und nicht nur das. Im Hohen Selbst vollzieht sich die Öffnung zum Ganzen hin. Damit wird er zum Kanal, durch den sein Potenzial nach außen fließen kann. So kann die innerste Wahrheit zum Ausdruck gelangen und andere Menschen in der Tiefe des Herzens berühren.

Ein Musiker, der sein Hohes Selbst gefunden hat, ist mehr als ein Virtuose seines Instruments, mehr als ein Künstler, der seine Technik bis zur Perfektion entwickelt hat. Was er zu geben hat, ist überirdische Schönheit – die Symphonie der Wahrheit und des Lebens, eingesponnen in einen Reigen der Klänge. Ein verwirklichter Mathematiker wird aus seinem Hohen Selbst heraus das große kosmische Gesetz in Formeln zaubern, und es auf diese Weise den Menschen zugänglich machen. Ein Bauer, der durch seiner Hände Arbeit die Weisheit des Hohen Selbst in den Boden fließen lässt, wird nicht nur die Erde heilen, sondern auch die Menschen, zu denen seine Erzeugnisse gelangen. Er wird Früchte hervorbringen, die von einer ganz besonderen Qualität sind, weil in ihnen die Kraft der Sonne, des Wassers, der Luft und der Erde eingeschlossen ist.[5] Welchen Lebensweg auch immer wir gehen – durch die unlösbare Verbindung mit dem Hohen Selbst, unserem »göttlichen« Kern, wird es ein Weg der Freude sein; ein Weg, auf dem nicht nur die Sehnsucht der Seele nach Vollkommenheit gestillt wird, sondern auch die kleinen und großen Träume des Lebens ihre Erfüllung finden.

Ab dem Zeitpunkt der Wiedergeburt im wahren Selbst werden wir Schritt für Schritt der inneren Stimme folgen, die uns von einem Lebensziel zum nächsten führt. Wahrheit, Liebe und Freude werden unsere Wegweiser sein, die uns stets in Verbindung mit dem Urgrund halten. Unser wichtigster Leitgedanke wird sein, uns im Einklang mit dem Ganzen zu bewegen. Wir werden unser gesamtes Denken, Fühlen und Handeln auf das Universum, zu dem wir gehören und auf die Kraft, die das Universum regiert, beziehen. Was auch immer wir tun werden – es wird gut für alle sein. Es wird unser bewusster Beitrag sein, den Himmel auf Erden zu erschaffen.

Heimkehr nach Eden

Der Wandel beginnt bei uns selbst. Er vollzieht sich von innen nach außen.

Er fängt damit an, dass wir uns aus der Herrschaft der kollektiven Paradigmen befreien, um die Zwänge der Trennung, Angst und Abhängigkeit sowie die Illusion falscher Sicherheiten zu überwinden. Fortgesetzt wird er durch die Ausrichtung auf die höchste Wahrheit, das kosmische Gesetz, das *Tao*.

Wenn wir das Alte hinter uns lassen und die Errungenschaften der Geschichte bewusst zu nutzen wissen, wird uns ein riesiger Schritt nach vorn gelingen. Dann wird die Abfolge: archaisches, matriarchales und patriarchales Paradigma wirklich eine Evolution gewesen sein; eine Evolution des Bewusstseins, die uns den Weg weist in ein zukünftiges *Paradigma der Integration*, in dem sich Wissen und Weisheit, Innen und Außen ergänzen; in dem Mensch und Natur, Mann und Frau, Wissenschaft und Mystik, Kulturen und Nationen, unter einem gemeinsamen Geist vereint sind und dennoch ihre Einzigartigkeit bewahren können, ja immer mehr entfalten dürfen.

Blicken wir aus der Perspektive der Ganzheit noch einmal zurück auf die biblischen Anfänge der Geschichte, auf unsere mythischen Ahnen Adam und Eva, sticht uns ein winziger, aber folgenschwerer Irrtum ins Auge. Den Interpreten der Heiligen Schrift war nämlich ein typisch patriarchaler

Fehler unterlaufen. Wie die moderne Religionsforschung feststellte, stand im Alten Testament gar nicht geschrieben: »Unter Schmerzen *sollst* du Kinder gebären. ... Im Schweiße deines Angesichts *sollst* du ...« Tatsächlich hieß es dort: »Du *wirst*.« Nicht von Sünde, Bestrafung oder Schuld war in den Urschriften die Rede, sondern von der Prophezeiung des patriarchalen Erkenntnisprozesses und seiner Folgen. Mit dem Motiv der Vertreibung aus dem Paradies war nichts anderes gemeint als die Ära der Trennung vom Geist der Ganzheit während des Patriarchats.

Nun dürfen wir in den Garten Eden heimkehren. Diesmal nicht nur als bloße Bewohner des Paradieses, sondern als aktive Gestalter der bunten Spielwiese »Wirklichkeit« – vollkommen und unschuldig. Trennung, Schuld und Sünde haben wir hinter uns gelassen.

Mit der Erkenntnis, dass nur durch das bewusste Spiel von *Wahrheit und Wirklichkeit* Vollkommenheit, Göttlichkeit, Gott, erreicht werden kann, verlassen wir das Spielfeld des patriarchalen Paradigmas, auf dem wir die Begrenzung des Geistes in all ihren Varianten erforschten.

Wenn die traditionellen Weisheitstraditionen den Eindruck vermittelten, es sei ein beschwerlicher, langfristiger Prozess, mit dem geistigen Aspekt in Verbindung zu kommen, und es verlange ungeheure Selbstdisziplin und ausgefeilte Praktiken, dann gehört dies bereits der Vergangenheit an. Der Weg ist einfach und leicht. Denn nichts ist so sehr ein Teil von uns wie unser eigener Geist. Wir waren immer in das Ganze eingebunden, aber erst im kollektiven Erkenntnisprozess der Moderne erkannten wir unsere Schöpferkraft. Um genau diesen Erkenntnisprozess hat sich der Weg der Selbstrealisation nun bereits verkürzt.

Ganz sachte und friedvoll schließen wir die Tür eines Zeitalters hinter uns und treten in eine neue Wirklichkeit, ein neues Selbst-Verständnis ein.

DRITTE ERKENNTNIS

*Wollen wir das Potenzial des gegenwärtigen
kollektiven Wandels ausschöpfen,
müssen wir es mit dem individuellen Bemühen
um Selbstrealisation verknüpfen.
Innere Werte müssen zur Grundlage eines neuen
Welt- und Menschenbildes werden,
Werte, die auf den universellen Wahrheiten beruhen.
Diesmal liegt der globale Wandel in den Händen des Einzelnen
und das Ziel der inneren Initiation ist die
absolute Selbstverantwortung.*

*Um die ewigen Wahrheiten erkennen zu können,
gilt es, sich von allen falschen Selbstbildern
und kollektiven Dualismen zu verabschieden.
Denn erst im Spiegel völliger Leerheit
lässt sich das Absolute erschauen:
als die Einheit aller Dinge,
und gleichzeitig als das wahre Selbst.*

*Vollkommenheit ist das Resultat des
harmonischen Wechselspiels
von materieller Existenz und geistiger Essenz,
von Dualität und Einheit.
Vollkommenheit ist schöpferische Souveränität.
Der schöpferische Mensch bewegt sich bewusst
im Kraftfeld von Wahrheit und Wirklichkeit.*

ZWEITES BUCH

Das Spiel von Wahrheit und Wirklichkeit

Versöhnung von Wissenschaft und Mystik

Ich behaupte, dass dieses kosmische religiöse Gefühl
das stärkste und vornehmste Motiv
für wissenschaftliche Forschung ist ...
Es ist die wichtigste Funktion von Kunst und Wissenschaft,
dieses Gefühl zu wecken und bei denen lebendig zu erhalten,
die dafür empfänglich sind ...
Wissenschaft ohne Religion ist lahm;
Religion ohne Wissenschaft ist blind ...
Wahre Religion ist durch wissenschaftliches Wissen veredelt
und tiefer begründet worden ...
Wissenschaft reinigt nicht nur den religiösen Impuls
von den Schlacken seines Anthropomorphismus,
sondern trägt auch zu einem religiösen Spiritualismus
in unserem Verständnis des Lebens bei.

ALBERT EINSTEIN

In der bisherigen Geschichte der Menschheit wurde Vollkommenheit, jenes große Gefühl, das von Einstein das »kosmische, religiöse Gefühl« genannt wird, stets im Außen gesucht, auf ein Götterpantheon, eine übergeordnete Schöpfergottheit oder eine Ideologie projiziert. Heute aber sind wir an der Schwelle eines Erkenntnisprozesses angelangt, an dem wir nachvollziehen können, dass das Absolute ausschließlich in unserem wahren spirituellen Selbst zu finden ist und sich nur von hier aus verwirklichen lässt.

Die vornehmste Aufgabe ist demzufolge die, das Hohe Selbst zu realisieren, es in die Kultur einzubetten, es in der Natur zu verkörpern und in der Gesellschaft zu verankern.

Um dies zu ermöglichen, muss der Prozess des Wandels und der Selbstrealisation von einem Paradigma getragen sein, das ALLES umfasst: sowohl die Gesetze des Spiels von Wahrheit und Wirklichkeit als auch die vielschichtige Beschaffenheit des Menschen. Sie muss sowohl dem Wunsch nach einer vielseitigen Entwicklung Rechnung tragen als auch der Sehnsucht nach Hingabe an eine Dimension, die erhabener ist als jene, mit der wir in diesem Augenblick vertraut sind.

Infolge der technischen Errungenschaften leben wir in einem »globalen Dorf«, in dem dank der heutigen Kommunikationstechnologien alle Orte des Planeten miteinander vernetzt sind und sich die Kulturen der Welt zunehmend vermischen. Der Fortschritt soll dabei nicht behindert werden. Vielmehr soll die moderne Technologie *verantwortungsvoll benutzt* werden. Das bedeutet, dass wir einerseits zwar die materialistische Philosophie und das Wertesystem des patriarchalen Paradigmas loslassen, andererseits aber auch die Wunder der Moderne begreifen müssen, die uns eben diese Technologie ermöglichte – und uns darüber hinaus einen intellektuellen Erkenntnisprozess ohnegleichen bescherte. Es hat keinen Sinn, sich der Evolution zu widersetzen und aus dem Patriarchat in eine ackerbauliche Sichtweise zurückzufliehen. Der Glaube einiger alternativer Bewegungen, die Erde sei nur durch ein komplettes »Zurück zur Natur« zu retten, erhebt die Natur an die höchste Stelle. Nicht die Natur aber ist das Höchste und Absolute, sondern der in ihr waltende Geist der Wahrheit, aus dem auch sie in ständiger Veränderung hervorgeht. Nur in der Ausrichtung auf die Wahrheit lassen sich Evolution und Selbstrealisation in Einklang bringen.

Daher kann das zukünftige Paradigma nur ein Paradigma der Integration sein, das die ewig gültigen Wahrheiten mit dem Wissen der Gegenwart verknüpft. Die Erkenntnisse der neuen Physik seit Einstein und der Quantentheorie, die wesentlich zum Paradigmenwechsel beigetragen haben, sind ohnehin in diesem Grenzbereich angesiedelt und haben bereits die Versöhnung von Wissenschaft und Metaphysik vorbereitet. Das patriarchale Weltbild der Trennung mit seiner mechanistischen Anschauung und seiner materialistisch orientierten Philosophie ist durch die moderne Wissenschaft bereits seit Jahrzehnten revolutioniert, auch wenn dies bei der breiten Mehrheit der Weltbevölkerung noch keinen tief greifenden Bewusstseinswandel herbeigeführt hat. Der Weg des neuen Paradigmas führt eindeutig zurück zur Mitte, an jenen Punkt der Erkenntnis, an dem sich Mystik und Wissenschaft die Hände reichen. Zweifelsohne liegt genau hier, und nur hier, die Basis für das neue Welt- und Menschenbild.

Eigentlich dürfte man von dem Neuem gar nicht mehr als einem Paradigma, einem Denkmodell, sprechen. Es gilt ja gerade, ein Denken in vorbestimmten Bahnen zu überwinden. Viel angemessener ließe sich die neue Einstellung als *Philosophia perennis,* als »immerwährende Philosophie« bezeichnen[1], oder auch als Urphilosophie, die Raimon Panikkar so treffend als *Liebe zur Weisheit und Weisheit der Liebe* charakterisiert. Er schreibt: »Philosophie ist für mich ebenso sehr die Weisheit der Liebe wie die Liebe zur Weisheit. Und wahrhafte Liebe ist nicht nur spontan, sondern auch ekstatisch, d.h. nicht-reflexiv: Sie wendet sich nicht in kritischer Analyse zurück auf sich selbst. Sie kennt kein Warum.

Sobald ich einen Grund für meine Liebe angeben kann, ist es kein authentisches Lieben mehr, geht es nicht mehr um ein Letztgültiges ... Philosophie ist eine primäre Geisteshaltung, nicht eine sekundäre ... Philosophie kann man nicht manipulieren, weder mit Hilfe des Willens noch der Vernunft. Wille und Intellekt sind die Mittel und Werkzeuge, aber nicht die Meister. Doch ist die Philosophie eine sehr eigenartige Liebe. Sie ist Weisheit, die Weisheit der Liebe, die Weisheit, welche in der Liebe enthalten ist. ... Und Weisheit entsteht, wenn sich die Liebe zum Wissen und das Wissen um die Liebe vereinigen. Ursprüngliche Philosophie wird sich dann in einer Lebensweise kristallisieren; besser gesagt, sie ist der Ausdruck des Lebens selbst, wie es hineingesprochen wird in die Wirklichkeit, oder eher niedergeschrieben wird mit dem *stylus* (dem Federhalter), dem Stil des eigenen Lebens. Für mich ist eine Philosophie, die sich nur mit Strukturen, Theorien, Ideen befasst und das Leben scheut, die Praxis umgeht und die Empfindungen unterdrückt, nicht nur einseitig, weil sie andere Aspekte der Wirklichkeit unberührt lässt, sondern gerade deshalb eine schlechte Philosophie. Die Wirklichkeit *(in unserer Terminologie: die ›Wahrheit‹, denn wir machen einen Unterschied zwischen Wahrheit und Wirklichkeit; Anm. d. Verf.)* kann nicht nur mit einem einzigen Organ oder anhand nur einer Dimension erfasst, verstanden, verwirklicht werden. Dies würde die Philosophie bloß zu einer neuen Wissenschaft machen – vielleicht einer allgemeineren Wissenschaft, einer neuen Art von Algebra –, aber es würde die Philosophie als Weisheit zerstören und ihren Ausdruck in Gestalt einer menschlichen Lebensweise verhindern. Darum wird in allen Traditionen das reine Herz, ... das authentische Leben als Grundlage wahrhaftigen Philosophierens gefordert. Die philosophische Tätigkeit fordert das Ganze. Ein moralisch schlechter Mensch kann ein guter Mathematiker sein, aber kein Philosoph – zumindest nicht im existenziellen Sinne. Oder wie es ein Zen-Meister sagen könnte: Nur wenn du selbst bist – dein reines Du –, wirst du die Dinge erkennen, wie sie sind.«[2]

Die Perlen sind bereits vorhanden. Jetzt brauchen wir sie nur noch zu einem Schmuckstück aufzureihen …

Für den modernen, wissenschaftsgläubigen Menschen, dem die Aussagen der Mystiker unverständlich sind, kann es eine große Hilfe sein, das Spiel von Wahrheit und Wirklichkeit anhand der neuesten Forschungen nachzuvollziehen. Daher sollen im Folgenden genau diejenigen Entwicklungsschritte der modernen Wissenschaft vorgestellt werden, welche für das Thema Selbstrealisation relevant sind. Eine wissenschaftliche Annäherung kann helfen, Wesen und Sinn der mystischen Erfahrung und das mit dieser Erfahrung einhergehende Welt- und Menschenbild besser zu verstehen. Die Sprache der Mystiker und Propheten, Yogis und Schamanen ist vielen modernen Menschen zu vage, um sich ganz damit verbinden zu können – in einer Intensität, die ihre Glaubenssätze und ihr Verhalten wirklich verwandelt.

Die ersten Schritte zur Ganzheit

Seit Newton vor über dreihundert Jahren seine *Principia* in London vorlegte, hat die Wissenschaft sich unglaublich rasch entwickelt und durchdringt nun unser aller Leben. Unser wissenschaftlicher Horizont hat sich zu einem wahrhaft phantastischen Umfang erweitert. Neue Biotechnologien und ständige Fortschritte in der Informationsverarbeitung versprechen, zukünftig das Leben unserer Gesellschaft noch schneller als bisher zu verändern.

In den ersten Jahrzehnten des 20. Jahrhunderts begann – ausgerechnet auf dem Gebiet der Physik, welche bislang Stütze des mechanistischen Weltbilds war – eine neue Entwicklung, in deren Verlauf die bisherige Anschauung einer in einzelne Teile zerlegbaren Welt schließlich als völlig unzulänglich angesehen werden musste.

Der Fort-Schritt vom Alten nahm mit Albert Einsteins berühmter Relativitätstheorie seinen Anfang. Durch sie kam eine grundlegend neue Vorstellung vom Makrokosmos mit seinen Sternen und Galaxien, aber auch von Raum, Zeit, Materie, Ursache und Wirkung ins Rollen. Einsteins Forschungen bewiesen, dass Begriffe wie Raum und Zeit, die bis dato separat und absolut zu sein schienen, in Wirklichkeit miteinander verknüpft und relativ sind. Er war es auch, der die Auffassung von abgetrennten und unabhängigen Teilchen als Grundbausteine des Universums durch die Idee von Feldern, welche sich kontinuierlich im Raum ausdehnen, ersetzte. Schließlich zeigte er in seiner berühmten Formel $E = mc^2$ auf, dass auch andere physikalische Eigenschaften der Welt miteinander verknüpft sind: Zunächst auf das Phänomen des Lichts bezogen, bewies er später in Zusammenarbeit mit den Quantenphysikern, dass Masse und Energie eines Objekts keine unabhängigen, sondern austauschbare Größen sind – Materie und Energie ausnahmslos Doppelcharakter besitzen, je nach dem, in welchem Zusammenhang sie mit ihrer Umwelt stehen oder aus welchem Blickwinkel sie betrachtet werden. Durch Einsteins Arbeit offenbarte sich der Kosmos den Naturwissenschaftlern zum ersten Mal als »bruchloses Ganzes in strömender Bewegung«.

Den eigentlichen Umsturz des mechanistischen Weltbilds brachte aber erst die Quantentheorie, die sich der Erforschung des Mikrokosmos, der Welt der Moleküle und Atome bis hinab zu subatomaren Teilchen wie Elektronen und Quarks widmete. Sie wurde etwa zwanzig Jahre später von einem internationalen Forscherteam ausgearbeitet, zu dem neben Albert Einstein Physiker wie Max Planck, Niels Bohr, Louis de Broglie, Erwin Schrödinger, Wolfgang Pauli, Werner Heisenberg und Paul Dirac gehörten. Sie prägte eine der aufregendsten Phasen der modernen Wissenschaften.

Neben der Komplementarität von Materie und Energie postuliert die Quantentheorie, dass alles Tun und jegliche Bewegung in einzelnen, unteilbaren Einheiten, den Quanten erfolgt. Daher der Name Quantentheorie. Man muss also alle scheinbar kontinuierlichen Bewegungen, gleich welcher Art, als Folgen einzelner Schritte verstehen und nicht als einen einzigen Vorgang, wie dies in der klassischen Newton'schen Physik der Fall war. Zudem stieß die Quantenphysik auf eine weitere eigentümliche Besonderheit: *die Nicht-Ortsgebundenheit der Verbindung*. Damit ist gemeint, dass enge Beziehungen zwischen Teilchen, Energiefeldern oder anderen Elementen selbst dann bestehen können, wenn diese weit voneinander entfernt sind. Vorher war man der Überzeugung, dass die Grundelemente, aus denen sich das Universum aufbaut, nur miteinander in Verbindung stehen, wenn sie sich im Raum berühren oder einander nahe sind.

Mit diesen drei Postulaten der Quantentheorie wurde das Kartenhaus des mechanistischen Weltbilds zum Einsturz gebracht. Denn das bedeutete, dass alle Teile des Universums durch unteilbare Glieder miteinander verbunden sind, sodass es letztendlich unmöglich ist, die Welt in unabhängig voneinander existierende Dinge aufzuspalten, nicht einmal in den Beobachter und das Beobachtete. Es bedeutete weiterhin, dass die wesentliche Beschaffenheit eines jeden Teils ganz und gar von diesem Netz unteilbarer Quantenglieder abhängt, worin es seinen Wirkungszusammenhang findet. Während in der klassischen Mechanik die Eigenschaften und das Verhalten der Teile das Ganze bestimmen, ist die Lage in der Quantenphysik umgekehrt: Es ist das Ganze, welches das Verhalten der Teile bestimmt. Und da die unteilbare Allverbundenheit tatsächlich allumfassend ist, folgte daraus, dass das Wesen eines Teils selbst durch ein Geschehen an einem weit entfernten Ort bestimmt werden kann. Information kann also ohne sichtbare Transportmittel übertragen werden. Wie »Bells Theorem« schließlich zeigte, geschieht das aus einem ganz bestimmten Grund, nämlich um die *Balance des Gesamtsystems aufrechtzuerhalten.* Der Kosmos reguliert sich selbst. Im Rahmen des Ganzen ergibt jeder Teil einen Sinn.

Der tiefe Einblick in die atomare und subatomare Welt brachte die Physiker in Kontakt mit einer fremdartigen und unerwarteten Wirklichkeit, die sie bis an die Grenzen ihrer Fähigkeiten, das Universum zu verstehen, brachte und sie zwang, ihr Denken völlig neu auszurichten. Denn ihre Experimente im Bereich des mikroskopisch Kleinen antworteten anstatt mit klaren Ergebnissen lediglich mit Paradoxien, die, wenn man sie zu erklären versuchte, nur noch krasser wurden. Die Wissenschaftler wurden sich schmerzlich bewusst, dass Intellekt, Sprache und Begriffe nicht ausreichten, um die atomaren Phänomene zu beschreiben. Sie brauchten lange, um einzusehen, dass diese Paradoxien ein typisches Merkmal der mikrophysikalischen Wirklichkeit darstellen.

Tatsächlich sind subatomare Partikel umso schwerer zu fassen, je genauer man sie erforschen möchte. Ja, nach den Gesetzen der Quantenbewegung reicht die pure Beobachtung eines Teilchens aus, um es zu stören. Das heißt: *Indem wir unsere Aufmerksamkeit auf etwas richten, verändern wir es!*

Das Quantenbeispiel lautet ungefähr so: Wenn wir ein Elektron messen, müssen wir wählen, ob wir seinen Impuls (wie schnell es sich bewegt) oder seine Position – das Elektron als Materie oder Energie – berechnen wollen. Beides zusammen ist unmöglich. Wir können niemals vollständige Gewissheit über ein individuelles Teilchen haben, nur über den Aspekt, auf den wir unsere Aufmerksamkeit gerichtet haben. Bis wir das Elektron messen, ist es sowohl Teilchen wie Welle, Materie wie Energie. Erst der Akt des Messens oder der Beobachtung durch ein Bewusstsein führt dazu, dass es die eine oder die andere Form annimmt. Das Elektron besitzt das Potenzial, sich als Partikel oder als Welle – als Materie oder Energie – zu manifestieren, und *wir wählen, welche Form es annimmt.* Wir können also niemals von der Natur sprechen, ohne gleichzeitig von uns selbst zu sprechen. Diese »Unschärfe« ist eine charakteristische Eigenschaft des Universums und wird nach ihrem Entdecker Werner Heisenberg als »Heisenberg'sche Unschärferelation« bezeichnet.

Die Heisenberg'sche Unschärferelation beweist demnach auch, dass *eine Ganzheit für sich genommen niemals vollständig bekannt sein kann.* Nur insofern sie eine Ganzheit unter vielen ist, kann von jeder ein allgemeines Verständnis entstehen. Nach hinreichend vielen Messungen ergeben die Näherungen nach den Gesetzen der Wahrscheinlichkeit ein Bild, aber dieses genaue Bild ist eher das Ergebnis eines statistischen Trends als eine exakte Beschreibung irgendeines einzelnen Elektrons.

Wir können über die Gesamtheit eines Ganzen niemals etwas Sicheres wissen, nur über den Aspekt, auf den wir unsere Aufmerksamkeit konzentriert haben. Es liegt nun einmal im Wesen der Ganzheit, dass sie mit den Mitteln der Ratio nie und nimmer erkannt werden kann. Dies ist eine einfache Tatsache und dennoch scheint sie der wissenschaftsgläubige Mensch der Moderne mit seiner Sucht, alles unter Kontrolle zu haben, einfach nicht akzeptieren zu können!

In philosophische Begriffe übersetzt, bedeuten die Erkenntnisse der Quantentheorie nichts anderes, als dass wir Wirklichkeit erschaffen gemäß der Art, wie wir sie betrachten. Die Wirklichkeit ist ein selektiver Ausschnitt aus dem Ganzen, eine Spiegelung unseres Bewusstseins.

Es heißt auch, dass wir uns selbst als Materie oder Energie definieren können. Auf alle Fälle sind wir beides, selbst wenn wir durch unser materialistisch geprägtes Denken nur eine Seite wahrnehmen können und damit die andere als irreal empfinden. Die Tatsache, dass wir die subtileren Ebenen der Energien nicht wahrnehmen können, heißt jedoch nicht, dass diese nicht existieren. Die Natur, das Universum *ist* dual, *ist* Materie und Energie, und wenn sich unsere Aufmerksamkeit auf das eine richtet, wird das andere potenziell und nicht-erkennbar.

Bewusstsein und letztlich der Wille spielen die aktive Rolle in der Erschaffung von Wirklichkeit. Vor dem Hintergrund der neuen Physik werden uralte magische und religiöse Begriffe wie die Macht der Gedanken und des schöpferischen Wortes allmählich verständlich: Indem wir denken oder etwas benennen, schaffen wir Wirklichkeit. Und was immer wir erschaffen, wird das Ganze in irgendeiner Form beeinflussen.

Das Universum ist Musik

Relativitätstheorie und Quantenmechanik haben das wissenschaftliche Fundament des neuen, integralen Weltbilds, mit dem wir gerade schwanger gehen, in dramatischer Weise beeinflusst. Im Laufe der Jahre hat man die Voraussagen dieser beiden Theorien mit fast unvorstellbarer Genauigkeit experimentell bestätigen können. Seither gewinnt man aus ihnen die exaktesten und erfolgreichsten numerischen Vorhersagen in der Geschichte der Naturwissenschaft. Mit immer leistungsfähigeren technischen Geräten ließen Experimentalphysiker Materieteilchen mit immer größeren Energien ineinander krachen, sodass vorübergehend Bedingungen entstanden, wie es sie seit dem Urknall nicht mehr gegeben hat. Gefunden haben sie weitere Quarks und noch kleinere, wenn auch sehr kurzlebige Teilchen.

Sie fanden auch heraus, dass jedes Teilchen von einem elektrischen Feld umgeben ist, einer »Elektrowolke« oder einem »Elektronebel«, und dass die Kraft, die jedes Teilchen erfährt, aus der Reaktion seiner Ladung mit dem Feld des jeweiligen anderen Teilchens erwächst.

Aber damit noch nicht genug. *Jedes Teilchen besitzt auch noch einen Partner: das Antiteilchen,* ein Teilchen, das die gleiche Masse hat, aber die gegensätzlichen Eigenschaften aufweist. So ist das Antiteilchen eines Elektrons das Positron. Es hat haargenau die gleiche Masse wie ein Elektron, aber seine elektrische Ladung beträgt +1 im Gegensatz zu der des Elektrons mit –1. Jede Form von Materie besitzt eine entsprechende Antimaterie. Das Besondere an diesem Paar-Verhältnis ist, dass sich Materie und Antimaterie gegenseitig auslöschen können, wenn sie zusammenkommen, um dabei reine Energie zu erzeugen.

Der Superstringtheorie gelang es schließlich, auch die letzten Unvereinbarkeiten zwischen den Gesetzen des Makrokosmos und des Mikrokosmos zu beseitigen, noch weiter in die Welt der kleinsten Teilchen vorzudringen und unsere Vorstellungen von einem dreidimensionalen Universum völlig über den Haufen zu werfen.

Unsere dreidimensionale Wirklichkeit hatte ihre erste Erweiterung durch Albert Einstein erfahren, der sie um die vierte Dimension der Raumzeit ergänzte. Heute spricht man bereits von elf Dimensionen – von zehn Dimensionen des Raums und einer der Zeit, welche, eng aufgewickelt, die in sich gefaltete Mikrostruktur unseres Kosmos ausmachen.

Die kleinsten Einheiten des Universums, mit denen die theoretische Physik gegenwärtig arbeitet, sind die so genannten Strings, die der Theorie ihren Namen gaben. Die Strings stellen die Buchstaben der gesamten Materie dar. Sie sind keine punktartigen Teilchen mehr, sondern bestehen aus einer eindimensionalen, winzigen Schleife, aus einem schwingenden, oszillierenden, tanzenden »Faden«, einer »Saite«, deren *Schwingungsmuster die Beschaffenheit der Materie bestimmt*. Das will besagen, dass auf der fundamentalsten Ebene der Wirklichkeit *alles* – Materie wie auch Kräfte, beispielsweise die Schwerkraft – durch die »Töne«, welche auf diesen mikroskopischen Saiten erzeugt werden, zu einer einzigen Symphonie von Stringschwingungen vereint ist. Die Enthusiasten unter den Physikern sind der Überzeugung, mit der Stringtheorie die Weltformel gefunden zu haben, nach der alle Materie und alle Kräfte aus einem einzigen Grundelement hervorgehen: schwingenden Strings. Alle diese Saiten sind komplett identisch, können aber eine große Vielfalt – tatsächlich eine unendliche Zahl – von Schwingungsmustern, so genannten *Resonanzen*, erzeugen. »Nach der Superstringtheorie bringt der Wind der Veränderung das ganze Universum wie eine riesige Äolsharfe zum Klingen«, schreibt der Physiker Brian Greene in seinem Buch *Das ele-*

gante Universum.[3] Wie die verschiedenen Schwingungsmuster einer Instrumentensaite verschiedene musikalische Töne erzeugen, führen die verschiedenen Schwingungsmuster eines Strings zur Entstehung verschiedener Massen und Ladungen, also zu den unterschiedlichen Elementarteilchen und damit letztendlich zu unterschiedlichen Formen von Materie und Kräften.

Auffallend daran ist, dass auch die Schwingungsmuster der Strings, wie Materie und Antimaterie, paarweise auftreten.

Wenn auf der fundamentalsten Ebene jedoch alles aus Strings besteht, folgt daraus, dass das Universum ein zutiefst symmetrisches, mit anderen Worten, ein zutiefst geordnetes Universum ist, und dass das grundlegende Ordnungsprinzip auch in der Materie die Dualität ist. Und wie in der mystischen Erfahrung ist diese Dualität, zumindest im mikrophysikalischen Bereich, nicht ein Entweder-oder, sondern ein *sowohl-als-auch*.

Der Knackpunkt

Um an solcherlei Paradoxien nicht zu verzweifeln, wandten sich viele Physiker der Mystik, vor allem der Philosophie des Ostens zu, in der dieses Phänomen eine fundamentale Rolle spielt. Die Verbindung von Wissenschaft und Philosophie, jener beiden Bereiche, die seit Descartes nichts mehr miteinander zu tun hatten, ließ plötzlich offensichtlich werden, dass die Revolutionierung unseres Weltbildes durch die neue Physik automatisch zu einer Revolutionierung unseres *Menschenbildes* führte. Allmählich kam es zu einem fruchtbaren Austausch zwischen den beiden Disziplinen. Auch die Philosophen begannen nun in Zusammenarbeit mit der

Naturwissenschaft Theorien auf der Basis einer holistischen Betrachtung des Ganzen zu entwickeln.[4]

Fritjof Capra[5] war der Erste, der die Übereinstimmung von westlicher Wissenschaft und östlicher Philosophie überzeugend herausarbeitete. Damit schlug er die Brücke zwischen östlicher und westlicher Denkweise und löste einen regelrechten Buddhismus-Boom aus, der bis heute anhält. Auf einmal war der kritische Mensch des Westens in der Lage, die tiefen Inhalte östlicher Weltanschauung – des chinesischen Taoismus, des indischen Hinduismus, des japanischen Zen und des tibetischen Mahayana-Buddhismus – intellektuell nachzuvollziehen. So entstand die Grundlage einer neuen Spiritualität, deren Richtlinien sich allmählich herauszukristallisieren beginnen. Vorerst aber herrschte – und herrscht noch – ein ziemliches Chaos angesichts des »neuen Paradigmas«. Philosophische und esoterische Inhalte wurden unreflektiert übernommen, in den aberwitzigsten Kombinationen zu neuen »Richtungen« zusammengebastelt, um schließlich als Seelenretter teuer verkauft zu werden. Heutzutage ist der Esoterikmarkt ein florierender Wirtschaftszweig geworden, der ebenso dringend wie alle anderen Bereiche des Lebens und der Gesellschaft eines übergeordneten Rahmens bedarf, um den Menschen nicht aufs Neue in die Irre zu führen. Der neue Irrglaube lautet nämlich: »Ich bin Gott, und das Universum gibt mir alles, was ich will. Ich brauche nur meine Wünsche auszusprechen, und alsbald regnet das Gewünschte aus der Fülle auf mich herab.« Der patriarchale Mensch, dem im Lauf der Jahrtausende die Selbstverantwortung systematisch aberzogen worden war, scheint einfach nicht zu begreifen, dass nur durch *seinen* Beitrag, *sein* vollbewusstes Tun, durch seine aktive Teilhabe am Ganzen, *die* Wirklichkeit entstehen kann, von der er träumt.

Es gibt in unserem gegenwärtigen, kollektiven Bewusstsein einfach noch *einen* dicken Knoten. Es ist der letzte ungelöste Knackpunkt des patriarchalen Paradigmas, der verhindert, dass wir uns mit unserem wahren Selbst verbinden und von dort aus unseren Lebensplan entrollen können. Über das Verständnis der folgenden Gedankengänge jedoch kann auch dieser letzte dunkle Fleck erhellt werden.

Die Schöpfung kennt kein Nein

Ein Mystiker findet die absolute Wahrheit in jenem ewigen, allumfassenden, alles verbindenden »Urgrund«, den er im Zustand der mystischen Vereinigung erfährt und der – leider – jeglicher Beschreibung spottet. Hier verschmilzt sein Ich mit dem Gesamten zum All-Eins und in diesem All-Eins offenbart sich das wahre Selbst. In den Zen-Koans wird das wahre Selbst unser *Ursprüngliches Gesicht* genannt – das »Gesicht, das wir hatten, ehe unsere Eltern uns gebaren«. Allein hier sind wir frei von den Konditionierungen unserer Kultur, Herkunft und Familie, die normalerweise unsere persönlichen Erfahrungen bestimmen. Nur hier finden wir Antwort auf die Fragen: »Was bin ich? Wo komme ich her? Was ist mein Lebenssinn, meine Bestimmung?« Das Ursprüngliche Gesicht ist frei von Vorurteilen und vorgefassten Begriffen. Es verfügt über die Qualität der Leere. Das, was nichts Einzelnes ist, ist die Quelle von allem. Der Mystiker erfährt die Wahrheit als Totalität des Seins, als grenzenloses ICH BIN DAS ES IST, das alle denkbaren Formen des Verstehens sprengt und deshalb nur sinnlich erfahren werden kann. *Sapientia*, Weisheit, heißt daher gleichzeitig »Geschmack«. Wir können die Wahrheit schmecken, riechen, hören, fühlen – sein – aber sie ist unvorstellbar und unaussprechlich. Stets müssen wir das Denken aufgeben, um die Wahrheit *erleben* zu können. Das Absolute ist kein Objekt, das von uns Subjekten betrachtet werden kann. Es ist keine wahrnehmbare Größe, da in ihm potenziell ALLES enthalten ist – auch das *Gegenteil* von dem, was wir gerade sehen, denken, tun oder als richtig erachten.

Die neuen Wissenschaften beschreiben das Universum als multidimensionales, organisches und ökologisches Ganzes, dessen Teile in ständiger Wechselbeziehung zueinander stehen, in dem der Beobachter und das Beobachtete untrennbar miteinander verwoben sind und das, trotz seiner Dynamik und Vielfältigkeit, ein äußerst geordnetes System darstellt. Erstaunlich ist in diesem Zusammenhang, dass die ungeheure Komplexität der Wirklichkeit eigentlich auf eine sehr geringe Anzahl von Ordnungsprinzipien zurückgeführt werden kann. Auch hierin decken sich die Ergebnisse der Physik mit der mystischen Schau. Im Komplexen steckt das Ein-Fache. Die letzte Wirklichkeit reduziert sich auf einen einzigen Punkt, ob man ihn String oder ES IST nennen mag. Aber dieser eine Punkt hat immer, immer und immer zwei Aspekte. Das, was ist, ist gleichzeitig sein Gegenteil. Dualität im Sinne von Sowohl-als-auch ist das fundamentale Ordnungsprinzip allen Seins. Und Existenz beginnt genau an jenem Punkt, an dem einer der beiden Aspekte des Ganzen durch ein Bewusstsein betrachtet wird. In diesem Moment tritt der beobachtete Aspekt aus dem Urgrund heraus (lat.: *existere* – heraustreten), wobei der andere im potenziellen Bereich zurückbleibt, aber dennoch mit dem herausgetretenen, nun *existierenden* Aspekt verbunden ist. Auch in dieser Erkenntnis stimmen Mystiker und Quantenphysiker vollkommen überein. Die Schöpfung kennt kein Nein.

Die paradoxe Sowohl-als-auch-Dualität macht *sowohl* das Wesen der Materie *als auch* das Wesen des Bewusstseins aus. Materie besitzt unweigerlich die entsprechende Antimaterie, jedes Teilchen ist gleichzeitig eine Welle und jede Art von Materie besteht letztlich aus Stringpaaren, die sich nur gegenseitig zum Schwingen bringen können.

Das normale Bewusstsein, also jenes Bewusstsein, mit dem wir die alltägliche Wirklichkeit durch die Sinne erfahren, funktioniert nur aufgrund von Dualitäten. Die Eigenschaft eines Dinges können wir erst erkennen, wenn wir sie von ihrem Gegenteil unterscheiden. So erkennen wir Licht deshalb, weil es auch ein Dunkel gibt; so empfinden wir etwas als schön, weil wir anderes hässlich finden; wir hören laute Töne, weil unsere Sinne auch leise Töne wahrnehmen. Das normale Bewusstsein ist *sowohl* an den unterscheidenden Intellekt *als auch* an die Sinne gebunden.

Auch der Mystiker erlebt die Aufhebung der Gegensätze durch die Sinne. Die Sinne stellen das verbindende Element aller Bewusstseinsformen dar. Aber sein Bewusstsein befindet sich während der *unio mystica* in einem anderen, einem transzendenten, transrationalen Zustand, einer höheren Bewusstseinsdimension. Der Mystiker hat die dreidimensionale Wahrnehmung von Raum und Zeit überwunden und befindet sich in der vierten Dimension der Raumzeit oder – je nach dem, wie weit er in seinem spirituellen Wachstum fortgeschritten ist – in noch höheren Bewusstseinsdimensionen. Für das Thema Selbstrealisation ist jedoch nur das Verständnis der vierten Dimension relevant.

Der Mystiker überschreitet das Reich des Intellekts und wird dabei der Relativität und polaren Beziehung aller Gegensätze gewahr. Er erkennt, dass Vakuum und Fülle, Innen und Außen, Mann und Frau, Lust und Schmerz, Leben und Tod, Gut und Böse, Wahrheit und Wirklichkeit keine absoluten, zu verschiedenen Kategorien gehörenden Erfahrungen sind, sondern nur die zwei Seiten desselben Ganzen.

Es leuchtet ein, dass das Bewusstwerden der Zusammengehörigkeit der Gegensätze eine völlig neue Lebenseinstellung hervorruft. Gut und Böse, Richtig und Falsch verlieren damit ihre Endgültigkeit. Sie sind nur noch eine momentane Manifestation des Zusammenspiels beider Aspekte. Ein weiser Mensch ist demzufolge nicht einer, der die unmögliche Aufgabe übernimmt, nach dem Richtigen zu streben und das Falsche zu vermeiden, sondern vielmehr einer, der das dynamische Gleichgewicht zwischen denjenigen Aspekten halten kann, die seinen Zielen nutzen und denen, die seinen Zielen schaden. Es versteht sich von selbst, dass seine Ziele immer mit dem Wohl des Ganzen in Einklang stehen. Ein solcher Mensch ist frei von Be-Ur-Teilung. Er schafft kein Karma mehr, wie die Inder sagen. Er geht den Weg der Achtsamkeit, den Pfad auf des Messers Schneide, auf dem sein Unterscheidungsvermögen geschärft wird wie ein Schwert.

So ist die Einheit der Gegensätze zu verstehen. Sie ist nie statisch, sondern immer ein dynamisches Zusammenspiel von zwei Extremen. Am deutlichsten wurde dies in der chinesischen Weisheitstradition herausgestellt: durch die Symbolik der archetypischen Pole *yin* und *yang*. Die Chinesen nannten die hinter *yin* und *yang* stehende Einheit das *tao* und sahen dieses als einen *Vorgang ihres Zusammenspiels*: »Das, was jetzt das Dunkel, jetzt das Licht erscheinen lässt, ist das *tao*.«

Die Eine Bewegung

Lassen wir einen Tintentropfen in einen mit Glycerin gefüllten Becher fallen und rühren dann das Glycerin, wird der Tintentropfen immer weiter verdünnt, bis er nicht mehr sichtbar ist. Er ist jetzt in der Flüssigkeit »eingefaltet«. Rühren wir in die entgegengesetzte Richtung, erscheint er wieder. Wenn der Tintentropfen im Glycerin eingefaltet ist, ist er zwar gegenwärtig, aber nur in einem *impliziten* Zustand. Wenn wir ihn jedoch sehen, dann ist er *explizit*. Der Tropfen ist immer da, er ändert nur seinen Zustand.

Das gleiche Experiment kann man mit einer beliebigen Anzahl von Tintentropfen durchführen. Zunächst wird der erste leicht eingerührt, sodann der zweite hineingetropft und gerührt, dann der dritte und so weiter. Nach einer Weile sind alle im Glycerin eingefaltet und unsichtbar. Wenn wir umgekehrt rühren, erscheinen die Tropfen der Reihe nach wieder und ebenso verschwinden sie wieder in der anderen Richtung ... In der richtigen Weise hin und her gerührt, ergibt sich das Erscheinungsbild eines einzelnen wandernden Flecks. Alle Tropfen sind nun in der Flüssigkeit ausgebreitet; sie alle durchdringen sich und sind miteinander verwoben.

Der amerikanische Physiker David Bohm war einer der ersten Wissenschaftler, denen es am Herzen lag, die Erkenntnisse der Quantenphysik auf die Ebene des Lebens zu bringen, um den Menschen neue Instrumente zur verantwortlichen Gestaltung von Wirklichkeit an die Hand zu geben. Seine Theorie der »impliziten Ordnung« ist eine exakte wissenschaftliche Parallele zur mystisch-philosophischen Vorstellung des *tao*, zur *Brahman-Atman*-Idee des Hinduismus und zur buddhistischen Theorie von Absoluter und Relativer Wirklichkeit.

»Implizite Ordnung« nannte David Bohm jene Ordnung, die unsichtbar im Ganzen enthalten ist (*tao; brahman;* Absolute Wirklichkeit). Diese Ordnung war für Bohm die grundlegende Ordnung, aus der die wahrnehmbare Welt mit ihrem Gefüge von Dingen und Erscheinungen erst hervorgeht, und zwar *durch eine Bewegung der Entfaltung*. Die äußere Welt bezeichnete er demnach als entfaltete oder explizite Ordnung (*atman*; Relative Wirklichkeit).

Für Bohm, den Quantenphysiker, stellte die Welt der Objekte, Formen und Wesen nicht die primäre Wirklichkeit dar. Er betrachtete ganz und gar die *Eine Bewegung* des unendlichen Einfaltens und Entfaltens als das primäre Wesen des Seins. Diesem allumfassenden Spiel gab er den Namen »Holomovement«: Einfalten und Entfalten, Einfalten und Entfalten ...

In der impliziten Ordnung ist alles in alles gefaltet. Das heißt, dass durch die Eine Bewegung das ganze Universum *aktiv* in einem jeden seiner Teile eingefaltet ist. Die dynamische Aktivität des Einfaltens und Entfaltens verleiht somit jedem Teil des Ganzen einen inneren Aspekt der Ganzheit und einen äußeren Aspekt der individuellen Form – wodurch bedingt wird, dass selbst in dieser Einen Bewegung das Gesamte und somit alle anderen Teile implizit sind! Im Bereich des Impliziten sind wir alle Teil voneinander und Teil vom Ganzen, durchdringen uns und sind miteinander verwoben. Im Bereich des Expliziten sind wir dagegen getrennte Wesen. So entfaltet sich die Materie und faltet sich wieder in den Hintergrund ein, und so kann man sagen, dass sich selbst die unbelebte Materie ständig selbst erneuert. Das Experiment mit dem Tintentropfen im Glyceringlas wählte Bohm zur Veranschaulichung dieses höchst abstrakten Gedankengangs.

Die Idee der impliziten Ordnung räumt auch noch mit einer anderen, weit verbreiteten Ansicht auf: der des leeren Raums. »Was wir als leeren Raum bezeichnen, enthält einen ungeheuren Hintergrund von Energie. Materie, wie wir sie kennen, ist eine kleine ›gequantelte‹ wellenartige Erregung vor diesem Hintergrund, wie ein Wellengekräusel auf einem riesigen See. Was wir mit unseren Sinnen als leeren Raum wahrnehmen, ist in Wirklichkeit das *Plenum (lat.: voll –*

Anm. d. Verf.). Dieses ist die Grundlage für die Existenz von allem, auch von uns. Die unseren Sinnen erscheinenden Dinge sind abgeleitete Formen, und ihre wahre Bedeutung wird nur sichtbar, wenn wir das Plenum betrachten, in dem sie erzeugt und erhalten werden und in dem sie letztlich auch verschwinden müssen.«[6]

Die letzte Offenbarung

Dies sind geniale Gedankengänge, die, wenn wir sie auf das Bewusstsein übertragen, am ehesten dem entsprechen, was wir in diesem Buch als Spiel von Wahrheit und Wirklichkeit bezeichnen; jenes Spiel, durch das wir Wirklichkeit schaffen; jenes Spiel, das, bewusst gespielt, den Knackpunkt im gesamten Thema der Selbstrealisation darstellt. Es ist genau jener Prozess, der die letzte aller intellektuellen Trennungen – die Trennung von Einheit und Dualität – aufhebt. Wie? Ganz einfach. Indem er sie als grundlegendes Merkmal der Existenz *akzeptiert und würdigt.* Die Einheit der Gegensätze ist tatsächlich ein lebendiger Prozess! Bohms Theorie der impliziten Ordnung kommt der ultimativen Erfahrung der Mystiker am nächsten, ja verschmilzt mit ihr zu einer einzigen großartigen Ahnung vom Wesen des Seins.

In dieser Ahnung regt sich das erste leise Flüstern der inneren Stimme. Sie »impliziert«, dass unser wahres Selbst sich weder im alleinigen Anhaften an die Welt der Erscheinungen, die wir Wirklichkeit nennen, realisieren kann, noch durch das vollständige Aufgehen im Plenum, dem Bereich der Wahrheit. Der Anteil des Menschen an der Schöpfung liegt vielmehr im *Kraftfeld von Wirklichkeit und Wahrheit,* dort, wo Geist und Materie ihren ewigen Tanz vollführen.

Im Bereich der Wahrheit *erkennen* wir unser wahres Selbst, aber erst durch die Pirouette in die Wirklichkeit hinaus wird dieses Selbst im Leben existent.

Von diesem Blickwinkel aus betrachtet, springen uns die patriarchalen Entgleisungen sowohl der östlichen als auch der westlichen Sichtweisen regelrecht ins Auge. Während der Westen den Blick ausschließlich auf die materielle Wirklichkeit gerichtet hielt und eine wilde Aktivität des Immer-Mehr entwickelte, strebte der Osten dem Verlöschen des Selbst entgegen, wobei er sich in Passivität verlor. Beide Lebensweisen basieren auf dem Gedanken der Trennung. Beide gingen in eine einzige Richtung, anstatt den letzten großen Gegensatz zu überbrücken.

Selbstverwirklichung hat weder etwas mit rücksichtslosem Egoismus noch mit der Auflösung des Selbst im *nirvana* zu tun. Sie ist weder ein Egotrip noch eine Flucht vor dem Leben. Sie hat nichts gemein mit Selbstaufgabe und ebenso wenig mit einer scheinheiligen Selbstlosigkeit. Und jeder, der darin eine Chance wittert, die Verantwortung für sein Leben an das Universum, an Gott oder das Schicksal abgeben zu können, unterliegt einem gewaltigen Irrtum.

Vielmehr verhält es sich genau umgekehrt: Selbstrealisation bedeutet, hinter den dichten Schleiern der falschen Weltbilder die Wahrheit zu erkennen und diese Wahrheit *in allem, was wir tun,* zum Ausdruck zu bringen. Das ist die höchste Form von Verantwortung, die ein Mensch übernehmen kann. Es ist nicht weniger als die volle, die absolute Selbstverantwortung. Es ist das Geheimnis von Vollkommenheit.

Daher ist es so wichtig, zwischen der Sehnsucht nach Selbstaufgabe und der Sehnsucht nach Vollkommenheit zu unterscheiden. Versuchen wir der ersten Variante zu folgen, verlieren wir uns und werden lebensuntüchtig – »heben ab«. Folgen wir aber der Sehnsucht nach Vollkommenheit, trägt uns die Welle des Lebens in das Kraftfeld von Wahrheit und Wirklichkeit, in dem Sein und Tun ihre vollendete Balance finden. Diese Tatsache dürfen wir niemals vergessen.

Gott – im leeren Raum zwischen den Gedanken

Die Gesetze der Quantentheorie besagen, dass wir unter einer von vielen Wahrscheinlichkeiten stets die *Wahl treffen müssen*, um Wirklichkeit zu schaffen.

Auf das Leben übertragen, bedeutet dies: Alles, was uns widerfährt, ob Gutes oder Schlechtes, Schönes oder Hässliches, ist das Ergebnis einer ursprünglichen Wahl. Wir ernten nur, was wir zuvor gesät haben. Meist wählen wir unbewusst und werden dabei von Konditionierungen gesteuert. Wie verschieden die Wirklichkeiten sein können, die dabei herauskommen, haben wir in den Anfangskapiteln dieses Buches gesehen. Wie immer wir die Dinge auch drehen und wenden mögen – wir sind und bleiben die Schöpfer unserer Wirklichkeit, selbst wenn es oft so aussieht, als seien wir Opfer eines ungnädigen Schicksals.

Dass wir schöpfungsbegabte Wesen sind, heißt aber noch lange nicht, dass wir Gott sind. Zwar erleben wir uns in der mystischen Vereinigung als identisch mit dem Absoluten, ja sogar als Quelle des Ganzen. Doch dieses Erleben entspricht dem Stadium des Eingefaltet-Seins in der Wahrheit. Sobald wir uns aber in den expliziten Zustand zurück entfalten, werden wir wieder individuell, unabhängig und autonom – wobei wir natürlich immer in das Ganze eingewoben bleiben. Vom expliziten Standpunkt aus gesehen ist die Schöpfung des Menschen also nur ein Schöpfungs*anteil*, ist der Mensch nur *Mit*schöpfer.

Solche Paradoxien sind typisch für das Kraftfeld von Wahrheit und Wirklichkeit, innerhalb dessen wir uns durch die Eine Bewegung *mit jedem Gedanken entfalten* und *in der Pause zwischen den Gedanken in die Wahrheit zurückfalten*. Solange wir denken, entfalten wir die Wahrheit im Bereich der Wirklichkeit. Sobald wir jedoch aufhören zu denken, falten wir uns durch das entstehende Vakuum wieder in das Absolute ein. Ähnlich verhält es sich mit dem Atem, durch den wir uns in die kosmische Energie einfalten und diese dann in unserem Körpersystem entfalten. Erst durch diese Betrachtung lässt sich der eigentliche Sinn von Meditation verstehen. Meditation ist die Übung, Gedanken zum Stillstand zu bringen, Voraussetzung für den Eintritt in die mystische Erfahrung. Durch die Pause zwischen den Gedanken werden wir, ebenso wie durch den Atem, ständig mit dem Absoluten rückverbunden. *Religio*, Rückverbindung mit dem Urgrund, findet immerfort statt, ohne dass wir uns dessen bewusst sind. »Gott« ist uns näher, als wir uns selber sind.

Mit Bohms Gedanken des Holomovements, der Einen Bewegung, lässt sich der nie endende Schöpfungsprozess im Kraftfeld von Wahrheit und Wirklichkeit am zutreffendsten beschreiben. In wissenschaftlichen Begriffen ausgedrückt, befindet sich dieses Kraftfeld im Quantenbereich der Wahrscheinlichkeiten, dort, wo wir aus der potenziellen »Allmöglichkeit« eine der vielen Wahrscheinlichkeiten anvisieren und die gewählte Möglichkeit Form werden lassen.

Unser Ego braucht sich auf seine Göttlichkeit nicht allzu viel einzubilden, denn *die* befindet sich im leeren Raum zwischen den Gedanken. Wenn wir aber im Innersten gewahr werden, *dass wir die Wahl haben,* kann unser Bewusstsein den ersten Quantensprung vollführen. Dann können wir eintauchen in das Kraftfeld von Wahrheit und Wirklichkeit, um dort alles zu finden und zu verwirklichen, was wir jemals erträumten.

Jetzt können wir verstehen, was es heißt, mit dem göttlichen Geschenk des freien Willens ausgestattet zu sein. Wahrheit und Wirklichkeit gehören unlösbar zusammen. Sie sind die beiden charakteristischen Seins- und Bewusstseinszustände des Menschen. In ihrer unlösbaren Polarität erfahren und gelebt, machen sie Bewusstsein aus: bewusstes Sein, Vollkommenheit. Wie es ohne Mann und Frau keine Menschheit gäbe, so gibt es ohne das Zusammenspiel von Wahrheit und Wirklichkeit kein Bewusstsein und damit keine Schöpfung.

Wenn wir dieses grundlegende *Prinzip der Existenz* [7], das sich bisher in geheimnisvolles Dunkel hüllte, in unsere Weltsicht integrieren, erschließt sich uns von selbst das Wesen des Seins, der Dinge und des Menschen. Dann fällt uns die Unwissenheit wie Schuppen von den Augen, und wir lernen, andere Völker und ihre Kulturen ebenso zu verstehen wie wissenschaftliche Theorien, Kunstwerke oder Musik. Dieses *intuitive Verstehen* geschieht vom Herzen her, wo man sich selbst mit allem als Eins erfährt.

Die kopflastigen Zeiten mit ihren »Dia-logen«, »Dis-kussionen«, »Auseinander-setzungen« und »Wider-sprüchen« gehören damit endgültig der Vergangenheit an; aber auch die Momente der Rebellion, in denen wir nur aus dem *Bauch heraus* leben wollten. Kopf und Bauch reduzieren uns auf unser kleines Selbst und lassen dem Ego freien Lauf. Unser wahres Selbst ist so viel mehr als das, was wir vom Kopf oder vom Bauch her wahrnehmen können. Es ist das ganze Universum, das wir in uns tragen. Und die kosmische Ordnung, an der wir aktiv teilhaben, ist eine einzige großartige Symphonie der Vollkommenheit. Sie ist gewaltig, erhebend, mitreißend, sanft, zart, fein ... Sie ist ganz einfach ALLES – und dies in einer das Herz berührenden Einfachheit. Ihren Tönen zu lauschen, sich von ihnen über ungeahnte Möglichkeiten inspirieren zu lassen und diese Möglichkeiten durch unser Tun ins Leben zu tanzen, erfüllt uns mit tiefster Befriedigung.

Der Tanz

Die Glückspirale

In der Wirklichkeit ist Wahrheit also immer gegenwärtig. Wirklichkeit kann nur durch Wahrheit entstehen, sonst wäre sie nicht. Ohne Wahrheit gibt es *keine* Form der Existenz. Und ohne die Wirklichkeit wäre die Wahrheit nicht, weil es nichts gäbe, was sie wahr-nimmt. Wahrheit und Wirklichkeit gehören derart zusammen, dass wir uns fragen, was wohl der Unterschied zwischen den beiden sein soll. Sind Wahrheit und Wirklichkeit nicht das Gleiche? Jein. Sie sind die Eine Bewegung selbst, die alle Schöpfung hervorbringt. Schöpfung ist der Tanz von Wahrheit und Wirklichkeit. Alles, was ist, entsteht durch diesen Tanz. Auch wir. Wir alle sind in *beiden* Bereichen zu Hause, werden von Wahrheit *und* von Wirklichkeit genährt, können nur in *beiden gleichzeitig* existieren. Unser Herzblut pulsiert durch *beide* Kammern – unaufhörlich.

Zwischen den beiden Polen Wahrheit und Wirklichkeit fließt reine Energie. Denn die Eine Bewegung, die nach allen Richtungen hin und in alle Dimensionen hineindrängt, ist der Strom des Lebens. So erzeugt das Entfalten und Einfalten das alles verbindende Kraftfeld. Hier fließt das Leben in einem beständigen, harmonischen Fluss. Wenn das, was ist, die Gesetze des Kraftfeldes nicht achtet, löscht es sich selber aus. Fügt es sich jedoch in diese Gesetzmäßigkeiten, dann kann die Eine Bewegung ungehindert fließen und Wahrheit sich jeden Augenblick von neuem in der Wirklichkeit entfalten. Wir *sind* Wirklichkeit, aber unlösbar mit der Wahrheit und daher mit allem, was ist, verbunden: körperlich durch den Atem, seelisch durch das Mit-Gefühl, sprich die Liebe, und geistig durch das Ge-Wissen. Wenn wir den Atem pflegen, mit anderen fühlen und auf unser Ge-Wissen hören, trägt uns der Strom der Lebensenergie genau dorthin, wo unser Platz im Ganzen ist, und wir treten in das Reich der Fügungen ein. Dann kann die innere Stimme zu sprechen beginnen, und ihr anfängliches Flüstern wird sich bald in den tragenden Strom der Weisheit verwandeln. Das Loslassen der Prägungen und Glaubenssätze brachte uns Er-Lösung. Gehen wir jetzt die Schritte, welche die Stimme uns zu tun aufträgt ohne Zweifeln und Zögern, dann fangen wir an, unseren Lebensplan aktiv zu entrollen und werden zu dem, was wir wirklich sind. Das ist Vollkommenheit. Sie bringt Glückseligkeit, Erfüllung und immer neu entstehende Freude mit sich. Vollkommenheit spiegelt die Wahrheit in deinem Sein und Tun. Von dir strahlt sie hinaus in die Welt. Das ist Schönheit.

Unser oberstes Gebot lautet daher: »Du sollst die Wahrheit achten. Tust du das nicht, dann *bist* du nicht.« Bewusst-Sein heißt, die Augen ständig auf die Wahrheit gerichtet halten, auf die Harmonie des Ganzen, auf das Wohl des Ganzen.

Dies sind die typischen Gedanken nach einer mystischen Erfahrung. Es ist das erste leise Flüstern der inneren Stimme. Es sind nur ein paar Sätze und doch enthalten sie alle *Gesetze* des ewig gültigen Tanzes. Alle inneren Stimmen, deine, seine, ihre, unsere, eure ... erzählen das Gleiche – nur in unendlich vielen verschiedenen Reimen und Sprachen. Durch die innere Stimme sind wir alle *miteinander* verknüpft und gleichzeitig *mit der Wahrheit* verbunden.

Auch die neuen Wissenschaften stießen bis in das Kraftfeld vor, kleideten es in Formeln und formulierten Gesetze, die nun auch vom Intellekt aufgenommen werden können. Sie helfen, die Trennung vom Ganzen aufzuheben, sodass sich die Wahrheit wieder in unser Denken und von dort in unsere Wirklichkeit hinein entfalten kann. Es lohnt sich, diese Gesetze zu verinnerlichen und sie zur Richtschnur für unsere Anschauung der Welt und des Menschen zu machen.

Das Wissen um die im Kraftfeld von Wahrheit und Wirklichkeit waltenden Gesetze ist essenziell für die Verwirklichung des wahren Selbst. Ohne eine ganzheitliche Sicht der Dinge können wir dieses Selbst niemals finden. Spiritualität und Ganzheit bedingen sich gegenseitig. Und eine bessere Zukunft lässt sich nur schaffen, wenn wir alle gemeinsam diese Gesetze respektieren.

Gehen wir den Weg nicht bewusst, wird sich die Sehnsucht nach Vollkommenheit in Todessehnsucht verkehren. Denn das patriarchal erzogene Unbewusste hat gelernt, dass es zwar möglich ist, an der Harmonie des Ganzen teilzuhaben – aber erst *nach* dem Tode. Solange es keine andere Alternative zur Verfügung hat, wird es stets dorthin drängen.

Gesetze des Kraftfelds

Das übergeordnete Gesetz der Ganzheit

Mystik und neue Physik öffnen uns die Sicht auf ein Universum, in dem alles mit allem verbunden ist und sich gegenseitig bedingt. Wie wir gesehen haben, heißt das:

- Alle Teile des Ganzen stehen miteinander in Verbindung, selbst wenn sie weit voneinander entfernt sind.
- Alle Teile des Ganzen sind von der impliziten Ordnung durchdrungen.
- Durch die Teilhabe an dieser Ordnung sind alle Wesen, Kräfte und Erscheinungen abermals zu einem Ganzen vereint.
- Auch Raum und Zeit sind, wie Einstein zeigte, in der Dimension der Raumzeit eins geworden. Vergangenheit und Zukunft verschmelzen im Tanz von Wahrheit und Wirklichkeit zur Gegenwart.

Folglich sind wir auf allen Ebenen und durch alle Dimensionen hindurch mit allem verbunden. Ganzheit ist ein ununterbrochenes Kontinuum, das sich im JETZT offenbart und in der mystischen Vereinigung sinnlich erfahrbar wird.

Das holografische Gesetz

Im Zusammenhang mit der Idee des *Holomovement* entwickelte David Bohm das Modell eines holografischen Universums, das in vielen wissenschaftlichen Disziplinen zu einem überzeugenden Arbeitsmodell für theoretische und experimentelle Forschungen wurde und auch die moderne Philosophie entscheidend beeinflusst hat.

Eine Holografie ist eine dreidimensionale Laserfotografie, deren typische Eigenschaft es ist, dass, wenn man sie in kleine Stücke schneidet, in jedem Stück dennoch wieder das ganze Bild zu sehen ist. In einem Hologramm oder einer Holografie ist das Ganze also in jedem seiner Teile enthalten. So wie das Ganze die Teile enthält, enthalten umgekehrt die Teile das Ganze.

Jeder autonome Teil, der Mensch, alle Lebewesen, aber auch die unbelebten Dinge sind ein Mikrokosmos im Makrokosmos. Diese Vorstellung spielt in allen mystischen Traditionen eine zentrale Rolle. »Wie oben, so unten«: Schon vor dreitausend Jahren wurde dieses Gesetz im alten Ägypten von Hermes Trismegistos in Worte gefasst. Lange Zeit glaubte man, die Einheitserfahrungen der Mystiker, die das ganze Universum in sich fanden, seien reine Halluzinationen. Daher war man umso erstaunter, als die »exakten« Wissenschaften die gleichen Gesetze aufdeckten. Dabei gilt auch zu bedenken, dass die mystische Erfahrung stets zu tiefsten Einsichten führt und eine potenzierte Intelligenz freisetzt. Goethe, Shakespeare, Komponisten wie Bach, Mozart, Beethoven, Bruckner, Künstler wie Leonardo da Vinci und Michelangelo, Philosophen, Mathematiker ... nicht zu vergessen die großen Heiligen der Geschichte – sie alle waren in das Quantenfeld von Wahrheit und Wirklichkeit vorgedrungen und schöpften ihre Kreativität, ihre übermenschlichen Fähigkeiten und ihr Charisma aus ihm. Wenn es überhaupt eine Halluzination oder eine Illusion gibt, dann liegt diese in der Vorstellung einer in einzelne Teile getrennten Welt!

Das Gesetz der natürlichen Hierarchie

Eingebettet in die allumfassende implizite Ordnung gibt es demzufolge unendlich viele weitere implizite Ordnungen, deren Gesamtheit die »bruchlose Ganzheit in strömender Bewegung« bildet, die an sich undefinierbar und unmessbar ist. Das heißt, dass letztendlich alle Teile des Ganzen sozusagen Systeme sind, die für sich genommen sowohl ein Ganzes als auch Teil eines anderen Systems darstellen.

Der Systemtheoretiker Arthur Koestler bezeichnete solche – einerseits autonome, andererseits abhängige – Einheiten als *Holons.* Alle Dinge und Erscheinungen, jede Art von Strukturen und Prozessen sind dementsprechend Holons. Sie sind nicht nur »Ganze«, sondern auch »Teile« von anderen Holons. Ein ganzes Atom zum Beispiel ist ein Teil eines ganzen Moleküls; das ganze Molekül ist Teil einer ganzen Zelle; die ganze Zelle ist Teil eines ganzen Organismus etc. Ein anderes Beispiel wäre ein Buch: Ein ganzer Buchstabe ist Teil eines Wortes, das ganze Wort ist Teil eines Abschnittes, der ganze Abschnitt ist Teil eines Kapitels ... Alles ist im Grunde ein Holon irgendeiner Art; also auch ein Bild, ein Begriff ... Der Mensch ist ein Holon; ebenso eine Empfindung, Wahrnehmung, Emotion oder Meinung; eine Kultur, Gesellschaft. Aber auch Kunst, Ästhetik, Ethik, Moral, Wissenschaft sind in erster Linie und vor allem Holons. Die Welt, der Kosmos – Materie, Leben und Geist – bestehen aus Holons.[8]

Weil jedes Holon ein Ganzes/Teil ist, hat es zwei Tendenzen oder »Triebe«. Es muss nämlich sowohl seine Ganzheit – das heißt seine Identität, Autonomie, sein tätiges Wesen, also *Agens* – bewahren, als auch seine Teilheit. Seine eigene Existenz hängt von seiner Fähigkeit ab, sich an seine Umgebung anzupassen. Es muss aber auch mit seinen »Kommunionen« als Teil in andere Ganze passen. Jedes Holon besitzt also Agens und Kommunion.

Wenn ein Holon Agens und Kommunion nicht aufrechterhält, dann zerfällt es in seine Subholons: Organismen zerfallen in Zellen, Zellen zerfallen in Moleküle, die wiederum zu Atomen zerfallen. Das Faszinierende am Holonzerfall ist, dass sich die Holons in umgekehrter Richtung auflösen, wie sie entstanden. Man nennt dies das Prinzip der Selbstauflösung.

Betrachtet man den Aufbauprozess, durch den neue Holons entstehen, taucht jedoch unweigerlich die Frage auf, wie aus einfachen Systemen komplexere hervorgehen. Wie konnten sich jemals träge Moleküle zu lebenden Zellen zusammenfinden?

Derzeit hat die Wissenschaft sich darauf geeinigt, dass komplexe Holons ganz plötzlich, ohne ersichtlichen äußeren Grund, ohne jeglichen Hinweis auf Zwischenformen oder Mutationen, in der Art eines Quantensprungs entstehen. Eine physikalische Erklärung konnte für dieses Phänomen bisher noch nicht gefunden werden. Daher nimmt man an, dass solche Prozesse der Weiterentwicklung – mit anderen Worten »evolutionäre« Prozesse – einen Drang zur *Selbsttranszendenz* besitzen: einen Drang, sich selbst zu überwinden und in eine höhere Form überzugehen. Das neue holistische Paradigma definiert Evolution somit als »Selbstverwirklichung durch Selbsttranszendenz«.[9] Evolution ist also ein Transzendierungsprozess, der das Vorangegangene einschließt und unfassliche neue Komponenten hinzufügt. So geht aus Materie Leben, aus dem Leben Bewusstsein, aus dem Bewusstsein neue Schöpfung hervor ...

Was ist dieser Drang zur Selbsttranszendenz aber anderes als das, was wir in diesem Buch »Sehnsucht nach Vollkommenheit« nennen? Gemeint ist das Gleiche. Das Streben nach Vervollkommnung ist eine in allen Teilen des Ganzen enthaltene, grundlegende Information, eine universelle Programmierung, durch die Entwicklung, Wachstum und Fortschritt erst möglich wird!

Wenn wir unser Streben nach Vervollkommnung jemals unterdrückt haben, aus welchen Gründen auch immer, so heißt es spätestens nach einer solchen Erkenntnis, diesen grundlegenden schöpferischen Impuls ernst zu nehmen und sich von ihm vorwärts, vorwärts und immer weiter vorwärts treiben zu lassen.

Auf der Ebene der Wirklichkeit bringt die Evolution immer neue Organisationsstufen hervor, die sich nicht auf ihre vorgeordneten Stufen reduzieren lassen. Vielmehr transzendiert sie die gegenwärtige Stufe und schließt dabei die vorherigen ein. Das Höhere besitzt also die grundlegenden Wesensmerkmale des Niedrigeren – aber noch etwas Zusätzliches. Alles Niedrigere ist im Höheren enthalten, aber das Höhere nicht vollständig im Niedrigeren. Hieraus entsteht unausweichlich Hierarchie.[10] Zellen enthalten Moleküle, aber nicht umgekehrt; Moleküle enthalten Atome, aber nicht umgekehrt. Und dies begründet eine Abfolge zunehmender Ganzheit, eine Hierarchie. Nach dieser einfachen Regel bilden sich überall im Kosmos »natürliche Hierarchien« im Gegensatz zu den vom Menschen gebildeten »Herrschaftshierarchien«, die unnatürlich, konstruiert, pathogen sind.

Wenn man eine beliebige Holonart zerstört, dann werden auch alle höheren Holons zerstört, nicht aber die niedrigeren. Würden etwa alle Moleküle des Kosmos zerstört, dann wären damit auch alle höheren Ebenen – Zellen und Organismen – zerstört. Die niedrigeren Holons – Atome und subatomare Teilchen – blieben dagegen erhalten.

Diese Regel ist auf alle Arten von natürlichen Hierarchien anwendbar: die moralische Entwicklung, den Spracherwerb, die Entwicklung der Arten, Computerprogramme, die Entwicklung des Menschen ...

Die Anzahl der Holons, die eine höhere Stufe erreichen, wird deswegen immer kleiner sein als die Zahl der Holons der tieferen Ebene. So gibt es im Kosmos weniger Moleküle als Atome, weniger Zellen als Moleküle, weniger Organismen als Zellen usw. Modellhaft dargestellt ergäbe das eine »Entwicklungspyramide«[11], die auf der untersten Ebene die größte Fläche und auf der höchsten Ebene die geringste Fläche aufweist.

Wie lassen sich diese Erkenntnisse nun auf den Menschen anwenden?

Weil der Mensch aus Materie, Leben und Geist als selbständige Holons zusammengesetzt ist, muss er alle höheren Holons respektieren, und zwar nicht nur wegen ihres inneren Wertes, sondern deshalb, weil sie *Elemente seines eigenen Wesens* sind. Ihre Zerstörung wäre für den Menschen selbstmörderisch. Es ist ja so, dass die Biosphäre ganz wörtlich in uns ist, einen Teil unseres Wesens ausmacht. Daher kommt die Zerstörung der Biosphäre tatsächlich einem Selbstmord gleich und ist nicht einfach nur ein äußeres Problem der Umwelt. Diese Erkenntnis führt ganz automatisch zu einer allgemeinen Naturethik mit einer entsprechenden Wertehierarchie.

Die Achtung solcher Werte hängt jedoch nicht von Lust und Laune ab. Sie ist vielmehr ein moralischer Imperativ für jeden Einzelnen von uns, weil wir sonst alle inneren Selbstmord begehen: Das Holon Mensch zerstört sich selbst, wenn es die auf einer hierarchisch tieferen Ebene liegenden Holons der Biosphäre zerstört.

Letztlich werden alle Phänomene des Universums durch ihre Strukturen von Vernetzung und Wechselwirkung und deren folgerichtige Übereinstimmung bestimmt. Ein unteilbares Universum, in dem alle Erscheinungen und Prozesse zusammenhängen, wäre kaum sinnvoll, wenn es nicht stimmig und widerspruchsfrei sein würde. Eigenschaften wie naturgegebene hierarchische Strukturen, Zielgerichtetheit, innere Organisation und äußere Transaktion, kurz alles, was den natürlichen Fluss, die »strömende Bewegung« des Ganzen aufrechterhält, sind Merkmale dieser Stimmigkeit. In gewisser Hinsicht ist Stimmigkeit nur ein anderer Aspekt von Einheit.

Wichtig dabei ist, einzusehen, dass der Autonomiegrad eines einzelnen Systems begrenzt ist und von den Bedürfnissen des größeren Ganzen bestimmt wird, von dem es einen Teil bildet. Diese Tatsache muss immer und immer wieder betont werden, bis sie in unseren Spatzenhirnen hängen bleibt und wir endlich unsere natürliche Verantwortung gegenüber dem Ganzen übernehmen. Jetzt ist es höchste Zeit, dieses Gesetz zu achten. Wenn nicht, dann vernichten wir uns selbst.

Von den gleichen Erkenntnissen berichten die mystischen Überlieferungen der Welt, vor allem die östliche Philosophie. Ihren deutlichsten Ausdruck fand sie im chinesischen Taoismus. »Der Mensch folgt den Gesetzen der Erde. Die Erde folgt den Gesetzen des Himmels. Der Himmel folgt den Gesetzen des Tao. Das Tao folgt den Gesetzen seiner inneren Natur«, heißt es im *Tao Te Ching*. Für den taoistischen Mystiker waren alle Dinge und Vorgänge dieser Welt ein Teil des kosmischen Weges, Tao, und die Gesetze, denen das Tao folgt, wurden von keinem Schöpfergott erschaffen, sondern sind in ihrer Natur angelegt. Der Sinologe Joseph Needham schreibt hierzu: »Nach der chinesischen Weltanschauung entspringt der harmonische Zusammenklang aller Daseinsformen nicht aus den Anordnungen einer höheren Autorität von außen, sondern aus der Tatsache, dass sie alle Teil einer Hierarchie von Ganzheiten sind, die eine kosmische Struktur bilden und dem inneren Diktat ihrer eigenen Natur gehorchen.« Wie in der neuen Physik bildet auch hier die *Gesamtübereinstimmung* das Wesen der Naturgesetze. Ja, eigentlich ist das Gesetz der Harmonie das eigentliche Gesetz, das *grundlegende Ordnungsprinzip*, das die Chinesen *Li* nannten. »Li ist ein natürliches und unentrinnbares Gesetz der Angelegenheiten aller Dinge … *Natürlich* und *unentrinnbar* heißt, dass (menschliche) Angelegenheiten und (natürliche) Dinge so beschaffen sind, dass sie genau an ihre Stelle passen. *Gesetz* heißt, dass sie ohne das geringste Zuviel oder

Zuwenig an ihre Stelle passen ... Die Menschen der alten Zeit, die den Dingen bis auf den Grund gingen und nach dem Li forschten, wollten die natürliche Unentrinnbarkeit der (menschlichen) Angelegenheiten und der (natürlichen) Dinge erhellen, und das bedeutet einfach, dass sie alle die genauen Orte suchten, wo die Dinge exakt zusammenpassten. Nur dies.«[12]

Gibt es eine bessere Beschreibung für Vollkommenheit als diese? Im Kraftfeld von Wahrheit und Wirklichkeit hat alles seinen richtigen Platz. Hier herrscht Stimmigkeit, Harmonie. Wie sollte es auch anders sein? Könnte das Universum nur eine Sekunde bestehen, wenn es nicht so wäre? Was ist demnach naheliegender, als alles nur Erdenkliche zu unternehmen, um in dieses Quanten-Kraftfeld zu gelangen und den richtigen Platz, unseren ureigenen Platz im Ganzen einzunehmen?

Das Gesetz der Lebensenergie

Durch Albert Einstein und die Quantentheorie hatte die neue Physik den Doppelcharakter von Materie und Energie bewiesen. Die Stringtheorie zeigte auf, dass die *Form* der Materie ausschließlich von den Schwingungs*mustern* der so genannten Strings abhängig ist. David Bohms Theorie des Holomovement schließlich vervollständigte das Bild eines durch und durch dynamischen Universums, in dessen Existenzformen die grundlegende Ordnung pulsiert und dessen »leerer Raum« ein einziges gewaltiges Meer von Energie ist, auf dem sich Materie lediglich wie ein sanftes Wellengekräusel ausnimmt. Ein oft zitiertes Beispiel hierzu besagt, dass, nähme man den leeren Raum zwischen den Teilchen weg, sich die gesamte Materie auf die Größe eines Golfballes komprimieren ließe.

Alle diese Erkenntnisse zusammengenommen machen das Phänomen der Lebensenergie aus, das in den mystischen Traditionen ein Synonym für Leben schlechthin war. Das Konzept einer dynamischen Lebenskraft prägt seit Jahrtausenden die Medizinsysteme vieler Kulturkreise. Im alten China wurde Lebensenergie *chi*, in Japan und Korea *ki*, in Indien *prana* und in den klassischen abendländischen Kulturen *pneuma* oder *od* genannt. Sie wurde als eine alles durchdringende und alles bewegende Kraft definiert, deren ungehinderter Fluss für die Aufrechterhaltung des kosmischen Gleichgewichts sorgt. Lebensenergie ist für den Fluss des Lebens zuständig. Sie erst bringt die Dinge an ihren »richtigen« Platz.

In den Weltbildern, die von der Vorstellung dieser dynamischen Kraft geprägt sind, stand deshalb stets der Wandel im Vordergrund – als unaufhörliches Werden und Vergehen. Alles ist in ständiger Veränderung begriffen. Denn Energie ist frei beweglich. Erst durch *Information* wird sie zu »Form gebündelt«, und erst durch die Formwerdung treten Raum und Zeit und damit das Gesetz von Ursache und Wirkung in Kraft.

Eine allen Erscheinungen eigene Information ist die der Selbsttranszendenz. Diese Information bedingt, dass sämtliche Daseinsformen, selbst die unbelebt erscheinenden, nach Entwicklung und Vollendung streben. Lebensenergie ist also »von Natur aus« vorwärtsdrängend und wachstumsfördernd. Wegen ihrer Fließeigenschaft hat sie die Tendenz zum Ausgleich. Sie fließt dorthin, wo ein Defizit besteht, lässt sich von Hindernissen jedoch blockieren.

Energie ist also durch Information formbar und dirigierbar; sie ist wachstumsorientiert und drängt nach Ausgleich. Sie ist die grundlegende Dynamik, die den kosmischen Spielplan in Bewegung setzt. Sie ist die Eine Bewegung, ohne die es kein Leben gäbe, ohne die alles statisch – tot –

wäre. Sie ist der Stoff, aus dem das Kraftfeld von Wahrheit und Wirklichkeit besteht, und der das Prinzip *Harmonie* zum Schwingen bringt.

Das Gesetz der Synchronizität

Das Kausalitätsprinzip kommt erst zum Tragen, wenn Energie durch Information zu Form gebündelt und somit im Bereich der Wirklichkeit, das heißt im Bereich von Raum und Zeit, manifest wird. Im Quantenfeld jedoch besitzt die mechanistische Uhrwerk-Realität von Ursache und Wirkung keine Gültigkeit. Die hier vorherrschenden Organisationsprinzipien sind *akausal:* Symmetrien, Dualitäten und Komplementaritäten. Uns sind diese Prinzipien eher unter der Bezeichnung *Resonanzprinzipien* geläufig. In einfachen Worten ausgedrückt heißt das: *Gleiches zieht Gleiches an,* aber auch: *Gegensätze gehören zusammen.* Die beiden Gesetze schließen einander nicht aus, wie man vielleicht meinen könnte. Sie bilden vielmehr die Grundlage für ein unendliches Netzwerk von Anziehung und Abstoßung, das nicht an räumliche und zeitliche Nähe, sondern an Übereinstimmungen, Koinzidenzen gebunden ist. Sie sind Auswirkungen der allgegenwärtigen, simultanen Matrix und des holografischen Gesetzes.

Auch das Gehirn und letztlich jede Zelle ist Teil des großen kosmischen Hologramms. Daraus lässt sich folgern, dass wir unter bestimmten Umständen zur gesamten Information im gesamten System Zugang haben können. Dies ist in der *unio mystica* der Fall, aber auch in der »göttlichen« Pause zwischen den Gedanken. In den Vereinigten Staaten werden zurzeit umfangreiche Studien über die Auswirkungen mystischer Zustände auf das Gehirn angestellt. Im jetzigen Stadium scheinen die Experimente zweierlei zu bezeugen: Zum einen, dass der Mensch durch seine Vorstellungen und Gedanken tatsächlich *seine* Wirklichkeit erschafft, und zum anderen die Vermutung, dass in Zuständen tiefster Meditation zusätzliche Bereiche des Gehirns aktiviert werden. Normalerweise sind, wie wir wissen, nur zehn bis fünfzehn Prozent unseres Gehirns aktiv, während der Rest völlig brachliegt. Diese Ergebnisse haben zum Teil zu heftigen Kontroversen zwischen Gehirnforschern und Theologen geführt. Erstere sind meist der Meinung, die vom Menschen geschaffene Wirklichkeit sei die einzige und letzte Realität, während die Theologen den Urgrund der Dinge in der schöpferischen Intelligenz Gottes sehen. Erst aus der Sicht eines übergeordneten Rahmens, in dem sich Mystik und Naturwissenschaft versöhnt haben, lässt sich erkennen, dass beides einander nicht ausschließt, sondern sich ganz im Gegenteil zu einem sinnvollen, widerspruchslosen Ganzen ergänzt. Menschen schaffen Wirklichkeit und sind dennoch unlösbar in die umfassende Intelligenz der impliziten Ordnung eingebunden, die den Schöpfungsanteil des Menschen ja erst ermöglicht. Sie sind Mitschöpfer.

Aber zurück zu den Koinzidenzen, die selbstverständlich auch im Bereich des Bewusstseins und der Psyche wirksam sind. Der Psychoanalytiker C. G. Jung prägte den Ausdruck *Synchronizität* zur Beschreibung bedeutungsvoller, scheinbar schicksalhafter Zufälle im Leben, die jedoch mehr als bloße Zufälle sind. Jung definiert Synchronizität als akausales Verbindungsprinzip. Bei solchen »Zufällen« scheinen in unserem Leben Wunder zu geschehen, unvorhersehbare Fügungen, in denen, wie durch Gottes Hand geführt, sich Dinge zum Richtigen wenden. Auch das Phänomen der Intuition lässt sich hier einordnen. Intuition, Inspiration und Fügungen entspringen dem akausalen Synchronizitätsgesetz, das im Kraftfeld von Wahrheit und Wirklichkeit zu Hause ist; das wir unbewusst in jeder Pause zwischen den Gedanken betreten, und in das wir während der mystischen Erfahrung eintauchen. Je mehr wir uns die anfangs noch leise innere Stimme bewusst machen, je öfter wir irgendwo hingehen, ohne zu wissen, warum, je mehr wir unserer Intuition und Spontaneität folgen, desto magischer und »wunder-voller« wird unser Leben sein.

Das Ende der Illusion – alle Systeme sind willkürlich

Alle Theorien, Paradigmen und Systeme sind Konstruktionen des Verstands. Sie sind willkürlich und relativ. Wie der Intellekt selbst können sie daher nur *Werkzeuge* sein, um Wahrheit und Wirklichkeit zu erklären. Sie können nur Teilaspekte des Ganzen erfassen. Sie sind nur verschiedene Fenster, von denen aus der Blick auf ein und dieselbe Wahrheit fällt. Es ist möglich, immer weitere Blickwinkel zu finden und immer bessere Aussichten zu genießen. Das schon. Aber wir dürfen nicht den Fehler begehen, uns mit diesen Paradigmen zu identifizieren. »Du sollst dir kein Bild von mir machen«, flüstert die innere Stimme unaufhörlich. Dies ist das oberste Gebot für den Weg des Wachstums. Es mahnt zur Loslösung vom Sirenengesang der Ratio, die überzeugt ist, die Wahrheit in Formeln zwängen zu können. Kein System, keine Religion, keine wissenschaftliche Theorie kann jedoch Anspruch auf *alleinige* Gültigkeit erheben. Täte sie das dennoch, so würde sie sich damit selbst ad absurdum führen. Geometrie zum Beispiel liegt nicht in der Natur der Sache, ist nicht die wahre Natur des Raumes, wie die griechische Philosophie behauptete, sondern eine Erfindung des Intellekts. Diese Erfindung ist ausgesprochen dienlich bei der Vermessung des Landes und zur Erstellung von Landkarten, aber niemals ausreichend, um abstrakte und ewige Wahrheiten festzuhalten. Die Gesetze der *Philosophia perennis* oder Urphilosophie haben jedoch zwei entscheidende Vorteile: a) sie sind *universal* gültig und b) sie verhelfen, das Rationale zu transzendieren. Letztendlich bedeutet das: Sie stellen einen übergeordneten Rahmen zur Verfügung, der alles Bestehende umfasst.

Innerhalb eines integralen Paradigmas erhält jedes Modell den ihm entsprechenden Platz, von wo aus sich einstige Widersprüche auflösen und jedes seinen vollen Nutzen entfalten kann. So sind zum Beispiel auf der grobstofflichen Ebene der Materie die Gesetze der Newton'schen Physik durchaus gültig und äußerst hilfreich. Auf subtileren Ebenen dagegen herrschen andere Gesetze, etwa die der Strings ... Alles ist relativ.

Deswegen ist auch der Absolutheitsanspruch der Religionen nicht länger tragbar. Wir müssen endlich einsehen, dass alle Religionen das gleiche Ziel verfolgen und sich lediglich in ihren Ausdrucksformen unterscheiden. Und dass sich auch die Zeiten ändern, mit ihren spezifischen Fragestellungen. Die Zeit der Dialoge beispielsweise ist vorbei. Sie hat nichts gebracht. Sie verhalf den Mächtigen dazu, noch mehr Siege zu erringen, weiter nichts. Heute muss ein neuer, erweiterter Rahmen für ein tolerantes Denken geschaffen werden, und dieser Rahmen kann nur eine Philosophie der Integration sein, in der Wissenschaft und Mystik vereint sind.

Natürlich bleiben Systeme auch dann willkürlich, wenn sie innerhalb der *Philosophia perennis* angewendet werden. Aber dann sind sie ausgerichtet auf das All-Eins. Dann dienen sie dem *höchsten Nutzen* der gewählten Aufgabe und nicht sich selbst. Dann sind sie Bereiche, denen die gegenwärtige Aufmerksamkeit gilt, nicht mehr.

Wirksamkeit ist das Maß und Rücksicht auf das Ganze lautet das begleitende Gebot. Systeme, Verfahren und Methoden sollen ermöglichen, einen gewünschten Erfolg oder ein bestimmtes Ziel zu erreichen. Dabei ist es egal, aus welcher Glaubensrichtung sie stammen – vorausgesetzt, sie sind für alle gut. Wenn es zum Beispiel um Heilung geht, ist nicht ausschlaggebend, ob die moderne Medizin zur Anwendung kommt oder schamanische Techniken benutzt werden, Hauptsache, der Kranke wird gesund. Heilung ist das Ziel und Wirksamkeit das Kriterium, nicht das Beweisen eines bestimmten Systems oder einer einzelnen Methode.

Der Folgesatz davon lautet: Es gibt immer auch einen anderen Weg, eine Sache anzugehen. Jedes Problem hat mehr als eine Lösung. Wenn ein Ziel wirklich wichtig ist, sollte man niemals aufgeben, sondern einfach den Ansatz ändern, wenn dieser nicht mehr funktioniert. Das Leben und die Wege, das Leben zu verbessern, existieren in endloser Vielfalt. In der heutigen vernetzten Welt öffnen sich uns ungeahnte Möglichkeiten. Statt der patriarchalen Sucht, das eigene Glaubenssystem über den Rest der Welt zu erheben, dürfen wir uns heute mit Neugier und Mitgefühl auf das Andere einschwingen und an dessen Reichtum partizipieren. Flexibilität kann so gewinnbringend sein! Sie führt uns mit Leichtigkeit zum Erfolg. Sie charakterisiert das Ende der Illusion und den Beginn bewusster Schöpfung.

Die Umarmung

Die Naturwissenschaftler kennen die Zweige des Baumes
des Wissens,
aber nicht seine Wurzel.
Die Mystiker kennen die Wurzel des Baumes des Wissens,
aber nicht seine Zweige.
Die Naturwissenschaft ist nicht auf die Mystik angewiesen
und die Mystik nicht auf die Naturwissenschaft –
doch die Menschheit kann auf keine der beiden verzichten.

Fritjof Capra

Durch die Kraft des Denkens ist es uns gelungen, in die entlegensten Winkel des inneren und äußeren Raums vorzudringen. In den letzten Jahrhunderten haben die gemeinsamen Bemühungen der Wissenschaften einige der bestgehüteten Geheimnisse der Natur gelüftet. Ihre große Leistung liegt darin, dass sie uns eine neue Form der Betrachtung und der Bewältigung der Zusammenhänge in der Welt ermöglichen. Sie haben uns eine Sprosse weiter auf der Stufenleiter zur Vollkommenheit gebracht. Ja, sie haben uns sogar bis an die Schwelle von Wirklichkeit und Wahrheit geführt; in jenen Bereich, in dem der Schöpfungsanteil des Menschen liegt. Doch Wissen ist nicht Weisheit. Die gegenwärtige Situation legt leider ein Schreckenszeugnis davon ab. Deshalb geht es jetzt darum, das Wissen ins Leben zu integrieren. Es geht darum, die gesamten Erkenntnisse unserer Zeit zu nutzen und vorwärts zu gehen – dem Gesetz der Selbsttranszendenz und dem Streben nach Vollkommenheit nicht länger Widerstand zu leisten.

Das Zeitalter des Nein, der Trennung und der künstlich konstruierten Macht-Hierarchien ist vorbei. Denn die Wahrheit kennt kein Nein. Mit dieser Einsicht öffnen sich die Tore für ein Zeitalter der Integration und Kooperation, des Mitgefühls und der Liebe, der Toleranz und des Wachstums. All dies wird möglich durch eine gemeinsame Ausrichtung auf das übergeordnete Ziel der Ganzheit.

Durch *Bewusst-Sein und den Willen,* die höchste Vorstellung zu verwirklichen, verliert die Welt ihren Illusionscharakter und ihre Schicksalhaftigkeit. Stattdessen wird sie zur bewussten Schöpfung. Indem der Mensch seinen Schöpfungsanteil willentlich annimmt, erreicht er Vollkommenheit. Die höchste Vorstellung kann aber nur eine sein, die sich auf die ewige Wahrheit ausrichtet. Dem Menschen bleibt jeglicher Spielraum zur Gestaltung offen. Will er das Höchste erschaffen, hat er nur einen einzigen Imperativ: *Er darf das Ganze niemals aus den Augen lassen.* Der heilige Augustinus drückte dies mit den Worten aus: »Liebe Gott und tu, was du willst.«

Bewusstsein heißt somit: »Bewusst-im-Ganzen-Sein« oder »Bewusstes-Sein-im-Ganzen«. Vollkommenheit erlangen, heißt: dem *Willen,* in diesem Bewusstsein zu *handeln,* folgen.

Sein und Tun, Passivität und Aktivität, Demut und Selbstbestimmtheit, Empfangen und Geben sind die unverzichtbaren Anteile des Schöpfungsprozesses. Diese Eigenschaften – *yin* und *yang* – sind die Wesensmerkmale der Wechselbeziehung von Intuition und Intellekt.

In die Wahrheit sind wir eingebettet wie in den Schoß der Mutter. Wir erschaffen Wirklichkeit, indem wir der kosmischen Lebenskraft durch unser Denken und Tun Form geben. Erst die Form verleiht uns die Fähigkeit, Wahrheit zu erkennen. Wachstum und Fortschritt – Evolution – bedeutet, immer wieder zum Kern der Wahrheit zurückzukehren, sich selbst und seine Begrenzungen zu vergessen, All-Möglichkeit einzuatmen, um daraufhin wieder ins Außen zu treten und immer größer werdende Kreise in die Wirklichkeit hinauszuziehen. Die Teilhabe an Wahrheit und Wirklichkeit bringt unsere inneren, weiblichen und männlichen Prinzipien in Einklang. Damit werden beide Gehirnhälften gleichzeitig aktiviert und unser bisher nur minimal genutztes Gehirnpotenzial kann sich voll erschließen.

Im Kraftfeld von Wahrheit und Wirklichkeit kann endlich die große Versöhnung stattfinden. Hier dürfen sich Wissenschaft und Mystik, Materialismus und Idealismus, Wissen und Weisheit, Kulturen und Nationen, Mensch und Natur, Mann und Frau, Jung und Alt, Außen und Innen, Intellekt und Intuition, Links und Rechts ... *Gott und die Welt* auf ewig umarmen.

- Es gibt unendlich viele Wirklichkeiten, aber nur eine Wahrheit.
- Wirklichkeiten sind willkürlich und wahrscheinlich – vergänglich.
- Die Wahrheit dagegen ist universal und ewig gültig.

Dies ist die neue Offenbarung; ein evolutionärer Bewusstseinsschritt, der über alle bisherigen Auffassungen, auch die Auffassung der traditionellen spirituellen Schulen hinausgeht. Der Quantensprung findet im Quantenfeld statt. Wer dies einmal in seiner vollen Tragweite umrissen hat, und nicht bis ins Mark erschüttert ist, hat nichts verstanden. Er sollte sich das bisher Gesagte noch einmal in aller Ruhe vergegenwärtigen, um zu begreifen, dass sich seine Auffassung von der Welt, vom Leben und von sich selbst, nun erweitern, vervollständigen – vervollkommnen – *muss.*

Unsere alte Weltsicht ist überholt. Doch leider werden die Erkenntnisse der neuen Wissenschaften von zahlreichen Interessengruppen, die um ihre Macht und ihren Gewinn fürchten, noch immer unterdrückt. Noch halten die »Mächtigen« mit ihren ausgeklügelten Manipulationsmethoden den »kleinen Mann« in Schach. In dem Moment aber, in dem der Einzelne begreifen lernt, in welchem Ausmaß die Paradigmen-R/Evolution sein eigenes Leben verändern kann – und zwar zum Allerpositivsten hin –, wird er sich nicht mehr aufhalten lassen, ins Neue zu springen. Dann wird die wissenschaftliche R/Evolution zur R/Evolution des Individuums werden. Selbstbewusstsein wird den Quantensprung in »Selbst-Bewusst-Sein« erleben.

Zeit der Gnade

Der Mensch hat sich von der kindlichen Unbewusstheit des archaischen Menschen, der zwar in der Ganzheit lebte, aber nur instinkthaft auf die nackte Existenz ausgerichtet war, weiterentwickelt über den weiblich-gefühlsmäßigen Zugang zum Ganzen während des Matriarchats. Im Zeitalter des Patriarchats verließ er seine ganzheitliche Heimat für geraume Zeit, um heute, am Ende der »Herr-Schaft«, Ganzheit rational-mental erfassen zu können. Jetzt steht er an der bedeutungsvollen Schwelle zu einem neuen Bewusstsein, das ihn in die Lage versetzen wird, das Ganze *selbstbewusst* zu erfahren, aus dem Herzen heraus. Das Ego als patriarchaler Tyrann der Seele wird damit zum Abdanken gezwungen. Statt seiner darf das Phänomen Gnade – die Fähigkeit zur allumfassenden Liebe – Einzug in unser Leben halten.

Einheit, Ganzheit – als das Zusammenwirken von Wahrheit und Wirklichkeit wurden in dieser Form noch nie zuvor kollektiv verstanden. Vorher waren diese Erkenntnisse religiösen Spezialisten, Mystikern, Propheten, Schamanen und Genies vorbehalten und der »normale Mensch« wusste mit ihnen nichts weiter anzufangen als sie anhand von Weisheits-Litaneien nachzubeten.

Das patriarchale Paradigma hatte einer Wirklichkeit den Boden bereitet, die sich ständig in ungeordnete, disharmonische und äußerst zerstörerische Teilaktivitäten aufsplitterte. Im Paradigma der Integration offenbart sich das Universum nun als »elegantes Universum« voller Schönheit, Buntheit und Lebendigkeit, voller Wärme. Es ist ein stimmiges Universum, das dem bewussten Menschen ungeahnte Möglichkeiten bietet, seinen tiefsten Traum von Vollkommenheit zu verwirklichen. Es ist die Spielwiese, auf der wir endlich »Himmel auf Erden« spielen können.

Der Mensch ist ein Mikrokosmos im Makrokosmos, ein Abbild des Ganzen, eine Holografie. Das Wissen um die Beschaffenheit seines besonderen Bewusstseins wird es ermöglichen, die Schizophrenie des Patriarchats vollends zu überwinden und alle dadurch entstandenen Spaltungen in schöpferische Polaritäten zu verwandeln. Daher sollen auf den folgenden Seiten die verschiedenen Dimensionen des Selbst und die Gesetze ihres Zusammenwirkens beleuchtet werden. Auch diesmal geht es dabei nicht um die Darstellung eines spezifischen Menschenbildes, sondern um die Essenz jener Erkenntnisse, die universal gültig sind.

ERSTE AFFIRMATION

Ich liebe die Welt
und achte die in ihr waltende Ordnung,
weil ich weiß, dass ich ein Teil von ihr bin.
Wenn ich ihr schade,
so schade ich auch mir.

Ich liebe die Menschen,
mit denen ich durch unsichtbare Fäden verbunden bin.
Aber ich lasse mich weder von ihrer Sicht der Dinge verwirren,
noch mich in ihre Spiele verstricken.

Ich liebe mich selbst
und stehe mit beiden Beinen auf der Erde.
Hier entfalte ich die Wahrheit in meine Wirklichkeit hinein.

Die drei Dimensionen des Selbst

Die geistigen Gesetze sind
gleichbedeutend mit den Gesetzen des Geistes.

YOGANANDA

Das Auge, mit dem ich Gott schaue,
ist dasselbe Auge wie das,
mit dem Gott mich schaut.

MEISTER ECKHART

Das Holon des menschlichen Bewusstseins

Selbstverständlich ist auch der Mensch in das Kraftfeld von Wahrheit und Wirklichkeit eingebettet. Leben und Existenz sind nur innerhalb dieses Kraftfelds möglich. Jede Zelle, jeder physische, mentale und emotionale Vorgang wird durch das Kraftfeld gespeist – mit Lebensenergie, dem Geist der Ganzheit und den Informationen des Harmonieprinzips. Es ist die ursächliche Bewusstseinsebene allen Seins und somit auch die unsere. Hier sind wir das Ganze und Individuum zugleich, so, wie es in der *unio mystica* erfahrbar wird.

Wir Menschen sind als einzige Spezies der Erde mit einer Bewusstseins-Konfiguration ausgestattet, die sowohl die Erkenntnis der Ganzheit als auch des individuellen Anteils an der Schöpfung ermöglicht. Wie der Buddha sagte, macht genau diese Besonderheit das menschliche Leben unendlich wertvoll.

Gewinnen wir Zugang zu den verschiedenen Feldern unseres Bewusstseins und lernen, diese konstruktiv miteinander in Beziehung zu setzen, erschließt sich unser höchstes Potenzial: schöpferische Souveränität. *Sie* versetzt uns in die Lage, all unsere individuellen Anlagen und Fähigkeiten auf eine höhere Ebene, ja zur höchsten Vollendung zu bringen, unsere Intelligenz um ein Vielfaches zu steigern, Genie und Selbstverantwortung zu entwickeln.

In allen Kulturen der Welt finden wir daher Modelle, den ganzen Menschen in einzelne Kategorien zu unterteilen. Alle Modelle wurzeln in der Ahnung von Vollkommenheit und dem Bestreben, das höchste Potenzial freizulegen, Heilung herbeizuführen. Die bekanntesten davon sind die Klassifizierung in Körper, Seele und Geist, die esoterische Sicht vom physischen, emotionalen, mentalen und spirituellen Körper, die sich an den Ebenen des Energiekörpers orientiert und die Unterscheidung von Bewusstsein, Unterbewusstsein und Überbewusstsein.

Wir entscheiden uns für die Einteilung des individuellen Selbst in drei Dimensionen, die wir ganz lapidar als »Hohes, Unteres und Mittleres Selbst« bezeichnen wollen. Die Namen sind ebenso willkürlich wie die Aufteilung. Wichtig ist allein, dass die gewählte Klassifikation das Wesen und die Gesetzmäßigkeiten des Selbst erkennen lässt und uns auf schnellstmöglichem Weg zur Selbstrealisation führt. An sich ist das Bewusstsein ein Kontinuum. Niemand hindert uns daran, es in vier, fünf, zehn oder mehr Teile zu zergliedern und diese mit ganz anderen Begriffen zu versehen. Die

Tibeter zum Beispiel, die wohl die differenzierteste Erleuchtungsmethode entwickelten, unterscheiden insgesamt zwölf Bewusstseinsformen. Für die Selbstrealisation indessen genügen drei Kategorien vollauf. Erst die Reise im Gefährt des kosmischen Bewusstseins erfordert einen detaillierteren Fahrplan. Die Bezeichnungen Hohes, Unteres und Mittleres Selbst sind deshalb von Nutzen, weil sie einerseits neutral sind und keine falschen Assoziationen wecken, andererseits an das anschließen, was sich bereits in vielen Weisheitstraditionen als brauchbar erwiesen hat.

Wichtig ist, *dass* wir die Teile benennen. Auf diese Weise werden sie für uns existent. *Am Anfang war das Wort.* Die Namengebung ist der Beginn des Schöpfungsaktes. Wohlgemerkt bewegen wir uns dabei im paradoxen Quantenbereich, in dem es gleichzeitig heißt: Du sollst dir kein Bild von mir machen. Um Wahrheit und Wirklichkeit simultan im Auge behalten zu können, und nicht den Fehler zu begehen, die momentane Schöpfung für die einzige Wahrheit zu halten, gilt es, dieses Paradox, jene »göttliche Dichotomie«, stets zu beherzigen. Nur wenn uns das gelingt, lässt sich die Gefahr umgehen, *maya*, der Illusion, anheim zu fallen.

Daneben lassen die Bezeichnungen »Hohes, Unteres und Mittleres Selbst« die *natürliche Hierarchie* erkennen, die den verschiedenen Dimensionen zugrunde liegt. Das Hohe Selbst oder Überbewusstsein stellt die übergeordnete Instanz dar. Eingebettet in das Hohe Selbst ist das Untere Selbst oder Unterbewusstsein. Unser Mittleres Selbst, derjenige Teil unseres Bewusstseins, dessen wir uns tatsächlich bewusst sind, ist bei weitem der kleinste Bereich – praktisch nur ein winziger Fleck innerhalb der unvorstellbar weiten Bewusstseinsfelder des Hohen und Unteren Selbst. Ein bedeutungsvoller Fleck jedoch. Denn nur von hier aus können wir in die beiden anderen Bereiche eintauchen.

Jedes der drei Selbste kann zum einen als autonome Entität mit eigenen Gesetzmäßigkeiten und spezifischen Funktionen betrachtet werden, zum anderen als Teil des gesamten Selbst. Angesichts des Phänomens der *unio mystica* ist dieses gesamte Selbst nicht weniger als das All-Eins – im Zustand des Eingefaltetseins. Hohes, Unteres und Mittleres Selbst sind typische Holons: Ganzheiten und Teile zugleich, und wie überall gilt auch im Bereich des Bewusstseins, dass die Wechselbeziehungen das eigentlich Wesentliche sind. Ohne die Eine Bewegung, die David Bohm Holomovement nannte und die wir als Lebensenergie bezeichnen, bliebe alles nur ein toter Plan. Innerhalb der Einen Bewegung indes schält sich jeder Teil als relativ unabhängig, autonom und stabil heraus, und er tut dies vermöge der besonderen Art und Weise, in der er aktiv das Absolute – und demnach alle anderen Teile – in sich einfaltet.

Letztendlich ist es also der innere Bezug zwischen den Teilen des Bewusstseins, auf den es ankommt. Der innere Bezug wird jedoch nur dann deutlich und sinnvoll, wenn das Absolute an die erste Stelle gesetzt wird, während die Teile an zweiter Stelle folgen, und zwar in dem Sinne, dass das, was sie sind und was sie tun, wiederum nur im Licht des Urgrunds verstanden werden kann. Der Bewusstseinsinhalt eines jeden Menschen ist eine Einfaltung der Gesamtheit des Daseins, körperlich und geistig, innerlich und äußerlich. Und diese Einfaltung ist aktiv, einfach deshalb, weil sie in grundlegender Weise in die Handlungen eingeht, die wesentlich dafür sind, was ein Mensch *ist*.

Auf diese Weise ist jeder Mensch innerlich mit der Wahrheit und äußerlich mit der Gesamtheit der Wirklichkeit, einschließlich der Natur und der gesamten Menschheit, verbunden. Da wir holografische Wesen sind, ist jeder Teil von uns ein Verknüpfungspunkt zu allen möglichen Gegebenheiten, die jemals waren und jemals sind. Wir sind das

Ganze und gleichzeitig ein Teil davon. Wir sind, wer wir sind, ein substantielles Wesen, ein Körper, gewoben im Netz aus Raum und Zeit in der expliziten Ordnung. Und simultan dazu sind wir der Spiegel von allem, was sich in der impliziten Ordnung befindet. Wir sind immer beides: Identität, sprich Individuum und ALLES, Ganzheit. Die Strukturen unseres Seins stellen buchstäblich Reflexionen der Strukturen des kosmischen Kraftfelds dar. Wir alle sind Projektionen einer einzigen Ganzheit und gleichzeitig projizieren wir alle unsere Wirklichkeit in diese Ganzheit hinein.

Das Hohe Selbst – das Überbewusstsein

Die Aufgabe des Lebens besteht nicht darin,
auf der Seite der Mehrzahl zu stehen,
sondern dem inneren Gesetz gemäß,
das du erkennst, zu leben.

Marc Aurel

Hohes Selbst wollen wir also jenen Anteil unseres Bewusstseins nennen, durch den wir mit der höchsten Wahrheit und mit dem Ganzen in unlösbarer Verbindung stehen; durch den wir direkten Anteil am Kraftfeld von Wahrheit und Wirklichkeit haben – das *atman* der indischen Philosophie, der Buddha-Geist, das Christus-Bewusstsein, die leuchtende Schechina, das *Supra-Mentale* des indischen Weisen Sri Aurobindo. Es ist der Quelle-Aspekt, die geistige Essenz, die unser körperlich orientiertes Wesen in die Wirklichkeit projiziert. Man kann auch von Seele oder Überseele sprechen, insofern man nicht die Vorstellung damit verknüpft, dass man von dieser Seele getrennt werden kann. Es ist das Gottselbst, denn es entstammt der letztendlichen Quelle, die man Gott nennen kann. Das Hohe Selbst stellt den Urgrund, die Grundsubstanz dar, aus der heraus Schöpfung in ihrer ganzen Vielfalt erst möglich wird.

Es ist die Quelle unseres höchsten Potenzials, der individuellen Schöpferkraft – des Genius, den wir auch als »Wesens-Stern« bezeichneten.

Das Hohe Selbst ist die innere Instanz des Menschen, in der das Prinzip der Selbsttranszendenz wirksam wird und aus der die Sehnsucht nach Vollkommenheit entspringt. Es ist der Teil, der um das Höchste weiß und den wir deshalb *Ge-Wissen* nennen. Der Teil, der uns Schritt für Schritt zur Vollkommenheit führen möchte, weil er vollkommen *ist*. Noch treffender könnte man sagen: Es ist jener Aspekt, der uns von unserer ursprünglichen Vollkommenheit überzeugen, uns mit ihr rückverbinden möchte – der religiöse Kern des Menschen. Hier ist die innere Führung, die innere Stimme, die Intuition, kurz, unsere Weisheit, beheimatet.

Das Hauptwerkzeug des Hohen Selbst ist Energie und die seinem Wesen entsprechenden Elemente sind Luft und Äther. Das Plenum besteht aus Energie. Energie ist das beherrschende Prinzip im Kraftfeld von Wahrheit und Wirklichkeit. Durch die Lebensenergie werden die Träume unseres Daseins genährt, erhalten und verändert, indem die Eine Bewegung die Wahrheit ständig in unsere Wirklichkeit trägt. Auf diese Weise ist die Sehnsucht nach Vollkommenheit, das Prinzip der Selbsttranszendenz, der Impuls des Wachstums und der Evolution aktiv in uns wirksam. Unsere Gedanken lenken diese Energie und unsere Wahrnehmung lässt uns die Auswirkungen erleben. Indem wir auf die innere Stimme, das Ge-Wissen hören, indem wir unser Herz öffnen und Mitgefühl üben, schwingen wir uns bewusst in die implizite Ordnung, das Kraftfeld von Wahrheit und Wirklichkeit ein. Unbewusst nehmen wir vor allem durch den Atem daran teil. Die Lebensenergie hat die Eigenschaft, alles, was ist, an die richtige Stelle zu führen. Sie ist für Strukturierung verantwortlich. Und wir sind verantwortlich, in den Fluss der Lebensenergie zu kommen, um uns durch den Flow an *unseren* Platz im Ganzen tragen zu lassen.

Ganzheit und Vollkommenheit

Die Sehnsucht nach Vollkommenheit ist die Musik, die zwischen uns selbst und der Welt erklingt. Die Bedürfnisse des Selbst sind die Töne, die Bedürfnisse der Welt die dazugehörenden Obertöne. Gemeinsam stellen sie die unterschiedlichen Wellenlängen desselben evolutionären Dranges dar, desselben sehnsuchtsvollen Liedes. Es ist der kosmische Rhythmus, der in uns hinein- und durch uns hindurchgeht, und der durch uns im gleichen Moment transformiert wird, indem wir ihn zu tanzen beginnen. Was das Selbst braucht, braucht auch die Welt, denn sie sind dem Wesen nach das Gleiche. *Daher ist es wichtig für die Welt, dass wir bekommen, wessen wir bedürfen.*

Sind wir auf das Wohl des Ganzen ausgerichtet, dann ist es keine Selbstsucht oder Anmaßung mehr, wenn wir alle Gelegenheiten beim Schopf packen, die sich uns bieten, damit wir weiter wachsen können. Im Gegenteil ist es doch so, dass wir durch unser geistiges Wachstum zur Evolution des Universums beitragen. Indem wir unseren Platz einnehmen, dort sind, wo wir Erfüllung finden, schließen wir uns der Harmonie des Ganzen an. Mangel an Erfüllung macht sich in umgekehrter Weise bemerkbar: Das Evolutionspotenzial sinkt ab, verlangsamt sich. »Es gehört mit zur Würde des Menschen, dass er das Universum zur Vollkommenheit bringen soll«, lautet der treffende Kommentar Raimon Panikkars hinsichtlich des Zusammenspiels von Mensch und Welt.

In der Sehnsucht nach Vollkommenheit wird das universale Organisierungsprinzip der Selbsttranszendenz, das Makrokosmos und Mikrokosmos in Übereinstimmung bringt, emotional spürbar. Geht man ihr nach, wird die gesamte Matrix des Kraftfelds von Wahrheit und Wirklichkeit rekrutiert und zur Mitarbeit herangezogen. Die Lebensenergie steht ganz im Dienst des Dranges zur Vollendung. Wie sich Sonnenlicht, die Nährstoffe des Erdbodens und die Luft um die neuen Keime des Frühlings organisieren, so befindet sich auch unser Bedürfnis, die höchste Vorstellung von uns selbst zu verwirklichen, in Resonanz mit dem makrokosmischen Drang nach Harmonie. Indem wir unsere Träume anerkennen, entlocken wir dem Kraftfeld die benötigte Nahrung, um sie sogleich verwirklichen zu können. Auf diese Weise schwingen wir uns in das kosmische Organisierungsprinzip ein, gelangen ins Reich der Fügungen und Wunder, partizipieren am Gesetz der Synchronizität. Wenn wir *mit* der Lebenskraft anstatt *gegen* ihren Strom schwimmen, werden wir immer genügend Energie für unsere jeweiligen Aufgaben zur Verfügung haben. Wir werden sehen, dass sich mit jeder neuen Herausforderung neue Kräfte erschließen. Mit der Aufgabe wächst die Kraft. Das Kraftfeld trägt regelrecht Verlangen danach, beackert zu werden, seine Nährstoffe herzugeben und eine neue Schöpfung zu formen. In der Gehirnforschung ist ein Prinzip namens »Rekrutierung« bekannt, bei dem mehr und immer mehr Teile des Gehirns zu gemeinschaftlichen Aktionen herangezogen werden, um immer schwierigere Aufgaben zu bewältigen. Bei der Verwirklichung unserer höchsten Visionen wird das Rekrutierungssystem des Gehirns optimal genutzt. Alle Naturgesetze werden rekrutiert, um unsere Ideale Realität werden zu lassen. ALLES ist darauf eingerichtet, uns auf unserem Weg zur Vollkommenheit zu unterstützen.

Der Folgesatz für unser Leben sollte deshalb lauten: »Erkenne deine Natur, respektiere sie und lebe nach ihr. Damit setzt du allc Faktoren, die dich beeinträchtigen oder krank machen, außer Kraft. Du beschreitest den Weg der Harmonie. Deinem innersten Wesen kannst du genauso wenig entfliehen wie der Wahrheit. Du kannst nur gegen sie leben – oder mir ihr.«

Genius und mystische Erfahrung

Die höchste *Erfahrung* des Selbst ist, wie wir gesehen haben, die *unio mystica*, das Bewusstwerden des Zusammenhangs von Leerheit und Fülle. Diese Erfahrung vollzieht sich im Hohen Selbst und durch das Hohe Selbst. In der Dimension des Urgrunds sind Geist und Körper eins, genau wie Vergangenheit, Gegenwart und Zukunft, genau wie das Individuum und das Ganze. In dieser Dimension stellt das Selbst keine unabhängige Wirklichkeit mehr dar, nicht einmal jene, die mit allen Wesen und der Natur in Wechselbeziehung steht. Die Leerheit ist bereits jenseits aller Existenz. Sie ist deshalb die höchste Entwicklungsstufe des Bewusstseins, weil sich nur aus ihr, der Leere heraus, ALLES, die Fülle, das Ganze, erkennen lässt. Nur im Punkt der Erkenntnis von Leerheit und Fülle kann vollständige Erleuchtung stattfinden, nur hier wird die Vernetzung allen Seins aus der höchsten Perspektive transparent. Hier gibt es Ebenen der Antwort, die wir uns vorher nicht hätten träumen lassen.

Wir hatten gehört, dass der leere Raum im Universum das eigentlich Wesentliche ist. Nähme man ihn weg, ließe sich die Materie des Planeten Erde auf die Größe eines Golfballs reduzieren. Wie im Makrokosmos, so im Mikrokosmos: Auch im menschlichen Bewusstsein beinhaltet die Leere ALLES und überschreitet dabei vollständig das Denken in Zeit-und-Raum-Kategorien. In der Dimension der Raumzeit gibt es kein Vorher und Nachher mehr im linearen Sinne, keine Abfolge von Zeit, von früheren oder späteren Leben, keine »unendlich große« Ewigkeit. Ewigkeit und Ganzheit bedeuten die Erfahrung völliger Zeit*losigkeit* und Raum*losigkeit*. Wieder bewegen wir uns hier in der Sphäre des Unaussprechlichen, des letzten Mysteriums. Es ist die Sphäre unseres innersten, wahren Selbst, wo wir nur noch ein Punkt sind. Ein machtvoller Punkt indessen, so machtvoll, dass in ihm das allumfassende Feld von Wahrheit und Wirklichkeit enthalten ist.

Mystische Erfahrung und Genie stellen ein und dasselbe Phänomen dar. Beide entspringen der Erfahrung von Leerheit und Fülle. Es gibt nur *einen* kleinen Unterschied in der Betrachtung: Während die mystische Erfahrung noch ganz im Bereich der Wahrheit angesiedelt ist, ist Genie bereits individualisiert und damit Wirklichkeit geworden. Genie ist die Erinnerung, das Souvenir, das man von der Reise zur Mitte ins Leben mit zurückbringt. So ist es praktisch unmöglich, mystische Erfahrungen zu machen, ohne zugleich kreative Ideen zu haben. Ebenso ist es unmöglich, intensive kreative Erlebnisse zu haben, ohne dabei eine Ganzheitserfahrung gemacht zu haben. In den tiefsten Erfahrungen dieser Art wissen wir intuitiv, dass selbst der fernste Stern in uns lebt und wir das Sternentor sind, durch das die Welt mit ständig neuen Formen inspiriert wird. Wir sind Identität und Ganzheit, der Eine und die Vielen. Wir sind allgegenwärtig in der Raumzeit, existent im höchsten Sinne und einzigartig in unserer lokalen Realität. Diese totale Kohärenz ist der Zustand der reinen Macht – nicht im Sinne von Überlegenheit, sondern im Sinne schöpferischer Souveränität. Diese Macht ist das, was wir Genius nennen. Diese Macht ist der Grund, weshalb hoch kreative Menschen nicht nur geniale Einfälle haben, sondern auch dazu tendieren, ihre Wünsche öfter zu verwirklichen als andere – und zusätzlich immer Glück haben. Obschon Glück, wie wir es kennen, nichts damit zu tun hat. Die Art von Glück, über die wir hier reden, entsteht aus der Übereinstimmung des Selbst mit dem Ganzen im JETZT. Dies ist weit mehr als Glück, es ist die Glückseligkeit desjenigen, der aus der unerschöpflichen Quelle schöpft – die Glückseligkeit des Schöpfers.

Daher sollen wir Leidenschaft für die Wirklichkeit und das Leben haben. Darum müssen wir lieben und verlangen und mit spiritueller Glut erfüllt sein. Weil diese Leidenschaft der Motor dafür ist, unser Genie freizulegen, neue, höhere Formen des Seins zu erschaffen und dabei Erfüllung, Glück und Freude zu finden. Der Prozess der Selbstrealisation entfaltet alle unsere Anlagen auf körperlicher, seelischer und geistiger Ebene in den höheren Plan hinein, mit dessen Feldern wir in Resonanz treten, um ein immer größeres Selbst hervorzubringen, das schließlich ALLES umfasst. Indem wir uns selbst verwirklichen, erfassen wir alles um uns herum und führen es mit uns auf eine höhere Ebene des Seins. Wir erfüllen damit unseren individuellen Anteil an der Evolution des Ganzen. Selbstrealisation ist die einzige Möglichkeit, eine neue, wahrhaftige, liebevolle und Glück bringende Wirklichkeit zu schaffen.

Die Hingabe an die Sehnsucht nach Vollkommenheit setzt kreative Prozesse von höchster Intensität in Gang. Im Fluss solcher Prozesse entdeckt man, dass man sich nicht länger mit seiner Persönlichkeit identifiziert. Es ist wie ein geistig-seelischer Orgasmus. Im höchsten Ausdruck seiner selbst explodiert man in das Ganze hinein. Im Moment höchster Verwirklichung vergisst man seine bisherige, auf falschen Prämissen aufgebaute Identität. Alle Muster verlöschen. Man *ist* nur noch. In der Tat ist man nicht länger der Denker, sondern der Gedanke; nicht mehr der Handelnde, sondern die Handlung; nicht mehr der Liebende, sondern die Liebe. Die Mechanismen des schöpferischen Prozesses – der Strom der Wahrheit und Lebensenergie – übernehmen die Leitung. Die Ganzheit in ihrem unglaublichen Überfluss strömt wie eine Urgewalt in die Welt der Formen und bringt die innere Stimme zum Klingen. Die Offenbarung. Am Anfang sind es nur Augenblicke – dann lernt man, sie auszudehnen, sie immer öfter herbeizuholen und sie immer länger zu halten, bis sie schließlich das ganze Leben erfüllen.

Friedrich Nietzsche schrieb an seinem Meisterwerk *Also sprach Zarathustra,* als er in die »kreative Ekstase« eintauchte. Ihm verdanken wir eines der großartigsten literarischen Zeugnisse des geistigen Durchbruchs zur Quelle: »Der Begriff Offenbarung, in dem Sinn, dass plötzlich, mit unsäglicher Sicherheit und Feinheit, etwas sichtbar, hörbar wird, etwas, das einen im tiefsten erschüttert und umwirft, beschreibt einfach den Tatbestand. Man hört, man sucht nicht; man nimmt, man fragt nicht, wer das gibt; wie ein Blitz leuchtet der Gedanke auf, mit Notwendigkeit, in der Form ohne Zögern – *ich habe nie eine Wahl gehabt.* [Hervorhebung durch die Autorin.] Eine Entzückung, deren ungeheure Spannung sich mitunter in einem Tränenstrom auslöst, bei der der Schritt unwillkürlich bald stürmt, bald langsam wird; ein vollkommenes Außer-sich-Sein mit dem distinktesten Bewusstsein einer Unzahl feiner Schauder und Überrieselungen bis in die Fußzehen; eine Glückstiefe, in der das Schmerzlichste und Düsterste nicht als Gegensatz wirkt, sondern als bedingt, als herausgefordert, als eine notwendige Farbe innerhalb eines solchen Lichtüberflusses; ein Instinkt rhythmischer Verhältnisse, der weite Räume von Formen überspannt – die Länge, das Bedürfnis nach einem weit gespannten Rhythmus ist beinahe das Maß für die Gewalt der Inspiration, eine Art Ausgleich gegen deren Druck und Spannung ... Alles geschieht im höchsten Maße unfreiwillig, aber wie in einem Sturme von Freiheits-Gefühl; von Unbedingtsein, von Macht, von Göttlichkeit ... Die Unfreiwilligkeit des Bildes, des Gleichnisses ist das Merkwürdigste; man hat keinen Begriff mehr, was Bild, was Gleichnis ist, alles bietet sich als der nächste, der einfachste Ausdruck.«[13]

Es existieren zahllose Beispiele von genialen Persönlichkeiten, die in die mystische Erfahrung eintraten und sie mit konkreten Plänen wieder verließen, die wichtige Veränderungen in der Gesellschaft bewirkten, große Kunstwerke schufen, bahnbrechende Erfindungen machten. Der heilige Franziskus kehrte von seinen Verzückungen mit höchst speziellen und praktischen Ideen für Veränderungen des Wertesystems in Europa zurück. Theresa von Avila brachte aus ihren Einheitserfahrungen ein immenses Wissen für die Umorganisation der religiösen Orden Spaniens zurück. Hildegard von Bingen gewann dort den tiefen Einblick in das Wesen von Gesundheit und Krankheit, erkannte neue Behandlungsmethoden und Heilmittel. Ludwig van Beethovens 9. Symphonie und Schillers Dichtung »Ode an die Freude«, die im letzten Satz der Symphonie Klang und Wort zur Vermählung bringen, sind ein Schwur auf das Eintauchen in die Quelle und die dort stattgefundene Zeugung eines einzigartigen Kunstwerks, das jedem Zuhörer mit achtsamem Ohr und offenem Herzen den Genuss der Neugeburt beschert.

Potenziell ist Derartiges für uns alle erreichbar. Denn, so lautet das geistige Gesetz: »Wer seine höchste Vorstellung lebt, wird die höchste Form der Kreativität erfahren. In deiner tiefsten Sehnsucht liegt deine höchste Macht verborgen. Wer bewusst in das Kraftfeld von Wahrheit und Wirklichkeit eintritt, erreicht den Zustand der Glückseligkeit *und* der Weisheit, das Ein-Sein mit dem Kosmos *zugleich* mit der Erkenntnis des eigenen Weges.«

Zur inneren Stimme finden

Zur inneren Stimme *finden* ist eigentlich kein angemessener Ausdruck. Denn sie, die Stimme der Weisheit, des Gewissens, ist immer da. Nichts ist so sehr mit uns verbunden wie unsere innere Stimme. Unaufhörlich flüstert sie uns zu, liebkost und mahnt sie uns. *Sie* führt uns durch das Leben. Doch meist hören wir nicht auf sie. Zu viele andere Stimmen, laute, aufdringliche, befehlende, zweifelnde, kritische, nörgelnde, unzufriedene drängen sich ständig in den Vordergrund.

Nein, wir müssen sie nicht suchen. Wir brauchen uns nur zu öffnen und ihr in unserem Inneren eine Wohnung bereiten, wie der Philosoph Raimon Panikkar lehrt. Sie ist kein Objekt, dem man nachjagen, das man erkämpfen oder gewaltsam einfangen müsste. Die Zauberperle der Weisheit, die alle anderen Perlen an Schönheit übertrifft, kann nur mit Absichtslosigkeit gefunden werden, heißt es in den biblischen Texten. »Jede Suche nach Schönheit würde diese antasten und ihr den Glanz nehmen, wie wenn man mit den Fingern die Flügel eines Schmetterlings berührt. Man muss sich von ihrer Schönheit überraschen, ja umwandeln lassen. Keine Denk-Gewalt, keine Anstrengung, keine Suche führt zu diesem Ziel. Die Suche nach der Weisheit würde ihre Unabhängigkeit und souveräne Freiheit bemäkeln und beschmutzen. Es gibt zwei Möglichkeiten: Entweder will ich der Herr der Weisheit sein und über sie als meine Magd verfügen, brauche dies und das von ihr, will Wissen, Macht und Wonne und kann das vielleicht auch erreichen – oder ich lasse mich von ihr durchdringen, erleuchten, bewohnen. Dann liegt die Initiative bei ihr, und das gehört zur rechten Ordnung der Wirklichkeit, sodass alles, was ich sonst noch finden könnte, für mich keine Weisheit mehr wäre. Nicht die Weisheit ist es also, was man findet, sondern das Leben; kein gefundenes Objekt, sondern das eigene, echte Leben.«[14]

Die innere Stimme der Weisheit, die von der Wahrheit kündet und das wirkliche Leben offenbart, ist weder ein Objekt des Intellekts noch des Willens. Sie lässt sich nicht begreifen. Jede Begierde, so lehrte Buddha, selbst die Gier nach *nirvana*, der Leerheit, zerstört beide, den Suchenden und das Gesuchte. Die Stimme möchte gelassen werden. Jede Art der Kontrolle würde ihre vollendeten Botschaften zerstören. Es soll geschehen, was geschehen *will*. Für den Menschen des ausgehenden patriarchalen Zeitalters ist dies eine schwere, weil ungewohnte Aufgabe. Nach dem Loslassen des Alten jetzt auch noch das Sein-Lassen ... Loslassen, in jedem Augenblick das Richtige tun und gleichzeitig geschehen lassen; Macht haben und doch nicht über diese Macht verfügen; den Willen schulen und doch nicht wollen ... wie soll das gleichzeitig bewerkstelligt werden?! Zugegeben, zunächst ist das Thema Selbstrealisation verwirrend; muss es sein, weil es unser bisheriges Denkgebäude zum Einsturz bringen soll, und weil es im paradoxen Sowohl-als-auch-Bereich angesiedelt ist. Letztendlich aber ist das Neue viel einfacher zu verstehen, viel sinnvoller, viel leichter zu handhaben und wesentlich effektiver in seiner Auswirkung auf unser Leben als das Alte.

Die innere Stimme erschließt sich dem, der sich zu seiner innersten Wahrheit bekennt, sich selbst annimmt, sein Leben und das der anderen bedingungslos wertschätzt und genießt, die Ganzheit würdigt und wie ein Kind in seinem Schöpfungsspiel aufzugehen vermag: unschuldig, ohne die giftige Altlast von falschen Glaubenssätzen, Vorurteilen und Zweifeln, ohne die parasitäre Habgier nach mehr, mehr und immer mehr. Für solche Menschen ist die innere Stimme wie selbstverständlich präsent. Für sie bedeutet Macht nicht, der Oberste zu sein, sondern am richtigen Platz zu sein. Sie können ihren Lebensweg gehen, ohne auf etwas anderes zu hören als auf das Flüstern der Wahrheit.

»Himmel und Erde tun nichts, aber es gibt nichts, das sie nicht täten«, sagte Chuang-Tse[15] so weise. *Tun im Sein* lautet das Geheimnis. Die größte Glückseligkeit ist nicht, die Ziele zu erreichen, sondern sich auf die Wahrheit auszurichten, mit ihr zu schwimmen, sich an sie hinzugeben – an einen von Gnade durchdrungenen Kosmos. Gnade[16] kommt durch das Schlupfloch, das entsteht, wenn ich tue, was getan werden will – nicht was »man« tut, sondern was mir mein Gewissen zu tun aufträgt. Gerade wenn wir nicht mehr auf die vielen anderen Stimmen hören, entsteht ein Vakuum, in das die Gnade einströmen kann. Gnade ist immer und überall gegenwärtig. Sie wird nicht als Belohnung verliehen. Wir brauchen uns ihrer nur zu bedienen. Sie steht uns immer während zur Verfügung, ewig auf unsere Sehnsucht antwortend. Die Fülle liegt uns zu Füßen, aber wir müssen sie zu nehmen verstehen. Die Gnade ist die einladende Hand in das Zentrum, die den Menschen dann zu führen beginnt, wenn er alles hinter sich gelassen hat, was er jemals glaubte, sein und tun zu *müssen*. Sobald er diese Hand ergreift, bleibt ihm nur noch das zu tun übrig, was er tun *darf*. Auf diese Weise verliert das Tun den Charakter der Verpflichtung und verwandelt sich in ein kostbares Geschenk.

Wahrheit, Liebe, Freude – die Sprache der inneren Stimme

Die innere Stimme offenbart sich in reiner Weisheit, bedingungsloser Liebe und immer währender Freude. Sie ist sowohl persönlich als auch überpersönlich und leitet uns an, unsere individuelle Wahrheit mit der kosmischen Wahrheit in Einklang zu bringen. Sie will uns ins Kraftfeld von Wahrheit und Wirklichkeit führen – zur Vollkommenheit. Ihre Aufgabe ist es, uns zu selbstverantwortlichen Schöpfern unserer Wirklichkeit zu erziehen. Ihr zu folgen, bedeutet, das Phänomen Gnade ins Leben einzulassen.

Ein weit verbreiteter Irrtum, dem die Wahrheitssucher oft unterliegen, liegt in der Erwartung, dass sich die innere Stimme in Visionen, Erscheinungen oder fantastischen Erlebnissen zu erkennen geben muss. Diese irrige Ansicht stumpft ihre Wahrnehmungen gegen die subtilen Reaktionen ab, die auf die Anwesenheit der Stimme hindeuten.

Das Hohe Selbst reagiert auf alle unsere Bemühungen, auf jeden Ruf, auf jede Frage. Wir können es als den stillen, inneren Frieden erkennen, der sich in unserem Bewusstsein ausbreitet. Es ist in jeder richtigen Entscheidung gegenwärtig. Wir spüren es in der Kraft und Energie, die uns zuwächst, wenn wir alte Glaubenssätze, Gewohnheiten und Süchte ablegen, und stattdessen Herzensqualitäten wie Geduld, Offenheit, Verständnis, Achtsamkeit, Akzeptanz, Mut, Mitgefühl, Respekt vor der Würde des Menschen und Achtung vor den Qualitäten der anderen entwickeln. Diese Eigenschaften sind Teil des Gewissensschatzes und – wie alles, was dem Bereich der Wahrheit entspringt – universal gültig. Sie sind jedem Menschen eigen. Sie vermögen die Menschen miteinander zu verbinden und den Menschen harmonisch in die Natur zu integrieren. Wenn wir diese Qualitäten leben, sind wir *wahrhaftig*, weil sie die innere Wahrheit widerspiegeln. Und weil Herzensqualitäten echte und edle Bestrebungen sind, adeln sie unser ganzes Leben, verleihen ihm Würde, Charisma und Schönheit.

Daher steht die innere Stimme in Resonanz mit allem wahrhaft Schönen. Wirkliche Schönheit ist ein Mysterium, das sein Geheimnis nicht sofort preisgibt. Schönheit lässt sich nicht beschreiben, weil sie mehr ist als die Perfektion ihrer wahrnehmbaren Attribute. Sie offenbart eine verborgene Harmonie, die ein Echo in uns auslöst, weil sie etwas anspricht, was wir in unserem tiefsten Inneren auch verspüren. Schönheit ist Ausdruck von Wahrheit und Wahrhaftigkeit. Jedes Mal, wenn wir von Schönheit berührt sind – von der Schönheit der Natur, eines Menschen, eines Kunstwerks, eines Augenblicks –, ist das die innere Stimme, die uns auf etwas »Stimmiges« aufmerksam macht. Wenn wir uns bemühen, in allem das Schöne, Gemeinsame und Verbindende zu sehen, dann schwingen wir uns auf das Hohe Selbst ein; und zwar nicht nur auf unser eigenes, sondern zugleich auf das des Gegenübers. Auf diese Weise erheben wir uns in die höchste Qualität des anderen, in *seine* Wahrheit hinein, aus der wir wertvolle Botschaften erhalten können.

Die Kommunikation von Hohem Selbst zu Hohem Selbst ist die reinste Form der Liebe. Im Hohen Selbst sind wir mit allem Seienden verbunden – mit jedem Menschen und jedem Wesen auf dieser Welt. Hier sind wir *eine* Familie, mehr noch, ein einziges göttliches Selbst – mit einer einzigen gemeinsamen Stimme, einer Stimme, die für alle spricht. In Mekka ruft der Muezzin: »Wir sind einem Menschen näher als seine Schläfenader ... Wenn ich ihn liebe, bin ich das Ohr, mit dem er hört, und das Auge, mit dem er sieht, und die Hand, mit der er schlägt, und der Fuß, mit dem er geht ...« Dies ist der Grund, weshalb wir, wenn wir lieben, alles verstehen, in den anderen hineinschauen, seine Gedanken erraten und seine Bedürfnisse von den Augen ablesen können. In der Liebe fallen die Schleier der Unwissenheit fort. Liebe erfüllt das Sein mit Leben.

Ebenso wenig wie Weisheit jedoch kann man Liebe *machen*. Liebe *ist*. Als das individuelle Pendant zur universalen Lebensenergie ist sie im Hohen Selbst von Anbeginn vorhanden. Das Hohe Selbst *ist* Liebe und Liebe *ist* Lebensenergie. Man kann sie *finden*, indem man sich ihr öffnet. Es ist nicht schwer, sie zu erkennen: Wirkliche Liebe ist absolut bedingungslos, stellt keine Erwartungen, hegt keine Absichten, macht keine Geschäfte. Sie kritisiert nicht und beklagt sich nicht, falls nichts zurückkommt. Liebe muss nicht immer großartig, leidenschaftlich und übermächtig sein. Meist ist sie schlicht und bescheiden; aber sie verzaubert jeden Augenblick, so wie ein Lächeln ein Gesicht verzaubert. Wenn sie da ist, scheint sie die selbstverständlichste und vor allem die schönste Sache der Welt zu sein. Dann spürt man, dass dieser Augenblick Wahrheit ist.

Wollen wir die innere Stimme wahrnehmen, brauchen wir nur auf diese Eigenschaften zu achten. Denn sie spricht die Sprache der Liebe. Jedes Mal, wenn wir so von ihr erfüllt sind, dass wir vor Liebe überlaufen, wird unser Gefäß aufs Neue ausgedehnt, sodass es immer mehr und mehr davon erfassen kann. »In Zuständen der Kohärenz heiratet man sich selbst auf allen Ebenen«, sagte Jean Houston über das Empfinden der Liebesfülle. In solchen Zuständen vollführt die Liebe den Quantensprung und wir lieben alle anderen, so wie sie sind. Der Quantensprung bewegt sich auf die allumfassende Liebe zu allem und jedem zu. Liebe wird ganz buchstäblich ALLES, wird zum All-Eins. In der Liebe kommt man endlich zu Hause an – im Kraftfeld von Wahrheit und Wirklichkeit. Sie beschleunigt den Prozess der Selbstrealisation ungemein, ja sie *ist* Selbstrealisation. So wird die Liebe zum sanftesten und mächtigsten Agens für das Gedeihen und Formen der Realität. Durch die Liebe erschließt sich unsere Schöpferkraft. Und durch diese erschließt sich unsere Freiheit.

Alles, was nicht die Sprache der Liebe spricht, trennt uns von unserem Wesens-Stern, bindet Energien und verstrickt uns in das Unstimmige, Disharmonische. Im Zustand der Liebe jedoch erfährt die Lebenskraft ihre höchstmögliche

Wirk- und Strahlkraft. In der Gegenwart eines Menschen, der bedingungslos liebt, fühlen wir uns frei und unbeschwert, angenommen und geborgen, gewürdigt und erhoben. Das Gleiche gilt auch für den Umgang mit uns selbst. Wenn wir uns selbst bedingungslos lieben, erübrigen sich die Seitenhiebe auf unsere Schwächen; sie verschwinden von allein.

Statt all der künstlichen Konflikte, Querelen und Probleme und des unnötigen Leidens, das sie erzeugen, taucht nun die Lebensfreude auf. Aus der Tiefe des Hohen Selbst steigt sie auf in unser Alltagsleben und fließt gemeinsam mit der Liebe in unsere menschlichen Beziehungen über. Je tiefer unser Frieden und unser Empfinden von Schönheit, Wahrhaftigkeit, Liebe, Freude und Freiheit ist, desto näher sind wir unserer Mitte. Ein sicherer Beweis für die Selbst-Verwirklichung ist, dass wir bedingungslos glücklich sind. »Wenn ihr eine berauschende Freude in euch aufsteigen fühlt, sodass euch das Herz fast zerspringen will, und wenn diese Freude … anhält, habt ihr den sicheren Beweis dafür, dass Gott euch durch das von Liebe empfänglich gemachte Radio eures Herzens geantwortet hat«,[17] sagte Yogananda. Die hawaiischen Huna-Schamanen nennen diese berauschende Freude den »Regen des Segens« und sie behaupten, dass dieser »Regen«, der sich oft in einer körperlichen Reaktion zeigt – einem wundervollen Schauer oder der »glückseligen Gänsehaut« – ein untrügliches Anzeichen für die Verbindung mit dem Hohen Selbst sei.

Der Regen des Segens hört auch dann nicht auf, wenn echtes Leid ertragen wird. Es gibt Menschen, die mit einer unvorstellbaren, souveränen Gelassenheit Unglück und Not in ihr Leben integriert haben, es so verarbeitet und eingebettet haben, dass sie trotzdem oder gerade deshalb eine Quelle der Freude, des Mitgefühls und des inneren Friedens geworden sind. Es ist die Verbindung mit der Weisheit des Hohen

Selbst, die uns die Fähigkeit gibt, an den äußeren negativen Gegebenheiten des Lebens, an Ungerechtigkeit, Krieg, Verlust, Hässlichkeit und Zerstörung nicht zu verzweifeln, sondern dennoch Zuversicht und Hoffnung, ja sogar tiefes Vertrauen zu empfinden und unser Rückgrat zu stärken. Freud und Leid schließen einander nicht aus, sondern können auf der Ebene des Hohen Selbst nebeneinander existieren, wo man weiß, dass Leiden vergänglich, die Freude aber immer während ist. Wir alle sind mitverantwortlich für alles, was auf der Welt passiert. Wenn wir unser kleines Ich transzendieren, lernen wir, Not und Schmerz anders einzuschätzen, sie mit Würde zu ertragen und sie durch unser Sein und Tun zu überwinden. Die Überwindung des Leidens ist eines der bemerkenswertesten Zeichen der Selbstrealisation.

Es ist also ganz einfach, das Hohe Selbst zu erkennen und zur inneren Stimme zu finden. Wahrheit, Liebe und Freude heißen die Wegweiser. Wahrheit umfasst die Gesetze der Ganzheit und die eigene Wahrhaftigkeit. Liebe gibt sich in den Herzensqualitäten zu erkennen. Die spirituelle Freude, unser Glücksbarometer, ist ein direkter Gradmesser für die Nähe zum Hohen Selbst. Sie zeigt an, ob wir uns im Zentrum des Kraftfeldes oder nur an seiner Peripherie befinden, ob wir am Fluss der Lebensenergie teilhaben oder nicht.

Wer sein Hohes Selbst *sein* lässt und sich von der inneren Stimme führen lässt, scheint keine eigene Lebensenergie mehr zu »verbrauchen«. Er ist zum Kanal geworden, durchlässig für die machtvolle Energie aus dem Kraftfeld von Wahrheit und Wirklichkeit, die durch ihn hindurch dorthin strömt, wohin er seine Aufmerksamkeit richtet.

Inspiration und innere Führung

Als Sprachrohr des Hohen Selbst gibt die innere Stimme unserem Boot den Kurs durch den Ozean der Wahrscheinlichkeiten vor. Solange nicht die Gefahr besteht, dass wir von unserem Lebensweg und damit vom Gleichgewicht des Ganzen abweichen, ist sie – wie eine liebende Mutter – einfach da.

Fortwährend spendet sie Inspiration, damit wir uns weiter und weiter vervollkommnen können. Solche Inspiration findet in der berühmten Pause zwischen den Gedanken statt; sie kann auf mentalem Weg geschehen, in der Meditation, oder sie zeigt sich im Äußeren durch Vorzeichen und Omen. Sie kann auch in einer Unterhaltung offenkundig werden, in einem Buch, einem Kunstwerk ... eigentlich in jeder Lebenssituation. Wie auch immer Inspiration erfolgt, soll die dadurch entstandene Motivation dem Menschen verhelfen, sein Selbst immer harmonischer ins Ganze einzufügen.

Die Stimme kann jedoch auch heftig intervenieren, wenn Gefahr besteht, dass wir vom Kurs abweichen oder uns mit der Ganzheit nicht mehr in Balance befinden. Dann gibt es Sturmwarnung: zunächst kleine Unfälle, Zufälle oder Zwischenfälle, die vielleicht einen Gedankengang unterbrechen, den wir infolgedessen nicht mehr weiter ausführen können. Wir können uns den Zeh anstoßen oder von einem Vorübergehenden angerempelt werden. Reagieren wir nicht auf den sachten Hinweis, greift das Hohe Selbst zu drastischeren Mitteln, etwa zu einer Krankheit, falls ein solches Manifestationsmuster bereits im Unterbewusstsein vorhanden ist.

Doch die innere Führung ist nicht das Gleiche wie Vorbestimmung. Sie ist vielmehr Schicksal in seiner wörtlichen Bedeutung: Schick-Sal (germ.: *sal* – Gesundheit, Heil, Ganzheit) heißt, ins Heil, also zur Ganzheit geschickt werden.

Was wirklich hinter dem Schicksal steht, ist weder ein strafender Gott noch der pure Zufall. Es sind unsere höheren Seelenaspekte, welche indirekt auf die Wege, die wir gehen, einwirken. Das Hohe Selbst ist keineswegs daran interessiert, unser Boot auf den Wellen des Lebens möglichst brutal zu schütteln. Vielmehr geht es nach dem Prinzip des minimal schmerzhaftesten Aufwands vor. Kleine tangentiale Impulse zeigen uns auf, wo es langgehen soll. Diese Impulse sind anfänglich nicht schmerzhaft; sie machen nur aufmerksam. Doch geschieht hier oft der dramatische Fehler, dass wir auf den Impuls nicht eingehen und das Flüstern der Wahrheit überhören, weil wir weiter unseren vermeintlichen »Wichtigkeiten« nachgehen. Sich der inneren Stimme öffnen heißt also auch, Achtsamkeit für ihre Impulse zu entwickeln; ihrer Weisheit zu vertrauen, selbst wenn wir im Moment noch nicht einsehen können, worauf sie hinauswill. Krankheit, Krisen und Probleme weisen stets auf den gestörten Kontakt zur inneren Wahrheit hin. Sobald wir jedoch wieder von den Schwingungen des Hohen Selbst durchflutet werden, schmelzen sie hinweg wie Schnee in der Sonne.

Gehorsam und ständige Ausrichtung

Je mehr wir auf die innere Stimme hören, desto öfter werden wir sie vernehmen. Dann dürfen wir Gehorsam üben. Gehorsam kommt von hören. Es ist die geistige Fähigkeit, die innere Stimme wahrzunehmen und ihr zu folgen. Gehorsam hat auch mit Demut zu tun: mit dem Mut, alle Bestrebungen, durch die wir uns und dem Ganzen schaden, dem Hohen Selbst unterzuordnen. Gehorsam gegenüber der inneren Stimme kann manchmal wie heiliger Ungehorsam aussehen. »Hier stehe ich, ich kann nicht anders«, meinte Luther und Pannikkar sagte einmal: »Wenn ich vom Innersten her nicht mehr anders kann, dann bin ich frei; frei, um selbst jene schöpferischen Akte zu vollziehen, die von den anderen missbilligt werden. Aber das ist das eigentliche Leben, ansonsten haben wir nur Kümmerlichkeiten. *Dein Wille geschehe* heißt: Ich will auf die innere Stimme hören, ich will mich angleichen an die Gesetze der Wahrheit, an den schöpferischen Willen, der die Welt lenkt. Aber mehr noch: Ich wage zu wollen, dass mein winziger Wille jenen übergeordneten Willen beeinflusst: *Wie im Himmel, so auf Erden.*« Das Zusammenspiel von individuellem Willen und göttlichem Willen ist das, was Schöpfung ausmacht. Letztendlicher und wahrhaftiger Gehorsam ist daher immer das Hören auf die Stimme des Hohen Selbst, in dem sich der Wille des Ganzen zur Harmonie und der Wille des Individuums zur Vollkommenheit vereinen. Sein Wille wartet auf meinen Willen, und mein Wille stützt sich auf seinen Willen. Die innere Stimme spricht für beide – gleichzeitig.

Nach einiger Übung wird die Zeit kommen, wo sich unsere Gedanken völlig im Einklang mit der inneren Stimme befinden und sich niemals vom Hohen Selbst entfernen, auch dann nicht, wenn Körper, Seele und Geist schwer geprüft werden. Wahres Leben ist die Kunst, alles im Bewusstsein der Ganzheit zu tun. Hierin liegt das Geheimnis echter Lebenskunst. Tun im Sein hatten wir diese Kunst auch genannt. Wenn wir uns auf die Ganzheit ausrichten, während wir unsere alltäglichen Aufgaben erfüllen, sind wir mit dem Hohen Selbst verbunden. Ob wir putzen, mit anderen kommunizieren, unserem Job nachgehen, im Garten arbeiten oder mit den Kindern spielen – alle Tätigkeiten erhalten eine ganz besondere Qualität, wenn wir sie im Bewusstsein der Ganzheit ausführen. Sie werden sinnhaft und zutiefst erfüllend, weil wir wissen, dass sie uns der Vollkommenheit entgegentragen.

Die Ausrichtung auf die Harmonie des Ganzen entführt uns aus dem Bereich der Kausalität, mit dem dort herrschenden Gesetz von Ursache und Wirkung in den akausalen Bereich der Synchronizität. Wir begeben uns in Solidarität mit dem Kosmos. Wunderbare Fügungen scheinen plötzlich unseren Lebensweg zu bestimmen; Botschaften offenbaren sich dort, wo sie gebraucht werden; intuitive Einsichten erhellen unsere Wahrnehmung und Inspiration beflügelt unser Handeln. Wir brauchen keine künstlichen Glaubenssätze mehr, sondern schöpfen unsere Sicherheit direkt aus der Quelle.

Wer sein Hohes Selbst gefunden hat, kann als »Mittelpunkt des Universums« den klarsten aller möglichen Standpunkte beziehen. Vom Mittelpunkt her offenbart sich der Zusammenhang der Dinge. All die Bruchstücke und Erkenntnisse, alle Erfahrungen und Erinnerungen fügen sich dann wie Teile eines Puzzles mühelos zu einem Bild zusammen. Mit den Worten meines Freundes Roland Ropers ausgedrückt: »Durch die tiefste und intimste Berührung mit der heiligen Ordnung wird der Mensch harmonisiert und balanciert, ohne eine Kraftanstrengung vollbringen zu müssen.«

Das Untere Selbst – das Unterbewusstsein

Speicher der persönlichen Vergangenheit

Hohes, Mittleres und Unteres Selbst können – was ihre Aufgaben und Funktionen betrifft – als autonome Momente des Bewusstseins betrachtet werden. Zugleich durchdringen sie sich gegenseitig, und jedes ist im anderen präsent. Auf diese Weise können wir immer eine ganzheitliche Anschauung der Welt und des Menschen bewahren und bleiben in ständiger Kommunion mit den verschiedenen Facetten unseres Selbst, der Welt und dem Urgrund.

Das Untere Selbst entspricht weitgehend dem psychologischen Begriff des Unterbewusstseins, das in der neueren Forschung auch als subliminales Bewusstsein bezeichnet wird.

Es ist zunächst und vor allem unser persönlicher Gedächtnis- und Erinnerungsspeicher, der alle mentalen, emotionalen und körperlichen Prozesse beherbergt, die sich der bewussten Wahrnehmung und Kontrolle entziehen. Darunter fallen alle psychischen Inhalte, Gedanken, Vorstellungen, Erinnerungen, Emotionen und Motive, die im Augenblick nicht aktiviert sind. Alles, was wir jemals durch die Sinne erfassten, alles Erlebte und Erlernte, einschließlich der Reaktionen, Interpretationen und Glaubenssätze, die wir aufgrund dieser Erfahrungen entwickelten, ist in diesem immensen Gedächtnispool untergebracht, auch die Erfahrungen früherer bzw. parallel verlaufender Leben. Ebenso werden die vegetativen Körperprozesse wie Atmung, Stoffwechsel, Verdauung, Ausscheidung, Reize, Reflexe, Motorik usw., also jene physischen Vorgänge, die wir nicht bewusst ausführen, von hier aus gesteuert. Weil die Inhalte des Unteren Selbst unbewusst dort ruhen, bis sie auf einen Reiz hin aktiviert werden, kann man es auch das Unbewusste nennen. Das klassische Freud'sche Unbewusste dagegen besteht lediglich aus unterdrückten Trieben, Kindheitsproblemen, unerfüllten Wünschen und anderen Tabus und Sozialisierungsproblemen, deren bewusste Wahrnehmung wir uns nicht erlauben. Aber auch dieser Schattenanteil der Persönlichkeit wird auf jeden Fall dem Unteren Selbst zugeordnet.

Auch wenn die Erforschung des Unbewussten in den Bereich der Geisteswissenschaften fällt, gibt es auch Hinweise aus den »exakten« Wissenschaften, die bestätigen, dass das subliminale Bewusstsein jede Erfahrung, egal ob mental, emotional oder körperlich, in ihrer Gesamtheit enthält. Im Gehirn existieren Milliarden von Nervenverbindungen, und so können wir rein physikalisch gesehen jederzeit Milliarden von Informationseinheiten verarbeiten. Verdauung, Blutfluss, Körpertemperatur, alle Klänge, die physisch in der Umgebung anwesend sind, alle optischen Eindrücke, alle Arten des Geschmacks, alle Berührungen, alles physisch und sinnlich Anwesende wird auf der subliminalen Ebene registriert.

Das Unbewusste ist maßgebend für unser individuelles Verständnis der Welt und des Ich und folglich für unser gesamtes Verhalten. Es liegt allen bewussten Wahrnehmungen, Gefühlen, Aktionen und Reaktionen zugrunde. Daher ist die Bezeichnung Unteres Selbst oder Unter-Bewusstsein recht passend. Unsere Alltagserfahrung, unsere Gewohnheiten, ja sogar unsere vermeintlich bewussten Gedanken werden völlig vom Unteren Selbst beherrscht. Wir sehen nur, was das Unterbewusste uns sehen lassen will, wir denken nur, was das Unterbewusste uns erlaubt und wir hören nur, was das Unterbewusste uns hören lassen will – der Rest wird aus der bewussten Wahrnehmung herausgefiltert.

Das Mittlere Selbst kann höchstens sieben Wahrnehmungen zur gleichen Zeit verarbeiten. Deshalb verfügt das Untere Selbst über eine Reihe komplizierter Barrieren, die wie Filter wirken und das Mittlere Selbst so vor einer Informationsüberflutung bewahren. Daran liegt es, dass wir manchmal etwas, was gesagt wurde, buchstäblich nicht gehört haben, obwohl wir im physischen Sinne nicht taub sind. In der Psychologie wird diese Annahme »Filtertheorie« genannt. Diese Filter besitzen in der Natur eine wichtige Funktion. Sie ermöglichen unserem Tagesbewusstsein, sich auf eine bestimmte Situation einzustellen und sich zu schützen. Sie sind notwendig für unser geistiges Überleben in körperlicher Gestalt. Menschen ohne wirksame Filter werden psychotisch. Wenn diese Filter jedoch verstärkt werden, können sie zu Blockaden ausarten. Darüber hinaus strebt das Mittlere Selbst nach Konstanz: Es möchte das wahrnehmen, was es weiß und was es glaubt. Das Untere Selbst nutzt deshalb seine Filter-Fähigkeit, um künstliche Filter zu errichten, die mit unseren verinnerlichten Glaubenssätzen und Überzeugungen in Zusammenhang stehen. Ein patriarchaler Mensch hat aus diesem Grund eine vollständig andere Wahrnehmung als ein Angehöriger einer archaischen Kultur. Phänomene, an die wir nicht glauben können, werden automatisch aus unserer Wahrnehmung ausgefiltert. Glaubt jemand zum Beispiel nicht an die Existenz feinstofflicher Kräfte, etwa das Energiefeld eines Menschen, wird er niemals in der Lage sein, solche wahrzunehmen. Manche Menschen stecken in ihren Überzeugungen so fest, dass sie sogar ihre bewusste Wahrnehmung verleugnen. Menschen mit flexibler und offener Struktur dagegen sind automatisch empfänglicher und sensibler – selbst für subtilste Wahrnehmungen. Sensitivität kann sich innerhalb eines starren Glaubenssystems, das von Ängsten, Zweifeln und Beurteilung beherrscht wird und nicht auf Ganzheit ausgerichtet ist, einfach nicht entwickeln. Von ihrem eigentlichen Wesen her sind die Filter jedoch Mechanismen, um unser Mittleres Selbst zu schützen. Je mehr wir unser Selbst realisieren, desto gründlicher werden Blockaden beseitigt und desto sinnvoller können diese Filter funktionieren.

Als Speicher der gesamten persönlichen Vergangenheit ist das Untere Selbst neben dem Hohen Selbst eine unerschöpfliche Quelle der Kreativität. Dank dieses Aspekts sind wir in der Lage, uns zu erinnern und zu lernen, Fertigkeiten und Gewohnheiten zu entwickeln, die Integrität des Körpers zu erhalten und einen Sinn unserer kontinuierlichen Identität zu bewahren.

Jede Bewusstseinsäußerung bündelt im Kraftfeld von Wahrheit und Wirklichkeit die Lebensenergie zu Schwingungsmustern in Form. Um diese Schwingungsmuster aufzufangen und seine Gedächtnisfunktion einzusetzen, gebraucht das Untere Selbst sein hauptsächliches Werkzeug, die Sinneswahrnehmung. Erinnerungen werden in unserem Körper als solche Schwingungsmuster, aber auch als Bewegungsmuster gespeichert. Das genetische Gedächtnis existiert natürlich auf der Zellebene, doch Erfahrenes, Erlebtes und Erlerntes wird auf einer oder mehreren Ebenen der Körpermuskulatur gespeichert. So betrachtet, ist alle Erinnerung kinästhetisch oder körperbezogen, egal ob sie lustvoll oder schmerzvoll ist, von bloßen Ideen oder tatsächlichem Erleben ausgelöst wurde. Diese Erkenntnisse sind uralt und lassen sich bis in den archaischen Schamanismus zurückverfolgen. In modernen körperorientierten Methoden wie der Kinesiologie finden sie eine moderne Entsprechung. Auf einen Reiz hin, der von außen oder von innen kommen mag, mental oder körperlich sein kann, kommt es zu einem Resonanz-Impuls mit den muskulär programmierten Informationen – und aus diesem Impuls heraus wird die Erinnerung freigegeben. Diese führt sodann zu einer mentalen, emotionalen oder körperlichen Reaktion. Der Speicherplatz steht allem Anschein nach mit *dem* Teil des Körpers in Beziehung, der während des Lernprozesses aktiv oder energetisiert war. Wenn der Körperteil, in dem die Erinnerung lokalisiert ist, in Spannung gerät – etwa durch Stress –, so wird diese Erinnerung behindert oder sogar unzugänglich. Entspannt sich der Muskel wieder, wird auch die blockierte Erinnerung gelöst. So kann zum Beispiel ein Schock das Erinnerungsvermögen beeinträchtigen. Dabei werden unter Umständen weite Bereiche des Gedächtnisses blockiert. Durch Entspannung der entsprechenden Muskelgruppen kann das Erinnerungsvermögen wieder zurückkehren.

Das Wesen des Unteren Selbst

Das Untere Selbst funktioniert völlig anders als das normale, lineare Alltags-Bewusstsein. Es denkt in traumähnlichen Gedankenprozessen: assoziativ, symbol- und bildhaft, paralogisch und äußerst lebendig. Es bestimmt unsere Tagträume und Nachtträume. Es entspricht der ersten Gedankenart, die wir als Kinder erfahren – den analogischen Primärvorgängen des Denkens – und wird der rechten Gehirnhemisphäre zugeordnet.

In seiner absoluten Flexibilität und seinem fließenden Charakter entspricht es symbolisch dem Wasserelement. Die Bedeutung des Wassers ergibt sich schon daraus, dass unser Körper zu siebzig Prozent aus ihm besteht. Dies lässt erkennen, wie mächtig der Anteil des Unterbewusstseins an unserem ganzen Selbst ist. Nimmt der Wassergehalt mit zunehmendem Alter ab, werden wir starr und unbeweglich, nicht nur körperlich, sondern auch seelisch und geistig. Wasser symbolisiert Dynamik, Vitalität, Jugend. Es kann versiegen – Alter und Tod mit sich bringend. Wasser ist die Quelle des Lebens, ja es ist das Leben selbst. Fließendes, sprudelndes Wasser bedeutet Lebendigkeit, während das ruhige Wasser als Spiegel zum Symbol der Selbsterkenntnis wird. Das Untere Selbst ist die Psyche und das Psychologische im wahrsten Sinne des Wortes. In ihm können wir alle Facetten unserer individuellen Persönlichkeit erkennen.

Sein Wesen wird in den Traditionen meist als weiblich, manchmal als kindhaft beschrieben. Der Ozean des Unbewussten mit seiner dunklen Tiefe, seinen murmelnden Geheimnissen und versteckten Schätzen, seinen vieldeutigen Bildern und Emotionen, dem Raunen und Flüstern so vieler verinnerlichter Stimmen, ist der weibliche Bereich von Mythos und Magie. Magie ist die Arbeit mit dem Unteren Selbst und erschließt die Dimension der subtilen Wirkkräfte von Ich und Du, Erde und Natur. Im Allgemeinen haben Frauen einen leichteren Zugang zum Unbewussten als Männer.

In der starken Affinität zu Gefühlen und Empfindungen und dem typischen Merkmal, auf diese spontan zu reagieren, liegt der Kindcharakter des Unteren Selbst begründet. Das innere Kind mit seiner Direktheit und Phantasie, seiner Lebendigkeit und Unbekümmertheit, aber auch mit den Verletzungen, die durch falsch verstandene Liebe, Unverständnis, mangelnde Zuwendung und Aufmerksamkeit verursacht wurden, ist ein wesentlicher psychologischer Anteil des Unteren Selbst. In gleicher Weise, wie es auf äußerliche Einflüsse reagiert, kommuniziert es auch mit unserem eigenen Mittleren Selbst. Es ist bereit, alles zu geben, sein Bestes zu tun und uns Freude zu machen – vorausgesetzt, wir behandeln es *liebevoll*. Es will gehegt, umsorgt und gewürdigt werden. Wenn nicht, dann verschließt es sich, verweigert die Kommunikation und oft auch seine Funktion. Oder es reagiert, um sich zu wehren und zu schützen, wobei es die natürlichen Emotionen in ihr destruktives Gegenteil verkehrt.

Emotionen

Die Fähigkeit, sich zu erinnern, ist die Quelle der Emotionen. Emotionen passieren nicht einfach von selbst, sondern sind Energiereaktionen, die durch Energiemuster ausgelöst werden. Brandneue Informationen oder ein Erlebnis, das mit keinerlei Wissen oder Erleben aus der Vergangenheit in Verbindung steht, bringt aus sich selbst keine Emotion hervor.

Es gibt fünf grundlegende natürliche Emotionen, auf denen die gesamte Vielfalt der Gefühle basiert. Die natürlichen

Emotionen sind dazu da, dass der Mensch sein Schicksal meistern und die *positiven* Erfahrungen machen kann, die ihm das Leben bieten möchte. Als solche erfüllen sie eine wichtige Funktion im Filtersystem des Unteren Selbst. Emotionen sind allerdings keine ausschließliche Sache des Unterbewusstseins, sondern zeigen sich immer im Zusammenspiel der drei Dimensionen unseres Selbst.

Die erste natürliche Emotion ist die natürliche Angst. Sie schützt uns vor Gefahren und ist deshalb für unser Überleben notwendig. Nach Elisabeth Kübler-Ross gibt es nur zwei Arten von natürlichen Ängsten. Die eine ist die Angst vor dem Fallen aus großer Höhe und die andere ist die Angst vor unerwarteten lauten Geräuschen. Alle anderen Ängste dienen nicht der Erhaltung des Lebens. Sie werden aus der Umwelt und durch die Menschen, die uns am nächsten stehen, Eltern, Lehrer und Lebenspartner auf uns übertragen. Und dies leider schon von frühester Kindheit an, wo wir noch nicht in der Lage sind, solche Projektionen bewusst zu durchschauen. Wir werden praktisch in die künstlichen Ängste der anderen, in Ängste, die dem Paradigma der Trennung entsprungen sind, hineingeboren und sind ihnen so lange hilflos ausgeliefert, bis wir die Verantwortung für unsere Bewusstwerdung übernehmen können.

Eine weitere natürliche Emotion ist der Zorn. Zorn ist der gesunde, innere Impuls »Nein, danke« zu etwas zu sagen, das uns nicht gut tut und nicht mit der Wahrheit in Einklang steht. Er festigt die innere Autorität und die Fähigkeit zur Selbstbehauptung. Natürlicher Zorn richtet sich niemals gegen andere Menschen oder Wesen und darf auch niemals dazu benutzt werden, jemandem Schaden zuzufügen. Im Gegenteil liegt dieser Art von Zorn ein Gefühl für das »Richtige« zugrunde, welches eine Facette des Mitgefühls darstellt.

Die dritte natürliche Emotion ist Trauer. Sie dient als Katalysator für die vielen kleinen und großen Todes- und Verlust-Erlebnisse, die niemandem erspart bleiben. Wer seiner natürlichen Trauer und seinen Tränen Ausdruck verleihen kann, wird bald wieder »leer« sein und sich den neuen Herausforderungen des Lebens stellen können.

Auch die gesunde Form der Eifersucht gehört zu den natürlichen Emotionen. Eifersucht ist der Motivator, der uns anspornt, anderen nachzueifern und selbst unser Bestes zu geben. Besonders für die Entwicklung der Kinder ist die positive Eifersucht wichtig, denn sie regt an, mit den Fähigkeiten der Freunde mitzuhalten, etwas zu erreichen, zu wachsen, zu lernen und neugierig zu sein.

Die wichtigste und allen anderen übergeordnete, natürliche Emotion ist die Liebe. Liebe ist, wie wir gesehen haben und noch sehen werden, eine vielschichtige Angelegenheit, aber sie ist *auch* eine Emotion. Das wahre Wesen der Liebe ist im Zeitalter der Trennung ein großes Geheimnis. Nur wenige Menschen unserer Zivilisation verstehen, was Liebe wirklich ist. In ihrem Emotions-Aspekt zeichnet sie sich vor allem durch zwei wesentliche Eigenschaften aus: die Bedingungslosigkeit und die Fähigkeit des Lassens. Bedingungslosigkeit meint, den anderen annehmen, wie er ist. Ihn akzeptieren und würdigen in seiner Einzigartigkeit, ohne den Impuls, ihn verändern zu wollen. Ihm das Gefühl geben, dass er richtig, liebenswert, schön und vollkommen ist, gleichgültig wie er sich benimmt, wie er aussieht oder was er vorzuweisen hat. Bedingungslosigkeit sichert das Selbstwertgefühl und die Selbstachtung des anderen und ist der Schlüssel zu jedem Herzen, einschließlich des eigenen. Das zweite Merkmal der Liebe, das Lassen, scheint in unserer Zeit ein recht schwieriges Unterfangen zu sein, denn wir haben das Lassen schlichtweg nicht gelernt. Das Lassen ist die höchste Form von Bedingungslosigkeit und meint, einen

Menschen sein lassen, wie es seiner Wahrheit entspricht. Wirkliche Liebe ist sogar noch mehr. Es ist die Fähigkeit, den anderen darin zu unterstützen, seine ureigene Wahrheit selbstbestimmt und selbstverantwortlich zu leben. Dieses Lassen ist frei von jeglichem Besitzdenken, frei von jeder Anhaftung, frei von Gier, Abhängigkeit und Manipulation, frei von selbstsüchtigen Interessen. Es schließt das Vermögen ein, etwas Geliebtes loszulassen: ein Kind seinen Weg gehen lassen, wenn es so weit ist; einen Partner loslassen, wenn die Beziehung nicht mehr stimmt; die Eltern loslassen, wenn ihre Zeit zum Sterben gekommen ist, und die Toten in die Gefilde des Friedens ziehen lassen. Der patriarchale Mensch aber versucht zu binden, festzuhalten, zu besitzen, zu kontrollieren und seinen Besitz mit Gewalt, Bedrohung und Bestrafung zu verteidigen. Er besitzt kein gesundes Selbstwertgefühl und keine Selbstachtung und verbringt sein ganzes Leben damit, nach einer Art von Liebe zu suchen, die es nicht gibt. Er wird keine Erfüllung finden. Und am Ende wird er feststellen müssen, dass er nie richtig geliebt und daher nie richtig gelebt hat.

Wenn das Bedürfnis nach natürlichen Emotionen nicht beachtet und nicht gewürdigt wird, egal ob von anderen oder von uns selbst, wenn der vielfältige Ausdruck dieser von Natur aus positiven Gefühle kritisiert, verboten, verachtet, herabgesetzt oder ins Lächerliche gezogen wird, stockt der freie Fluss der Lebensenergie und es entsteht emotionaler Stress, den wir immer an muskulären Spannungen erkennen. Werden diese Blockaden vom Mittleren Selbst ohne Bezug zum Hohen Selbst interpretiert, also mit herkömmlichen Glaubenssätzen oder Überzeugungen versehen, entstehen negative Erfahrungen, die mehr und mehr zur persönlichen Wirklichkeit heranreifen, je öfter sie bestätigt werden. Dann werden aus den lebenserhaltenden Ängsten all die lebensverneinenden Ängste; dann wird der »heilige« Zorn zu Aggression und Hass, dann verkehrt sich Trauer in Selbstmitleid, Bitterkeit und Klage; Eifersucht in Drama; Liebe in Trennung und Zerstörung. Der Erinnerungsspeicher des Unteren Selbst ist voll davon.

Besonderheiten des Unteren Selbst

Das Untere Selbst unterscheidet nicht zwischen Vergangenheit, Gegenwart und Zukunft. Für es existiert nur die Gegenwart. Wenn wir uns ein Erlebnis in Erinnerung rufen, lösen wir in der Gegenwart eine physische Reaktion aus, deren Intensität von der Lebendigkeit jener Erfahrung abhängt, an die es sich erinnert. So wird beispielsweise die Erinnerung daran, wie wir als Kind durch Schläge gedemütigt wurden, stärkere physiologische Reaktionen auslösen als der Gedanke an das Frühstück von vorgestern – es sei denn, jene Mahlzeit erwies sich für uns als noch traumatischer. Jede Erinnerung wird den Körper im gegenwärtigen Augenblick beeinflussen und die gleichen biochemischen und muskulären Reaktionen reproduzieren wie beim ursprünglichen Erleben. Eine positive Erinnerung kann Endorphine ausschütten, und eine schlimme Erinnerung kann Toxine erzeugen, und zwar jetzt, in der Gegenwart. Je länger und intensiver wir uns mit einer Erinnerung befassen, desto stärker kann die Wirkung im Augenblick sein. Wir alle kennen Momente, in denen wir selbst nach jahrelang zurückliegenden Erlebnissen noch Gift und Galle spucken könnten.

Im Gedächtnispool des Unteren Selbst wird jedes sinnliche Erlebnis und jede Erfahrung gespeichert. Hierbei ist eine Besonderheit von außerordentlicher Bedeutung für den praktischen Umgang mit dem Unbewussten: Das Untere Selbst unterscheidet nämlich nicht nach der *Herkunft* eines Erlebnisses. Ihm ist es gleich, ob das Erlebnis von innen oder von außen kommt, ob es einen tatsächlichen physischen Ursprung hat oder nur durch Lektüre, einen Film, eine Fernsehsendung oder die Erzählung eines Freundes angeregt wird, ob es einem Traum, einer Intuition oder der Phantasie entspringt. Für das Untere Selbst zählt einzig und allein die *Intensität* der Erfahrung. Nur nach diesem Maßstab beurteilt das Untere Selbst, wie real das Erleben für es war. Der praktische Aspekt dieses Umstands wird schon seit undenklichen Zeiten im Bereich der Magie, aber auch der Heilung und Persönlichkeitsentwicklung genutzt und bildet die zentrale Idee in allen Techniken des mentalen Trainings. Denn eine intensiv phantasierte oder visualisierte Vorstellung besitzt für das Verhalten, das sich auf Erinnerung stützt, mehr Gültigkeit als ein laues Erleben, das tatsächlich stattgefunden hat. Wir können durch Imaginationen unser Verhalten lenken lernen!

Heute wird diese Erkenntnis überall dort mit großem Erfolg eingesetzt, wo es darauf ankommt, psychische, emotionale, aber auch körperliche Blockaden zu beseitigen oder Höchstleistungen zu erzielen: im Sport, in der Kunst, im Management, in Psychotherapien und alternativen Heilmethoden, ja selbst in der Krebstherapie. Nicht zuletzt ist es bei der Selbstmotivation von Bedeutung. Athleten zum Beispiel prägen ihrem Organismus durch intensives sensorisches Imaginieren von Szenen Erinnerungen ein, welche die spätere, tatsächliche Leistung erleichtern und steigern. Genauso kann man sich auf jede andere Situation und jede beliebige Fähigkeit einstellen.

Das Lustprinzip

Die Verbindung von Unterem und Hohem Selbst offenbart sich durch das Lustprinzip. Lust im Sinne von Freude und Wohlbefinden ist die Hauptmotivation des Unteren Selbst. Die größte Lust empfindet es, wenn es Liebe verspürt. Auch hier wirken Wahrheit, Liebe und Freude als regulative Momente, welche alle Erfahrungen und jedes Erleben in Richtung Vollkommenheit zu lenken und auf harmonische Weise in die Ganzheit einzufügen versuchen.

Die Motivation des Unteren Selbst geht stets fort vom Schmerz in Richtung Lust. Es geht automatisch auf das zu, was ihm angenehm ist und es tut sein Bestes, um Schmerz zu vermeiden. Wie das Hohe Selbst uns durch geringste Impulse zu lenken versucht, so packt das Unterbewusstsein nur dann schmerzliche Erinnerungen aus, wenn es vom Mittleren Selbst durch negative Erwartungen dazu angeregt wird. Sind die Erwartungen jedoch freudiger Natur, dann wird das Untere Selbst aus seinem Erinnerungsrepertoire auf alle Fälle die lustvolle Variante wählen. Ob wir eine Situation in Schönheit und Leichtigkeit erleben oder aber schwierig und unerfüllend finden, hängt von der momentanen Verfassung des Mittleren Selbst, anders ausgedrückt, unseres augenblicklichen Selbstbewusstseins oder Selbstwertgefühls, unserer »Stimmung« ab.

Manchmal müssen wir durch tiefen mentalen, emotionalen oder körperlichen Schmerz gehen, um etwas zu erreichen. Dann wird ein anderer Faktor des Lustprinzips wirksam: der Faktor »Wichtigkeit«. Ein Mensch geht dann wissentlich durch Schmerz, sogar schweren Schmerz, wenn das Hohe Selbst signalisiert, dass das Ergebnis oder Ziel seines Tuns der Mühe wert ist. Wenn der Gewinn verspricht, größer zu sein als der Schmerz, heißt dies, dass das Schmerz erzeugende Tun letztendlich mehr potenzielle

Lust birgt als die Vermeidung des Schmerzes. Der Athlet will die Lust des Sieges und besiegt damit die körperliche Anstrengung; der Wissenschaftler will die Lösung eines Problems und besiegt deshalb den Schmerz der Grübelei ... Alles Verhalten, alle Gewohnheiten und Tätigkeiten werden gesteuert von der Motivation zur Lust.

Ausrichtung auf das Hohe Selbst

Das Untere Selbst hat einen ganz eigenen Charakter und besondere Mechanismen, Informationen und Gefühle auszuwählen, um diese dem Mittleren Selbst zukommen zu lassen. Darüber hinaus haben wir gesehen, dass die natürliche Funktion des Unterbewusstseins vor allem durch drei Momente erschwert wird: 1. Durch Stress, 2. durch negative Glaubenssätze und Überzeugungen und 3. durch negative Emotionen, die letztendlich alle auf irgendeine Form der Lieblosigkeit zurückgehen. Diese Faktoren blockieren die Lebensenergie, unterbinden die Erinnerung, behindern den freien Zugang zu unserem Erfahrungsschatz und verkehren die natürlichen Emotionen in ihr Gegenteil.

Das auffallendste Charaktermerkmal des Unteren Selbst ist jedoch, dass es sich bedingungslos der Führung des Hohen Selbst anvertraut, sobald es dessen Gegenwart verspürt. Dies ist der Fall, wenn wir uns bewusst auf das Hohe Selbst ausrichten – durch Meditation, durch Gewahrsein des Ganzen. Die Richtung, auf welche die beiden gemeinsam zusteuern, ist stets dem Schmerz, der Angst, und der Lieblosigkeit abgewandt; sie führt zu Freude, Mitgefühl und Wohlbefinden.

Das Untere Selbst allein kann keine schöpferischen Entscheidungen treffen und keine neuen Lösungen erfinden. Es kann nur tun, was es aus früheren Erfahrungen gelernt hat und was es von gegenwärtigen Erlebnis-Elementen entgegennehmen kann. Wenn jedoch keine Lust-und-Liebes-Lösung aus der Vergangenheit zur Verfügung steht, ist das Unterbewusstsein gezwungen, eines der vorhandenen Schmerz-Programme zu wählen – es sei denn, das Mittlere Selbst bietet schnell genug eine positive Lösung an. Für den Menschen der neuen Zeit, für den der bewusste Umgang mit den drei Dimensionen seines Selbst zur Gewohnheit wird, dürfte diese Aufgabe keine Schwierigkeit mehr darstellen. Die Beachtung der drei Wegweiser zur Ganzheit – Wahrheit, Liebe und Freude – führt mit Sicherheit an unnötigem Schmerz vorbei.

Von diesem Blickwinkel aus betrachtet verliert eine der grundlegenden Überzeugungen der Psychotherapie, »Heilung führt durch den Schmerz«, ihre zwingende Logik. Bisher konnten die energetischen Knoten im Unbewussten tatsächlich nur gelöst werden, indem man die verdrängten Traumata zum Leben erweckte und sie ins Bewusstsein aufsteigen ließ, von wo aus man sie schließlich verarbeitete. Unter der Schirmherrschaft des Hohen Selbst erübrigt sich der Durchgang durch den Schmerz. Ganz einfach deshalb, weil das Untere Selbst an der Hand des Hohen Selbst immer Lust und Liebe wählt und auf diese Weise ganz selbstverständlich in den gesunden Energiefluss gelangt. Wir kommen gar nicht mehr in die Verlegenheit, dass Energie sich an schmerzhaften Erinnerungen stauen könnte. Sobald wir uns auf das Höchste ausrichten, wird das natürliche Filtersystem aktiv. Es wird durch die Matrix strukturiert, die auf Selbstregulation und Vervollkommnung programmiert ist. Ganz von allein fallen die künstlich geschaffenen Barrieren weg und wir gelangen in den Flow. Das Selektionsprinzip »Lust vor Schmerz« ist ein weiterer Beweis dafür, dass die kosmischen Ordnungsprinzipien keine schmerz- und leidvollen, sondern immer lustvolle, freudige sind.

Ein schönes Leben leben, sich Freude gönnen, aus vollem Herzen lieben und mit allen Sinnen genießen zeugt – so gesehen – nicht von grenzenlosem Egoismus, sondern ist die intelligenteste Vorsorge für die Gesundheit von Körper, Seele und Geist, der zwischenmenschlichen Beziehungen und der Beziehung des Menschen zur Natur. Alles ist Energie, und die Schwingungsmuster der Freude, Liebe und Wahrheit, die von uns ausgesandt werden, vermögen das Gleiche bei anderen zu wecken. Indem wir uns selbst und das Sein genießen und uns dabei auf das Wohl des Ganzen ausrichten, leisten wir den denkbar wertvollsten Beitrag für die Heilung unserer Welt.

Das Mittlere Selbst – das Bewusstsein

Das Mittlere Selbst stellt sowohl die Brücke zwischen den inneren und äußeren Welten als auch die Brücke zwischen Überbewusstsein und Unterbewusstsein dar. Es ist ein schmaler Steg zwischen den Ozeanen des Hohen und des Unteren Selbst, denn die eigentliche bewusste Erfahrung ist ein sehr begrenzter Informationskanal. Wie wir gesehen haben, werden von den unendlich vielen Informationen, die sich ununterbrochen in der äußeren Welt abspielen und in unserem Inneren zu ständigen Resonanz-Reaktionen führen, nur sieben Informationseinheiten auf einmal bewusst wahrgenommen. Wahrnehmung ist für das Mittlere Selbst nur eine Nebensache; diese ist Angelegenheit des Unteren Selbst. Das soll nicht heißen, dass dem Mittleren Selbst ein geringerer Wert zukommt als den beiden anderen Dimensionen. Alle drei Aspekte des Bewusstseins gehören unabdingbar zusammen. Das Mittlere Selbst ist unverzichtbar für die menschliche Existenz, so unverzichtbar, dass man leicht Gefahr läuft, dieser Ebene den Vorrang zu geben.

Dank dieses Teils sind wir nicht einfach nur bewusst; durch ihn sind wir uns unserer Einzigartigkeit bewusst. Er macht unsere Identität – unser Ich[18] – aus. Durch ihn wird unsere Individualität zu Form, durch ihn werden wir zu Individuen, durch ihn sind wir Körper *(soma)* und Aktivität. Deshalb entspricht er den Elementen Erde und Feuer. Das körperliche Sein ist Erde, das Tun ist Feuer. Allein dadurch sind wir fähig zu empfinden und zu denken, das JETZT zum Augenblick werden zu lassen und das ALLES auf den Punkt zu bringen. Das Mittlere Selbst ist der Fokus, das Zentrum, durch das ich in die beiden anderen Dimensionen eintauchen und später, wenn das Selbst bereits vollständig realisiert ist, noch viele weitere Dimensionen erschließen kann. Erst als Individuum kann ich mich auf das Ganze ausrichten und nur durch die Identifikation mit meinem gegenwärtigen Ich bin ich imstande, das Untere Selbst zu erziehen. Nur diese Instanz erlaubt mir die bewusste Konzentration auf Wahrheit, Liebe und Freude und lässt mich meine Zentrierung bewahren: die Zentrierung auf das Herz als meinem Mittelpunkt. Früher war der Mittelpunkt im Bauch angesiedelt. »Ich und das Andere« war das Motto der patriarchalen Identifikation, das die Anschauung der Dinge in die Spaltung lenkte und eine egozentrierte Moral mit sich brachte. Das zukünftige Motto lautet: »Ich und das Ganze sind eins.« Es richtet meine Betrachtung vom Standpunkt der Trennung aus, der notwendig ist, mich als Individuum zu erfahren, auf die Teilhabe am Ganzen und schafft den Nährboden für eine natürliche Ethik, die als richtig empfindet, was für alle gut ist.

Ordnung, Intellekt und Imagination

Das Mittlere Selbst ist im Zustand des Wachens aktiv. Seine Hauptmotivation ist Ordnung. Dieser Teil unseres Selbst braucht Kategorien und Regeln, um verstehen zu können. Er liebt die Logik, selbst wenn sie sich auf törichte Annahmen stützt. Und er liebt Erklärungen. Ganz besonders solche, die bereits gespeicherte Erfahrungen erhellen, aber auch jene, die vom Chaos zur Ordnung führen.

Sein Werkzeug ist der Intellekt, der über die linke Gehirnhälfte funktioniert. Dass der patriarchale Mensch eine besondere Vorliebe für die Psychologie entwickelte, ist erneut ein Zeichen für die Dominanz des Intellekts in diesem Zeitalter. Selbsterfahrung ist bis heute mit dem Bemühen verknüpft, im Kellergewölbe des Unbewussten jede Menge von »Mustern« aufzustöbern, sie ins Bewusstsein zu zerren und dort zu sezieren, um sie schließlich erklären zu können. Damit erfüllte man zwar das Bedürfnis des Mittleren Selbst nach Ordnung und Erklärung, kam aber nicht weiter auf dem Weg zur Vollkommenheit, weil alles nur Stückwerk blieb. Wir alle kennen Leute, die ihrem Selbst nach jedem Workshop fasziniert neue Teile hinzufügten, als sei es ein Werkzeugkasten. Die meisten von ihnen waren nach Jahren der Selbsterfahrung verwirrter und chaotischer als zuvor, völlig auf ihr Ich fixiert und unfähig, harmonische Beziehungen zu führen. Das liegt daran, dass die bisherigen Selbsterfahrungsmethoden keinen starken und lebenssprühenden Sinn für den Zusammenhang des Ganzen vermittelten. Es gab keinen fruchtbaren Boden, der das Wachstum in die Tiefe erlaubt hätte. Die patriarchalen Selbst-Verwirklicher sind Wanderer ohne Ziel, Männer und Frauen ohne Heimat, die niemals heimfinden zum Muster, das verbindet.

Diese Bemerkungen sollen jedoch nicht den Eindruck erwecken, die Vorlieben des Mittleren Selbst für Ordnung, Kontrolle, Logik und Erklärung seien ein Hindernis auf dem Weg zur Selbstrealisation. Das sind sie nicht. Sie erfüllen ganz bestimmte, lebenserhaltende Funktionen und befinden sich genau am richtigen Platz. Es geht darum, ihre Sinnhaftigkeit zu würdigen und sie innerhalb des Selbst als Ganzem konstruktiv zu nutzen. Im patriarchalen Paradigma stand das Mittlere Selbst jedoch mehrere tausend Jahre lang auf einem Podest. Ausgerechnet unser kleinster Teil, der nur sieben Wahrnehmungen auf einmal machen kann, glaubte, den großen Durchblick zu haben. Wen wundert es da noch, dass in dieser Zeit nur zehn Prozent unseres Gehirns aktiv waren! Der patriarchale Mensch arbeitete mit links, und das war alles.

Aber wir wollen dem Intellekt nicht Unrecht tun, ebenso wenig dem Mittleren Selbst und ebenso wenig dem Patriarchat. In diesem Zeitalter wurde das Potenzial des Intellekts zur vollen Blüte gebracht. Das patriarchale Paradigma war die Schubkraft, mit der die Evolution vorangetrieben wurde. Denn der Intellekt ist der einzige Teil von uns, der auf die beiden anderen Selbste unmittelbare Kontrolle ausüben kann. Er besitzt das Werkzeug, mit dem wir voll bewusst Wirklichkeit erschaffen können: die Imagination. Durch Imagination beeinflussen und lenken wir unser Leben und die ganze Welt um uns herum. Wohlgemerkt imaginieren wir jederzeit und allemal. Der Unterschied liegt, wie stets, in der Bewusstheit. Imaginieren wir bewusst, dann bringen wir nicht länger Wirklichkeiten hervor, die unseren Konditionierungen entspringen, sondern Wirklichkeiten, die uns selbst und dem Ganzen entsprechen.

Freier Wille und Entscheidungsfähigkeit

Das hauptsächliche Wesensmerkmal des Mittleren Selbst ist der freie Wille und seine hauptsächliche Funktion ist die des Entscheidens. Wille und Entscheidung machen uns zu Quantenmenschen, zu jenen »Beobachtern«, die im Kraftfeld von Wahrheit und Wirklichkeit die Aufmerksamkeit auf eine der vielen Wahrscheinlichkeiten lenken und auf diese Weise den ersten Schöpfungsschritt unternehmen. Der Wille ist die Antriebskraft des Menschen, sein Motor, die Handlungsbereitschaft, die unmittelbar zur Aktivität führt. Der Wille »will« Wirklichkeit schaffen, wie Panikkar sagt. Er ist die Kraft, die alle Naturkräfte bewegt. Deshalb ist es unbedingt notwendig, dass wir im Herzen zentriert sind, denn nur dann ist der Wille auf dem Platz, der ihm zukommt.

Zum Prozess der Entscheidung, die sichtbarer Ausdruck des freien Willens ist, gehören Wahl, Absicht und Interpretation.

Die Wahl, worauf die Aufmerksamkeit gerichtet werden soll, steht an der Basis der Entscheidung. Eine Wahl zu treffen heißt, alle anderen Möglichkeiten fallen zu lassen; denn nur eine der zahlreichen Wahrscheinlichkeiten kann verwirklicht werden. Die Aufmerksamkeit für ein Objekt zu steigern bedeutet somit, die Aufmerksamkeit für eine Vielzahl anderer Dinge einzuschränken. Entscheidungen führen zu selektiver Aufmerksamkeit, zur Konzentration, mit der Absicht, eine Fertigkeit oder Leistungsfähigkeit zu steigern. Anhand des Mittleren Selbst entscheiden wir, was für uns wichtig ist und was nicht. Die Aufmerksamkeit folgt dann dieser Wahl und die Energie des Kraftfelds folgt der Aufmerksamkeit. Je genauer wir uns dabei auf eine Sache, eine Handlung oder ein Ziel fokussieren, desto zielgerichteter fließt die Energie dorthin und desto schneller verwirklicht sich unsere Vorstellung. Das ist eine einfache Tatsache und dennoch verschwenden die meisten Menschen schon im Vorfeld ihres Handelns einen Großteil der Energien, weil sie sich entweder nicht entscheiden können oder ihre Entscheidungen anzweifeln. Zweifel können von außen durch die Argumente anderer Menschen kommen, aber auch von innen. In diesem Fall sprechen wir von Selbstzweifeln. Zweifel sind berechtigt und sinnvoll, solange sie dazu dienen, die Vor- und Nachteile einer Sache abzuwägen. Sobald sie uns jedoch zu verunsichern beginnen, werden sie zu Hindernissen, die häufig daran Schuld sind, dass wertvolle Chancen ungenutzt an uns vorbeiziehen. Ohne Entscheidung gibt es kein Tun, ohne Tun keine Verwirklichung, und ohne Verwirklichung keinen Erfolg. Wenn Unteres und Mittleres Selbst jedoch ausgerichtet sind, und zwar auf die höchste Vorstellung einer Situation und wenn das Mittlere Selbst die Wegweiser Wahrheit, Liebe und Freude beachtet, kann die anstehende Entscheidung im Nu getroffen und die Energie messerscharf gebündelt werden. Gebündelte Energie verleiht eine Aura der Bestimmtheit. Kaum jemand käme dann noch auf den Gedanken, uns bezüglich der gefällten Entscheidung zu verunsichern, es sei denn, er verfolgt eine gezielte Strategie damit.

Auch die Absicht oder Intention ist eine Art des Entscheidens. Sie steuert unsere Konzentration wie auch die Art und Weise unseres Handelns. Die meisten Menschen ahnen nicht, wie machtvoll eine Absicht ist und dass sie gewaltige Auswirkungen auf Gesundheit, Glück und Erfolg haben kann. Denn von der Intention hängt es ab, ob wir das Unterbewusstsein motivieren, sein Bestes zu geben, ob wir es einschüchtern und seine Bereitschaft blockieren oder ob wir es gar zu destruktiven Vorschlägen und Reaktionen zwingen. Zu sehr kontrolliert, wird das Untere Selbst nicht richtig funktionieren. Ohne Steuerung treibt es fort, wohin auch immer die Strömungen des Lebens es tragen. Unter dem Einfluss einer negativen Absicht wird es zerstörerische Lösungen anbieten. Unter kooperativer und liebevoller Führung aber wird es tun, was wir vom Herzen her wollen und was für alle gut ist. Eine Kooperation, in der Wahrheit, Liebe und Freude mitschwingen, veranlasst das Untere Selbst, die sinnvollste, liebevollste und lustvollste Möglichkeit auszupacken. Sie ermöglicht es dem Mittleren Selbst, eine schnelle, klare Entscheidung zu treffen und sich weiterhin auf das Ziel zu fokussieren. Auf diese Weise kommt unser Leben in den Flow, alles geschieht mit Leichtigkeit und höchster Effizienz.

Die letzte Art von Entscheidungen ist die Interpretation eines Ereignisses oder einer Sache. Es ist die Entscheidung darüber, welchen Sinn und welche Gültigkeit wir diesem geben. Auch sie ist für ein Leben in schöpferischer Souveränität von immenser Bedeutung, da sie Erwartungs- und Filterungsmuster aufbaut, die unser zukünftiges Verhalten direkt beeinflussen. Sie ist maßgeblich an der Erschaffung der individuellen Wirklichkeit beteiligt.

Im Allgemeinen geschieht Interpretation durch Beurteilung oder Analyse. Wenn wir beurteilen, dann treffen wir eine Entscheidung darüber, ob wir etwas gut oder schlecht finden. Wenn wir analysieren, entscheiden wir, die Eigenschaften einer Angelegenheit, einer Person oder einer Sache zu beleuchten. Der große Unterschied ist dabei der, dass Beurteilen emotionale Reaktionen hervorruft – wie etwa Aggression, Wut oder auch Glücksgefühle –, die reine Analyse dagegen nicht. Wenn wir etwas »gut« finden, wecken wir Lust-Erwartungsmuster, während etwas für »schlecht« Befundenes Schmerz-Erwartungsmuster hervorruft. Eine auf Analyse basierende Interpretation stimuliert keine Psycho-

Muster und deswegen auch keine Verstrickungen; oder – in der Terminologie des Ostens ausgedrückt: Sie schafft kein Karma. Sie ruft lediglich Interesse oder Gleichgültigkeit hervor. Interesse, wenn es zu unseren Vorhaben oder in unser Leben passt, Gleichgültigkeit, wenn es nicht stimmig ist. Die Analyse ist eine vorurteilsfreie Interpretation, die das Unterscheidungsvermögen schult und zu klaren Ergebnissen führt. Beurteilung indessen schafft Verwirrung, weil sie uns an den Bereich der Polarität gefesselt hält. Wer fähig wird, klar zu analysieren, braucht nicht mehr zu urteilen. Neue Dimensionen des Bewusstseins öffnen sich nur, wenn wir das Geschehen in dieser Welt und in unserem Alltag wertfrei wahrnehmen, beobachten und annehmen. So gesehen ist Beurteilen nur eine naive Vorstufe zur hohen Kunst der klaren Unterscheidung. Die vollendete Beherrschung dieser Kunst ist eine der Insignien der Meisterschaft. In dem Maße, in dem wir nicht mehr urteilen und nicht mehr werten, in dem wir neutral werden, haben wir zweierlei geschafft: Wir lösen und erlösen! Muster, Konditionierungen und astrale Felder verlieren ihre Form; sie tauchen nicht mehr auf, sind transformiert.

Daimon und Dämon

Vielen Menschen fällt es schwer, Entscheidungen zu treffen. Sie befürchten, sich möglicherweise falsch zu entscheiden, sodass sich die Dinge für sie zum Schlechten wenden könnten.

Wenn wir – aus der Befürchtung heraus, der Tag könne etwas Negatives bringen – des Morgens einfach im Bett liegen bleiben, anstatt aufzustehen und unsere Aufgaben zu erledigen, kann nichts, aber auch gar nichts im Leben vorankommen. Würden wir in diesem Phlegma verharren, dann würden wir depressiv und schließlich krank werden. Wird der Daimon nicht gewürdigt, wird er zum Dämon.

Der Daimon (griech.: Abgott) ist der Schatz unseres ureigenen Potenzials, das nach Verwirklichung drängt. Dieser Schatz will gelebt werden. In diesem Schatz liegt unser individueller und ganz spezieller Beitrag zum Ganzen. Nehmen wir ihn nicht freudig an, bringen wir ihn nicht durch unser Sein und Tun zum Ausdruck, dann verkehrt er sich in sein Gegenteil und wird zu einem wahren Satan, der uns das Leben zur Hölle machen kann. Nichts ist schlimmer als ein Mensch, dessen Mittleres Selbst den eigenen Daimon und damit das Leben verweigert. Solche Menschen sind unzufrieden, unerfüllt, gierig, immer auf der hektischen Suche und dennoch voller Lethargie. Sie sind Quälgeister, die sich ewig über ihr Schicksal beklagen, sich in Selbstmitleid ergehen, ständig fordern und Gift sprühen, wenn sie nicht bekommen, was ihnen vermeintlich zusteht. Menschen, die ihren Daimon verleugnen, sind regelrechte Vampire – Hungergeister, die sich wie Kletten an andere hängen, um deren Energie zu saugen und dabei doch nie den Hals voll kriegen können. Ihre Negativität wirkt wie ein Magnet auf alle möglichen anderen Dämonen, die sich um den Gleichgesinnten scharen. Diesen Teufelskreis zu durchbrechen, kann sehr schwierig sein.

Das Mittlere Selbst eines jeden Menschen hat eine ganze Liste von Argumenten parat, mit denen er einer Entscheidung ausweichen kann. Sie sind uns allen wohl bekannt: »Ich kann nicht. Ich bin unfähig. Ich bin nicht gut genug. Ich bin nichts wert. Ich bin allein. Ich habe nicht genug. Keiner will mich. Ich bin dumm, nicht liebenswert, hilflos, schwach, ohnmächtig ... Ich trau mich nicht. Ich weiß nicht. Ich will nicht. Jetzt noch nicht ...« In den bisherigen Methoden der Selbstverwirklichung wurden solche Argumente entweder den Glaubenssätzen oder dem Unterbewusstsein zugeordnet. Das sind sie jedoch nicht. Sie sind weder tief sitzende Überzeugungen, noch funktionieren sie unbewusst. Sie sind nichts als Ausreden, die unser Mittleres Selbst bewusst einsetzt, um einer Entscheidung aus dem Weg zu gehen.

Aber warum tut es das?

Hinter jeder Verweigerung einer Entscheidung verbirgt sich eine von zwei möglichen Ängsten: Entweder die Angst, enttäuscht zu werden, Missbilligung und Ablehnung zu ernten, oder eine noch wesentlich tiefer sitzende Angst, nämlich die Angst, sein eigenes Licht leuchten zu lassen. Nelson Mandela brachte dies 1994 in seiner Antrittsrede als Staatspräsident unvergessen zum Ausdruck: »Unsere größte Angst ist nicht, dass wir unzulänglich sein könnten. Unsere größte Angst ist, dass wir grenzenlos mächtig sein könnten. Unser Licht, nicht unsere Dunkelheit ängstigt uns am meisten. Wir fragen uns: Wer bin ich, um so brillant zu sein? Aber wer bist du, es nicht zu sein? Du bist ein Kind Gottes. Es dient der Welt nicht, wenn du dich klein machst. Sich zu beschränken, nur damit andere um dich herum sich nicht unsicher fühlen, hat nichts Erleuchtendes. Wir wurden geboren, um den Ruhm Gottes, der in uns ist, zu manifestieren. Er ist nicht nur in einigen von uns, er ist in jedem Einzelnen. Und wenn wir unser Licht scheinen lassen, geben wir damit anderen die Erlaubnis, es auch zu tun. Wenn wir von unserer eigenen Angst befreit sind, befreit unsere Gegenwart automatisch andere.« Wenn wir das einsehen, können wir viel Zeit und Geld für alle möglichen Therapien und Seminare sparen. Wir sind nicht Opfer eines unbewussten Nein. Eine solche Interpretation wäre wieder nur eine Ausrede, mit der wir uns um die Selbstverantwortung drücken. Ja und Nein sind immer Entscheidungen und gehören in den Bereich des Mittleren, des bewussten Selbst. Denn auch der Versuch, eine Entscheidung zu umgehen, ist letztlich eine Entscheidung. Die Botschaft des Hohen an das Mittlere Selbst lautet: »Lebe! Lebe dein Licht. Lebe deine Schönheit, deine Brillanz, deine Stärken, damit sie auch anderen Licht bringe – den Angsterfüllten zum Trotz.«

Wir sind, was wir erkennen. Wir sind dann ganz, heil, brillant und voller Licht, wenn wir in allen Dimensionen unseres Selbst zu Hause sind und unsere Erkenntnisse leben, sie in immer neuen Facetten erfahren; unsere Gedanken im Tun erlösen, um mehr und mehr Raum für neues Sein zu schaffen. Wenn wir lieben – uns selbst und alles, was ist. Lieben heißt, glücklich sein mit ...[19]

Erfahrung ist voller Risiko. Nur was man in sich selbst erfährt, wird Wirklichkeit, die weiter wirkt. Nur was durch mich hindurchgeflossen ist und wie aus einer Quelle dann aus mir heraussprudelt, besitzt Wahrhaftigkeit, Lebensenergie und Überzeugungskraft. Erst in der Erfahrung ist meine Identität vollkommen und glaubwürdig. Erst wenn ich mich voll und ganz lebe und alles gebe, was ich bin, erschließe ich meine volle Macht. Macht kommt von machen, von Tun im Sein, davon, dass wir unseren Daimon leben. Woher sonst soll sie kommen?

Die wirksamste Therapie besteht daher in der Entscheidung, keine Entscheidung, wie schwer sie auch erscheinen mag, mehr zu vermeiden und den Lebensweg bis zur Vollkommenheit zu gehen – in aller Konsequenz. Sich weder von anderen, noch von vermeintlichen »Psycho-Mustern« verunsichern zu lassen, von denen man glaubt, sie erst aufarbeiten zu müssen, um den Weg überhaupt gehen zu können. Niemand bezweifelt das Vorhandensein dieser Muster. Sie sind da, ja, weil alles da ist, was das Untere Selbst jemals eingesammelt hat. Aber es liegt an unserem Mittleren Selbst, sie zu aktivieren oder sie links liegen zu lassen. Wenn wir eine Straße entlanggehen, steigen wir schließlich auch nicht absichtlich in den Hundekot, sondern machen einen großen Bogen drum herum. Durch endloses Analysieren, Grübeln und Wälzen von Problemen führen wir diesen nur neue Nahrung zu, so lange, bis wir uns vollständig mit ihnen identifizieren. Richten wir die Aufmerksamkeit dagegen auf den Daimon in uns, werden die Schattenseiten allmählich in den Tiefen des Unteren Selbst versinken.

Psychologie und Spiritualität – gestern und heute

Das geistige Fundament von Spiritualität und Psychologie, wie wir sie bisher kannten, war das patriarchale Paradigma. Und darin liegen die Mängel, unter denen wir bis heute zu leiden haben, weil es zur falschen Gewichtung der Selbste führte und enorm viele Missverständnisse hinsichtlich ihres Zusammenwirkens auslöste.

In der klassischen Psychologie wurde neben dem bewussten Ich das Unbewusste oder Unterbewusstsein berücksichtigt. Das Überbewusstsein war zwar bekannt, spielte aber keine Rolle. Gott wurde außerhalb des Selbst, in einem weit entfernten, jenseitigen Himmel gedacht und war der Religion zugeordnet. Das Fehlen oder Leugnen einer Instanz, die uns sinnhaft in das Ganze einbindet, auf der Ebene des Psychologischen, führte zu jener Orientierungslosigkeit, zu jenem Mangel an Glück, Zufriedenheit und innerer Sinngebung, die für die heutige Zeit so charakteristisch sind. Die unschuldige Freude am eigenen Selbst wurde dadurch regelrecht verhindert.

Einer der hauptsächlichen Fehler der psychologisch orientierten Selbstverwirklichung war, dass sie dem Unterbewusstsein und den dorthinein verdrängten Traumata wie

Schuldgefühlen, Verletzungen, Verlusten, Zurückweisungen, Demütigungen, Ängsten – der Schattenseite der Persönlichkeit – viel zu viel Aufmerksamkeit schenkte. Man wühlte im Schlamm, im guten Glauben, wenn der Unrat erst einmal ins Bewusstsein gerückt sei, verschwände er von alleine; spätestens dann aber, wenn man ihn durch Ich-gefälligere neue Konditionierungen ersetze. Ohne Ausrichtung auf die Wahrheit, auf Liebe und Freude, blieb aber alles nur ein billiger Ersatz. Heilung war nur selten und Befreiung gar nicht möglich, weil man an die Dualität – die unvollendete Polarität – gebunden blieb.

In den letzten Jahrzehnten erlebten wir einen einzigartigen Selbsterfahrungs-Boom, der bei vielen Menschen in eine regelrechte Hysterie ausartete. Was dieser Boom mit sich brachte, war nicht etwa die Befreiung aus den Fängen des Ego, sondern eine rasant zunehmende Identifikation mit falschen Selbstbildern. Anstatt Traumata und alte Muster loszulassen, begannen sich die Leute mit ihnen zu schmücken. Wiedergewonnene Kindheitsdramen wurden benutzt, um sich vor der Selbstverantwortung zu drücken. Diese eigneten sich auch hervorragend, um Mitgefühl und Zuwendung zu ergattern. »Ich hatte eine schreckliche Kindheit, weil mir meine Mutter nicht die Liebe gab, die ich brauchte – weil sie eifersüchtig war –, weil mein Vater mich mehr liebte als sie. Sie ist Schuld an meinem Unvermögen, mein Leben selbst in die Hand zu nehmen. Ich kann nicht lieben und bin sooo unglücklich ... Gib du mir die Liebe, die ich so dringend brauche.« Letztlich nährte diese Psychologie nur den Drang nach Anerkennung und Besser-Sein. Sie veranlasste uns dazu, die den Mustern vermeintlich zugrunde liegende »Schuld« auf unsere Nächsten zu projizieren, allen voran auf die Eltern, dann auf die Ehepartner und schließlich die eigenen Kinder. Die Kunst des Projizierens verwickelte uns in die wüstesten Verstrickungen. Ein tiefes

Gefühl von Ganzheit und Vollkommenheit konnte sie uns nicht vermitteln.

Auch die Mystik war letztlich dem Gedanken der Spaltung verhaftet, obgleich sie auf der Erfahrung der Ganzheit gründet. Sie blieb auf das göttliche Bewusstsein fixiert und verlor die natürliche Anbindung an den Bereich der Materie, der Körperlichkeit und Sinnlichkeit, aber auch an den Intellekt und die Psyche. Die gängige Praxis der Mystiker war die Askese, die ein Leben der Fülle, Freude und Leichtigkeit verpönte. Genau in dieser Abwehrhaltung liegt der Grund, weshalb die Suche nach Erleuchtung sich bei den meisten letztlich doch wieder in reinen Selbstzweck verkehrte. Das Mystische ohne das Intellektuelle ist ein Gespenst – wie es besonders die Entartungen der modernen Trivial-Esoterik beweisen. Das Mystische ohne das Sinnliche ist unmenschlich. Dafür waren die Asketen Beispiel genug. Mystiker wurden meist als Außenseiter betrachtet, manchmal als Verrückte und Spinner abgetan, manchmal als Heilige verehrt, die hinter dicken Klostermauern ebenso vom richtigen Leben abgeschnitten waren wie der liebe Gott. »Und Gedanken allein, ohne jenes Mysterium, das die Atmosphäre der Ganzheit schafft, sind« – in der Formulierung Panikkars – »nichts als intellektuelle Waffen.«

Alle drei Dimensionen des Selbst benötigen Wertschätzung, will man sein wahres Selbst realisieren. Realisieren heißt: Wirklichkeit werden lassen. Mit der *Erfahrung* der Wahrheit ist es nicht getan. Es geht darum, diese Erfahrung ins Leben zu integrieren und sie am Leben zu *erhalten*, so, dass auch die Welt daran teilhaben kann.

Der höchste spirituelle Wert der Vergangenheit, der sich Selbstlosigkeit nannte und den Tugendhaften Flügel wachsen ließ, mit denen sie sich selig lächelnd über die Welt erhoben, hat sich selbst entthront. Die moderne Spiritualität legt es darauf an, den eigenen Lebensweg mit aller Konsequenz zu gehen. Für den Menschen, der heute sein Selbst realisieren will, gibt es keine Autorität im Außen mehr. Für ihn liegt die einzig gültige Autorität in seinem Hohen Selbst, das Teil des Ganzen und zugleich Abbild seiner individuellen Vollkommenheit ist.

Die Sache mit dem Karma

Der Sanskrit-Begriff Karma, der sich von *kri* – Tun ableitet, bezeichnet die Auswirkungen vergangener Handlungen aus diesem oder aus vorhergehenden Leben. Nach den heiligen Schriften der Hindus ist Karma das ausgleichende Gesetz von Aktion und Reaktion, von Ursache und Wirkung, von Säen und Ernten. Es besagt, dass jeder Mensch durch seine Gedanken und Handlungen zum Urheber seines Schicksals wird. Die Kräfte, die durch seine Taten in Bewegung gesetzt werden, müssen zu ihm als dem Ausgangspunkt zurückkehren und formen somit einen Kreis, der sich unerbittlich schließt. Die Kenntnis vom Gesetz des Karma ermöglicht es dem Menschen, sich von seinen Schuldzuweisungen und seinem Groll gegen Gott und die Menschen zu befreien. Das Karma des Menschen folgt ihm Leben für Leben, bis es abgetragen oder geistig aufgelöst worden ist.

Die sich anhäufenden Taten der Menschen innerhalb einer Gemeinschaft, einer Nation oder der Welt als Ganzem bilden das so genannte Massenkarma, das örtliche und weit reichende Wirkungen haben kann – abhängig vom Ausmaß und dem Überwiegen des »Bösen oder Guten«, dessen, was *gegen* die Ordnung des Ganzen oder *mit* ihr arbeitet. Die Gedanken und Handlungen jedes Einzelnen tragen daher zum guten oder schlechten Zustand der Welt und der Völker bei.

Der größere Teil des Karma kommt dem Einzelnen aus dem Energiefeld der eigenen Sippe zu. Wenn jemand über lange Jahre seines Lebens hinweg von einem Missstand, einem bestimmten Lebensthema, begleitet wird und sich selbst nicht erklären kann, warum gerade ihn das trifft, dann kann man mit großer Gewissheit davon ausgehen, dass sich dieses Thema wie ein roter Faden durch die Generationen seiner Sippe zieht und jetzt nach Heilung drängt. Schicksal heißt ja: zum Heil geschickt (*sal:* heil).

Der Maya-Kalender prophezeit, dass die Menschen in den Jahren des ausgehenden Zeitalters durch ihr Karma derart drangsaliert werden, dass sie automatisch beginnen, Fragen zu stellen. Dann wird die Zeit kommen, in der die neue Spiritualität lehrt, wie durch Konzentration auf das eigene Selbst und Wertfreiheit gegenüber allen Erscheinungen des Universums Karma in Licht aufgelöst werden kann. Diese Zeit ist bereits angebrochen.

Der Karma-Gedanke ist eine der wichtigsten philosophischen Grundwahrheiten. Aber auch seine Bedeutung wurde im Zeitalter der Trennung missverstanden und dieses Missverständnis führte in vielen Kulturen zu einer fatalistischen Haltung dem eigenen Leben gegenüber, einer Haltung, die heute von vielen Suchenden übernommen wird. Karma ist ein unabdingbares Gesetz der Wirklichkeit. Was wir gesät haben, das ernten wir. *Aber wir brauchen unser Karma nicht zu akzeptieren.* Sobald wir unsere schöpferische Souveränität erkannt haben, können wir geistigen Widerstand leisten und uns über das Gesetz des Karma erheben. Und wir können die Folgen früherer falscher Gedanken und Handlungen neutralisieren, indem wir JETZT das Richtige tun: uns auf die Ganzheit einschwingen und den Wegweisern Wahrheit, Liebe und Freude folgen.

Wenn wir uns mit dem Hohen Selbst identifizieren, sind wir frei von Karma und schaffen kein zukünftiges Karma mehr. Denn das Hohe Selbst hat kein Karma. Im gleichen Moment, in dem wir vom Innersten her erkennen, dass das Hohe Selbst unsere höchste Instanz ist, treten wir in das Kraftfeld von Wahrheit und Wirklichkeit ein und überwinden das lineare Gesetz von Ursache und Wirkung. Dann sind wir befreit von Vergangenheit und Zukunft und bewegen uns im Wirkkreis des Gesetzes der Synchronizität. Schicksalhaftigkeit als Form der Heilung wird aufgehoben, ist nicht länger zwingend. Von nun an beeinflusst nicht mehr das Karma unser Leben, sondern wir selbst wählen, welche Ursache wir setzen, um eine bestimmte Wirkung zu erzielen. Nicht die Wirklichkeit erschafft uns, sondern wir die Wirklichkeit. »Lasst euch von niemandem einreden, dass eure Leiden und Probleme von eurem Karma herrühren«, sagt Yogananda. »Ihr als Seelen habt kein Karma. Shankara sagte: Ich bin eins mit dem Geist; ich bin Er. Wenn ihr diese Wahrheit erkennt, seid ihr Götter. Doch wenn ihr dabei heimlich denkt: Aber es scheint doch so, dass ich ein Sterblicher bin, dann seid ihr auch Sterbliche. Wenn ihr wisst, dass ihr Götter seid, dann seid ihr frei.«[20]

Anhand der drei Dimensionen des Selbst können wir genau spezifizieren, in welchen Zuständen wir frei von Karma sind und wie wir uns über das Karma erheben können:

1. Wenn das Mittlere Selbst stark genug ist, die richtigen Entscheidungen zu treffen, Entscheidungen, die auf Wahrheit, Liebe und Freude basieren, sind wir frei.
2. Im Zustand des Schlafs sind wir frei, weil das Mittlere Selbst, dem der trennende Intellekt zugeordnet wird, nicht aktiv ist.

3. Selbstverständlich sind wir in der mystischen Vereinigung frei, in tiefer Meditation und in jeder Pause zwischen den Gedanken.
4. Aber auch dann, wenn wir uns ganz und wahrhaftig fühlen, Liebe, Mitgefühl oder eine der zahlreichen Herzensqualitäten empfinden, wenn uns tiefe Freude oder echtes Glücksgefühl durchströmt, haben wir kein Karma.
5. Wenn wir üben, uns ständig auf Wahrheit, Liebe und Freude auszurichten – in jedem Augenblick unseres Lebens, in all unseren Gedanken, Gefühlen und Handlungen –, gelangen wir in die Heimat des Hohes Selbst, wo uns keine Sorgen und kein Karma mehr etwas anhaben können.

Durch diese Methoden können wir tatsächlich sofort frei von Karma sein. Wir sind nicht Sklaven unserer Muster, Gewohnheiten und Ängste. Wir können die Vergangenheit von einem Augenblick auf den anderen loslassen und neue Weichen für die Zukunft stellen. Wir haben die Macht dazu. Alle Gedanken wie »Ich kann nicht« sind nur Einbildungen. Sie sind die dramatische Folge davon, dass während des Patriarchats das natürlichste Bedürfnis des Menschen unterdrückt wurde: der Drang, sein Licht leuchten zu lassen. Während des Patriarchats waren Licht, Geist und Individualität nicht gefragt, sondern nur Gefügigkeit.

»Immer, wenn euch euer Karma Sorgen macht, legt euch schlafen«, meint Yogananda. »Oder denkt reine Gedanken und stählt euren Geist, indem ihr euch sagt: ›Ich stehe über alledem.‹ Noch besser aber: Meditiert tief und taucht in das göttliche Überbewusstsein. Die Seligkeit dieses Bewusstseinszustandes ist der natürliche Zustand der Seele, doch ihr habt euer wahres Wesen vergessen, weil ihr euch schon so lange mit dem Körper identifiziert. Ihr müsst diesen sorgenfreien, glückseligen Zustand der Seele wiedererlangen. ... Das größte Heilmittel besteht in der Überzeugung, dass ihr eins mit Gott seid. Das ist das Allheilmittel für alle Sorgen, Schmerzen und Verluste – der Weg zur Befreiung von allem persönlichen Karma und Massenkarma.«[21]

Nicht das Karma ist das Problem, sondern unsere Art zu sehen. Achten wir auf unsere höhere Natur, wird der niedere Teil aus Mangel an Aufmerksamkeit sterben.

Fülle und nie versiegende Energie – alles ist im Überfluss vorhanden. Ich kann nehmen, was ich brauche. Ich kann loslassen, was nicht gut für mich ist. Der Reichtum liegt mir zu Füßen. Aber entscheiden und handeln muss ich selbst.

Es geht darum, das wahre Selbst zu *sein* und JETZT das Richtige zu *tun*. Die Schöpfung ist nicht vollendet, sondern vollendet sich in jedem Augenblick neu. Das ist das ganze Geheimnis der Selbstrealisation.

Ein Blick in die neue Wirklichkeit

Wer einmal sich selbst gefunden,
kann nichts auf dieser Welt
mehr verlieren.
Wer einmal den Menschen
in sich begriffen,
der begreift alle Menschen.

STEFAN ZWEIG

Werfen wir aus der Perspektive des dreifachen Selbst noch einmal einen Blick zurück auf die Geschichte der Menschheit, offenbart sich deren Entwicklung nun in ihrer Folgerichtigkeit und die Evolution in ihrer Stimmigkeit.

Im archaischen Zeitalter war der Mensch noch ein Kind: unschuldig, abhängig, mit Mutter Erde und den Kräften der Natur in Freude oder Schmerz verbunden, je nachdem, welche Launen diese an den Tag legten. Der Urmensch kümmerte sich vorrangig um die Erfüllung seiner *körperlichen* Bedürfnisse. Während des matriarchalen Zeitalters formte sich die weibliche Seite des Menschen heraus. Gefühle bestimmten das Leben, Mythen erklärten die Welt, und mit Hilfe der Magie versuchte man, die Wirklichkeit zu perfektionieren. Es war das Zeitalter, in der die *Psyche* von der Blüte zur Frucht heranreifte. Das Patriarchat zeigte ein männlich rationales – scharfkantiges – Gesicht. Hier gelangten Verstand und Vernunft zur Reife. Doch Kind und Weib gingen nicht verloren. Aus den geheimnisvollen Tiefen des Unteren Selbst wirkten sie stets auf unser Leben ein.

Daher tun wir uns nur Gutes, wenn wir sie liebevoll in den Arm nehmen und ihnen geben, was sie brauchen: dem Kind in uns Geborgenheit und Trost, der inneren Frau die Bereitschaft des Zuhörens – denn sie hat viel zu erzählen. In dieser innigen Umarmung dürfen wir uns nun dem Hohen Selbst und damit dem Ganzen anvertrauen. Dadurch heilen wir, und die schwelenden Wunden, welche die Zeit uns zugefügt hat, werden heil und ganz. Und damit neigt sich auch das Zeitalter der Dualität seinem Ende zu.

Wohin mag die Überwindung der Dualität wohl führen?

Auf der Ebene der Wahrheit führt sie zur Leerheit, auf der Ebene der Wirklichkeit zur Fülle der Vielfalt, auf der Ebene des Selbst jedoch führt sie zur *Trinität*.

Trinität

Das Wesen der Trinität wird am ehesten transparent, wenn wir die Symbolik der Zahl drei auf uns wirken lassen.

Die Drei symbolisiert die Aufhebung der Gegensätze in einer höheren Form. In der Numerologie ist es die Zahl des Zusammenführens der Extreme, der Überwindung der polaren Spannung. Es ist die Zahl der Mitte, der fruchtbaren Synthese. Es ist die Zahl der Dreifaltigkeit: von Körper, Seele und Geist; von Schale, Fleisch und Kern einer Frucht; von Wurzel, Stängel und Blüte einer Blume. Die Drei umfasst Anfang, Mitte und Ende. Sie steht für die Erkenntnis, dass Gegensätze sich zwar anziehen, jedoch nicht um sich aufzuheben. Vielmehr überwinden sie die anfängliche Widersprüchlichkeit, um zu neuen Einsichten zu gelangen. Die Drei ist die Zahl des Fortschreitens, des Abstreifens alter Wahrheiten, die unbrauchbar geworden sind. Hohes, Mittleres und Unteres Selbst bilden die perfekte schöpferische Trinität, welche die schöpferische Polarität transzendiert hat und deren Potenzial noch um ein Vielfaches verstärkt.

Die Drei ist auch die Zahl des Neuen. Aus der Vermählung der Gegensätze entsteht das Dritte, das verbindet, was sich aus eigener Kraft nicht dauerhaft binden kann. Und doch erschöpft sich die Kraft der Drei nicht im Brückenschlag zwischen scheinbar unüberwindlichen Gegensätzen, sondern schöpft gerade daraus neue Energie. Obwohl aus der Zweiheit hervorgegangen, ist die Drei eigenständig von Anbeginn an. Sie setzt Wesensfremdes miteinander in Beziehung, ohne es bis zur Unkenntlichkeit zu vermischen.

Sie ist das Symbol des unvermuteten Aufsteigens, des verschlossen geglaubten Zugangs, des Reichtums inmitten der Überschaubarkeit; Symbol der Lebenskraft, des Stromes zwischen zwei Ufern, der seine Herkunft weit hinter sich lässt. Drei – das ist der Schlüssel, der Türen aufschließt,

Räume öffnet und Gedanken aus der Strenge der Bipolarität befreit; die Metapher für Freiheit, Leichtigkeit, Ungebundenheit – nicht zu verwechseln mit Leichtsinn, Bindungslosigkeit, Leere. Vielmehr steht die Drei für ein natürliches Verantwortungsbewusstsein, das so selbstverständlich ist, um leicht und erfüllend zu sein. Der Charakter der Zahl Drei ist unparteiisch, aber nicht gleichgültig; gerecht, aber nicht hart; unbeteiligt, aber nicht desinteressiert.

Die gelebte Drei-Einheit von Hohem, Mittlerem und Unterem Selbst verleiht die Gabe der Kreativität und Spontaneität, sie macht erfinderisch, aber auf eine handfeste, lebenstüchtige Weise. Sie lässt Brücken bauen auf allen Ebenen. Sie lässt immer einen Ausweg finden, selbst in Situationen, in denen andere bereits verzagt aufgegeben haben. Sie führt zu Gelassenheit, Ausgeglichenheit und einem ausgleichenden Wesen, das nie zur Masche gerät. Sie macht liebenswert und lässt uns lieben.

Die Trinität des Selbst verbindet Intuition und Intellekt, Kreativität und Vernunft, linke und rechte Gehirnhälfte durch die Anknüpfung an ich-transzendente Kräfte zu einer harmonischen Ganzheit. Nicht nur dreifache Intelligenz, sondern *potenzierte* Intelligenz geht daraus hervor. Sie stärkt die Willenskraft und das Durchsetzungsvermögen, schenkt Selbstvertrauen und Selbstsicherheit. Sie macht uns zu Felsen in der Brandung. Die Wahrnehmung verfeinert sich. Sowohl die Sinneswahrnehmung als auch die Wahrnehmung des Numinosen werden geschärft. Das Unterscheidungsvermögen verbessert sich und wir erlangen zunehmende Klarheit – Seite an Seite mit geistiger Flexibilität.

Auch Körperbewusstsein und Selbstheilungskräfte nehmen zu, weil sich die Strukturen und Prozesse des Körpers ständig verbessern. Die vitalen Kräfte werden durch den freien Fluss der Lebensenergie gesteigert, chronische körperliche Verspannungen und psychische Blockaden lösen sich auf. Sprache, Gestik, Mimik, Berührung – die gesamte Ausdrucksfähigkeit wird freier, natürlicher, individueller und sicherer.

Durch Akzeptanz und Toleranz verwandelt sich das menschliche Miteinander. Liebesfähigkeit und Empathie wachsen und fördern ehrliche, einfühlsame Beziehungen, dauerhafte geistige Bindungen. Wir gewinnen eine kraftvolle Präsenz, Charisma und eine natürliche Autorität, Eigenschaften, die uns befähigen, positiven Einfluss auf unsere Umwelt auszuüben, andere Menschen zu inspirieren und Konflikte konstruktiv zu lösen.

Die wachsende Freiheit von geistigen, gefühlsmäßigen und körperlichen Angewohnheiten lässt uns eine weit größere Freiheit erkennen, als wir jemals ahnen konnten. Der dreifache Mensch birgt alles in sich. Er ist fähig, alles aufzunehmen, ohne Vorliebe oder Vorurteil. Er schätzt jeden Menschen und jedes Ding als solches und reagiert auf jeden Lebensumstand angemessen – so, wie es seiner innersten Stimme entspricht. Dabei bleibt er unbeeinflusst und unbeeindruckt von Meinungen, Dogmen und Glaubensätzen. Er ist ohne Angst. Seine Angst vor dem Leben, vor der Liebe, vor dem Erfolg und vor dem eigenen Licht ist ebenso verschwunden wie die Angst vor Verachtung und Unglück, Leiden und Tod. Sein Bewusstsein ist ohne Trübung und er spiegelt alles in seiner Einzigartigkeit wider. Er selbst ist einmalig, und nicht nur das: Er ist unentbehrlich. Er ist der Kern einer Wirklichkeit, die nur durch ihn in genau dieser Form möglich ist.

In allen Kulturen war die Drei eine magische Zahl. Magisch im positiven Sinne. Drei ist die Glückzahl schlechthin. Sie verheißt Glück, weil sie uns durch den Fluss der Lebensenergie an die richtige Stelle spült – genau dorthin, wo wir sein wollen und sein sollen. Und dieses Angekommensein und Immer-wieder-neu-Ankommen bringt das Gefühl der Glückseligkeit mit sich. Daher steht die Drei letztendlich für Vollkommenheit, nicht nur für eine abgeschlossene, vollendete, sondern auch für eine offene Vollkommenheit, die immer weiter strebt. Nichts ist so vollkommen, dass sich nicht eine Verbesserung erfinden ließe. Zwar ist alles Gnade, aber sie beginnt immer wieder von neuem – und niemals ohne uns. So lange wir leben, sind wir nie am Ende dieses Prozesses. *Vollkommenheit ist eine immer während sich erneuernde Vollkommenheit.* Das ist das Prinzip des Wachstums und gerade das macht die Faszination des Lebens aus.

In der Gesamtheit ihrer Eigenschaften manifestiert sich die Zahl Drei in der geometrischen Form des Dreiecks. Das Dreieck symbolisiert das Kraftfeld der Schöpfung. Es steht für die schöpferische Souveränität des Individuums, für Meisterschaft und Genie – für Göttlichkeit. Im dem Maße, wie wir uns dem Unteren Selbst öffnen, uns auf das Hohe Selbst ausrichten und durch das Mittlere Selbst Meisterschaft über Gedanken und Gefühle erwerben, wie wir stärker werden und uns mehr und mehr auf unser wahres Selbst konzentrieren, müssen wir sehr achtsam damit umgehen, was wir denken, fühlen, tun und sagen. Ein Wort, ein Gedanke, ein Gefühl aus einem voll entwickelten Selbst kann sich sehr schnell verwirklichen.

Somit ist das Dreieck das vollkommene Symbol für das Zeitalter der Integration, in dem Spiritualität zum ersten Mal in der Menschheitsgeschichte in ihrem ganzen Ausmaß für alle lebbar wird.

Die Praxis, die auf der Erkenntnis der drei Bewusstseins-Dimensionen basiert, ist die fruchtbarste Methode auf dem Weg zum Selbst. Sie gewährt Orientierung innerhalb des Kontinuums. Sie ermöglicht die Erziehung des Unterbewusstseins und erschließt den Zugang zu unserem immensen Gedächtnisspeicher. Durch die Ausrichtung auf die Ganzheit vermittelt sie eine Richtlinie, anhand derer wir vorwärts – in Richtung Vollkommenheit streben können und dabei *unter*scheiden und *ent*scheiden lernen, was unserem Ziel dienlich ist und was nicht. Diese Richtlinien kommen aus unserem Inneren und werden uns nicht von außen aufoktroyiert, obgleich sie stets das Wohl des Ganzen berücksichtigen. Sie machen es möglich, dass wir uns immer wieder neu erschaffen, unsere Gewohnheiten verändern und unsere psychischen Strukturen von überholten Routinemäßigkeiten befreien können. Je mehr wir das Selbstbewusstsein kultivieren, desto weiter werden unsere Ausblicke, bis hin zu einer grenzenlosen Subjektivität, welche die Einheit, die Wahrheit, die Liebe und die Freude in allem erkennt.

Wer eines Tages *noch* weiter gehen und die Räume des Paranormalen betreten möchte, kann dies tun, sobald sein Selbst vollständig realisiert ist. Schöpferische Souveränität und die damit verbundene Selbstverantwortung bilden die unabdingbare Basis für Ausflüge in die »jenseitigen« Bewusstseinsebenen. Diese Räume vorher zu betreten, kann erhebliche Gefahren mit sich bringen und zu schweren psychischen, geistigen und auch körperlichen Störungen führen. Zwar versteckt sich auch in diesem Vorschlag ein Paradoxon, weil die höchste Ebene die Leerheit ist. Aber das Kraftfeld birgt viele, noch unbekannte Wirklichkeiten. Jedem, der sie entdecken möchte, sei geraten, das Schlupfloch des Hohen Selbst zu benutzen, besonders dann, wenn sich diese Wirklichkeiten vollends den Greifzangen des Intellekts entziehen.

ZWEITE AFFIRMATION

Ich will denken.
Ich will fühlen.
Ich will handeln.
Ich will der Sehnsucht nach Vollkommenheit folgen.

Doch lenke Du, innere Stimme,
meine Gedanken, mein Fühlen und mein Tun,
damit ich die höchste Vorstellung von mir selbst sein kann
und in allem das Richtige tue.

So will ich es und so sei es.

(in Anlehnung an ein Gebet von Yogananda)

DRITTES BUCH

Lebendige Wahrheit, gelebte Spiritualität

DIE PRAXIS

I. Stufe
Sein Licht leuchten lassen

Der Sinn und Zweck der Schöpfung war,
dass der Mensch wie Gott sein sollte,
um teilzuhaben an seiner Weisheit und Unsterblichkeit.
Aber das kann nur geschehen,
wenn wir die ganze Kraft unseres Seins,
des Körpers und der Seele,
auf die Macht des Geistes in unserem Inneren ausrichten.

Bede Griffiths

Die moderne Praxis der Selbstrealisation ist gelebte Spiritualität. Sie steht allen Menschen offen und bildet die Grundlage einer neuen, kollektiven Wirklichkeit. Sie ist keine Flucht vor dem Leben mehr, sondern eine sehr weltliche Form der Spiritualität, welche die Wertschätzung des Körpers, der Gefühle, Sinne und Leidenschaften ebenso mit einbezieht wie die des Intellekts. Sie ist die Erfahrung einer Wirklichkeit, die nicht von einem vorgefertigten Paradigma abhängt, sondern die gerade eben erst von uns neu geschaffen wird.

In der gelebten Spiritualität geht es darum, das Licht der ewig gültigen Wahrheit durch die individuelle Wirklichkeit leuchten zu lassen – ein lupenreiner Diamant der Lebendigkeit und Wahrhaftigkeit zu sein. Denn nur die Reinheit des

Herzens ermöglicht den Zugang zum großen Mysterium von Leerheit und Fülle, welches allein die verschiedenen Dimensionen des Seins zu einer Ganzheit verbinden und schöpferische Souveränität verleihen kann. Auch hier sollten wir nicht vergessen, dass ein reines Herz nicht eines ist, das nur Gutes denkt, sondern eines, das leer ist von blindem Glauben.

Selbstrealisation gründet auf einer Wissenschaft, einer Wissenschaft, die die geistigen Gesetze und die Gesetze des Geistes, des Bewusst-Seins, zum Inhalt hat. Erst wer diese Gesetze kennt oder intuitiv erahnt, kann sein wahres Selbst verwirklichen. Sie ist auch eine Lebenskunst. Diese Kunst basiert auf dem Vermögen, sich von Freude und Liebe leiten zu lassen. Wer Freude hat, besitzt alles und wer liebt, der lebt. Den Weg der Vollkommenheit gehen, heißt: JETZT glücklich sein. Und die unumstößlichen Spielregeln für die Teilnahme an der »Glückspirale« lauten:

1. Bei sich selbst beginnen, und zwar dort, wo man sich im Moment befindet.
2. Sich dem Hohen Selbst öffnen und das Untere Selbst liebevoll behandeln.
3. Stets das Wohl des Ganzen im Auge behalten.
4. Niemals aufgeben und immer wieder neu anfangen.

»Jeder Tag ist der Anfang des Lebens. Jedes Leben ist der Anfang der Ewigkeit«, lautet ein Ausspruch des Dichters Rainer Maria Rilke, den wir ergänzen können mit den Worten »wenn wir Wahrheit, Liebe und Freude zu unseren Wegweisern machen«. Beherzigen wir diese Richtlinien, wird der Weg zur Vollkommenheit ein Leichtes sein. Um den Gipfel zu erklimmen, brauchen wir nämlich nur einen Fuß vor den anderen setzen und die Schritte tun, von denen im Folgenden die Rede sein wird – ohne die Gewalt der Anstrengung, ohne zwanghafte Absicht. Wir brauchen uns keinen Zwang mehr anzutun, denn das Zwingende liegt in der Wahrheit selbst, die unsere einzig gültige Führung ist. Ihr Licht wird ganz von allein durch uns zu leuchten beginnen, wenn wir uns ihr öffnen.

Aber wir müssen voller Hoffnung sein. »Jedes Mal, wenn wir etwas empfangen, haben wir eine Verpflichtung: wieder etwas Neues zu tun. Und das Neue ist immer die Hoffnung«, sagte der Jesuitenpater und Gandhi-Freund Michael Windey anlässlich eines Benefizkonzerts der Gandhi & Griffiths Society in München. Die Hoffnung ist jenes Prinzip, das uns auf dem Weg zu tragen vermag, uns den Rücken stärkt, über alle Hindernisse hinweghilft und uns vor dem Scheitern schützt. Nur wer die Hoffnung kennt, kann auch Mut beweisen. Nur wer das Neue umarmt, erfüllt sich immer wieder mit neuer Kraft.

Spiritualität und Sinnlichkeit

Wahrheit und Wirklichkeit gehören unabdingbar zusammen. Keines kann ohne das andere existieren. Die Wahrheit existiert nicht ohne die Wirklichkeit, die Wirklichkeit nicht ohne die Wahrheit. »Gott« existiert nicht ohne den Menschen, der Mensch nicht ohne »Gott«, Materie nicht ohne Geist und Geist nicht ohne Materie.

Die letzte Offenbarung hat eine gewaltige Auswirkung auf die Praxis der Spiritualität. Ja, sie verändert deren »Gesicht« so vollständig, dass man, ist man noch auf das Alte fixiert, die neue Spiritualität nicht einmal erkennen kann. Wer auf Mönchsgewänder, Bettelschalen und fromme Gesänge, ehrfürchtig niedergeschlagene Augenlider und gefaltete Hände fixiert ist, nimmt sich die Chance, das wahrzunehmen, was neuerdings im prallen Leben stattfindet.

Heute geht es darum, Spiritualität *in den Alltag* zu holen, Materie und Geist zu einer Ganzheit zu verbinden. Jede Zelle des Körpers durch die Lebenskraft zum Strahlen zu bringen. Kraft und Gesundheit, Vitalität und Energie zu spüren. Die unerträgliche Leichtigkeit brillanter Intelligenz zu leben; spontan, erfinderisch, ungezügelt, sprühend, unkompliziert, einfach und wundervoll zu sein. Den Duft von Mitgefühl und Liebe zu verströmen, der so betörend ist, dass er das Hässliche betäubt und das Normale aus der Langeweile des Alltäglichen in die Sphäre der Freude erhebt. Das ganze Leben zu feiern, es auf allen Ebenen reicher und schöner zu gestalten. Voller Engagement und Enthusiasmus für seine Aufgaben zu sein ... Die moderne, gelebte Spiritualität, die den letzten Schleier der Trennung gelüftet hat, ist offen für Wohlstand, Erfolg und Genuss. Das Zeitalter der Klöster und der Askese, der Entsagung und des Rückzugs aus dem Leben, der gewaltsamen Disziplin, ist vorbei. Jetzt kommt es darauf an, Weisheit zu schmecken, ihre Melodie in allem Schönen zu hören, das Auge an der Wirklichkeit zu erfreuen, den Duft des Lebens zu atmen und den Himmel auf die Erde zu holen – ihn zum Greifen nah zu wissen; wirklich und wahrhaftig spüren zu können.

Der folgende Ausschnitt aus einer Geschichte des Inders Anthony de Mello (*Quelle der Weisheit,* erschienen im Herder-Verlag) bringt zum Ausdruck, worauf echte Spiritualität wirklich abzielt, ganz abgesehen davon, wie tiefgründig die Philosophie auch immer sein mag:

> Ehe der Besucher eventuelle Schülerschaft diskutierte, verlangte er von dem Meister Zusicherungen.
> »Könnt Ihr mich lehren, was das Ziel eines Menschenlebens ist?«
> »Das kann ich nicht.«
> »Oder wenigstens seinen Sinn?«

»Das kann ich nicht.«
»Könnt Ihr mir das Wesen des Todes erklären und eines Lebens jenseits des Grabes?«
»Das kann ich nicht.«
Der Besucher ging zornig davon. Die Schüler waren betreten, dass ihr Meister eine so schlechte Figur gemacht hatte.
Sagte der Meister tröstend: »Was nützt es, die Essenz des Lebens zu verstehen und seinen Sinn zu begreifen, wenn ihr es nie gekostet habt? Mir ist lieber, ihr esst euren Pudding, als dass ihr darüber spekuliert.«

Sinnlichkeit und Spiritualität arbeiten ebenso zusammen wie Wahrheit und Wirklichkeit, Gott und Mensch, Geist und Materie. Eines dient dem anderen als Spiegel; das eine erkennt sich erst im anderen. Solange wir Gott nicht spüren, ist er nicht existent. Solange wir die Wahrheit nicht leben, hat sie keine Chance, wirklich zu werden. Solange wir den Geist nicht inkarnieren, kommen weder wir selbst noch andere in seinen Genuss. Auch Sinnlichkeit hat einen Sinn, und es gilt, diesen Sinn zu erkennen, anzunehmen, abzusegnen und die bisher unüberwindbar erscheinende Kluft von heilig und profan endlich zu überspringen.

Tatsächlich werden mit zunehmender Praxis Empfinden und Erleben immer intensiver, Beziehungen immer erfüllender, während man gleichzeitig nichts mehr tragisch und sich selbst nicht mehr allzu ernst nimmt. Die spirituell geschulte Berührung mit der Natur und der Kunst, mit Musik und Literatur, vor allem aber mit anderen Menschen kann unerträglich schön sein, so schön, dass es schmerzt, so schön, dass man es gerade noch aushält, oder aber in die Seligkeit des Nichts zerbirst. Durch das Eins-Werden im Hohen Selbst enthüllt sich der Zauber des Betrachteten, um dessen letzte Geheimnisse preiszugeben, beginnt die Melodie der Stimmigkeit zu schwingen, sprudelt die Freude spontaner Über-Ein-Stimmung, durchströmt dich die Wärme der Ein-Fühlung, die Glückseligkeit des Ein-Verständnisses ... – um schließlich die sinnlichen Wellen der Ekstase in den raum- und zeitlosen Ozean der Leerheit hinein verebben zu lassen.

Am Anfang steht die Entscheidung

Wer einmal erkannt hat, dass er selbst der Schöpfer seiner Wirklichkeit ist, wer eine Vision in sich trägt von einem Leben, wie es sein könnte, und wer einen Plan besitzt, diesen Schatz zu heben, wird irgendwann in seinem Leben zu einem Punkt kommen, an dem ihn sein Innerstes drängt, den Weg der Vollkommenheit konsequent zu gehen. Niemand, der auf den Geschmack der Wahrheit gekommen ist, wird dieses innere Drängen jemals wieder loswerden. Eines Tages wird er sich entscheiden. Zu diesem Zeitpunkt wird ihm wahrscheinlich noch nicht bewusst sein, dass sich allein durch die Entscheidung sein Leben bereits verändert hat. Er hat die Hand der inneren Führung ergriffen und wird nun von ihr gelenkt. Die Zeit der Wunder und geheimnisvollen Fügungen beginnt, aber auch die Zeit der Prüfungen. Er ist bereit.

Die Entscheidung ist ein radikaler Beschluss, die Wegrichtung im Leben zu verändern und zur Mitte zurückzukehren, von der wir uns so weit entfernt haben. Sie ist ein bewusster Akt des Ja-Sagens, ein Akt, der eine Initialkraft in Gang setzt, durch die wir hineinkatapultiert werden in das Kraftfeld von Wahrheit und Wirklichkeit und der dort waltenden Gesetze. Prüfungen tauchen dort auf, wo wir diese Gesetze missachten, willentlich oder aus Unwissenheit. So lange werden wir von der inneren Führung gequält, bis wir die Gesetze erkannt und integriert haben. Bewegen wir uns in diesem Kraftfeld jedoch mit Achtsamkeit und Respekt, werden wir sanft und wundervoll zum Zentrum der Kraft hin befördert.

Von der Entschlusskraft hängt es ab, wie schnell wir unser Ziel erreichen. Es gibt Menschen, deren Entscheidung so unumstößlich, deren Entschlusskraft so stark war, dass sie allein dadurch Befreiung (Sanskr.: *moksha*) erlangten. Sie hatten den Mut, ins Nichts zu springen und gewannen alles. Dieses Wagnis konnten sie eingehen, weil sie erkannt hatten, dass sie bereits frei und vollkommen sind und schon immer die Schöpfer ihrer Wirklichkeit waren.

Zur Phase der Entscheidung gehört auch das Training des Willens. Bewusster Wille ist eine lebendige Kraft, die mit Entschlossenheit und Zielstrebigkeit einhergeht. Erst der Wille verleiht uns die Eigenschaft, über uns selbst hinauszuwachsen, etwas in unserem Leben zu vollbringen, das wir uns bisher nicht zugetraut haben.

Alle verfügbaren äußeren Mittel, alle natürlichen Anlagen und Fähigkeiten sind uns gegeben, um unser höchstes Ziel zu erreichen und jedes Hindernis zu überwinden, das sich uns in den Weg stellt. Ja, alle Ereignisse des Lebens dienen dazu, uns dem Hohen Selbst näher zu bringen. Es ist wichtig, sich zu seinen Qualitäten zu bekennen und sie einzusetzen, wo immer sich eine Gelegenheit bietet. Vermeintliche Fehlschläge sollten uns dabei nicht aus dem Konzept bringen. Sie sind lediglich Folgen des Einrastens in alte Gedankengänge. Fehlschläge können viel eher als Motivation für einen weiteren Anlauf dienen. Unter dem Motto »Jetzt erst recht!« lassen sie sich in neuen Treibstoff verwandeln.

Der Wille darf nur zu konstruktiven Zwecken benutzt werden, niemals um Schaden anzurichten. Befolgen wir dies, bleiben uns unnötige Prüfungen mit Sicherheit erspart. Glück ist der Maßstab des spirituellen Erfolgs. Unser eingebautes Glücksbarometer ist ein direkter Gradmesser für die Zielgerichtetheit des Willens. Ein geschulter Wille hilft, sich beständig auf das Höchste auszurichten. Je öfter wir bei der höchsten Vorstellung verweilen, desto schneller verwirklicht sie sich, weil Energie den Gedanken folgt. Dies ist eines der wichtigsten geistigen Gesetze. Angst jedoch gehört zu den stärksten Gegnern der Willenskraft. Sie schwächt die Lebensenergie, indem sie ihren freien Fluss blockiert. Wenn wir fähig werden, den Willen nur für aufbauende Zwecke einzusetzen, werden wir unser Schicksal mit Leichtigkeit meistern.

Entscheidung als Akt der Bejahung heißt auch: Initiative ergreifen. Jemand, der die Initiative ergreift und ausgerichtet ist, wird zum aktiven Benutzer, zum Lenker der Lebenskraft. Daher ist Initiative reine schöpferische Kraft. Sie ermöglicht uns, auf eigenen Füßen zu stehen. Wir tragen die Verantwortung für uns selbst. Niemand anders kann uns unsere Aufgaben abnehmen. Und das ist auch gut so, denn Selbstverantwortung ist die erfüllendste Aufgabe, die es gibt. Selbstverantwortung bedeutet Freiheit und persönliche Stärke. Letztlich ist alles die Folge einer Entscheidung ...

DRITTE AFFIRMATION

Ich entscheide mich hier und jetzt,
das Licht der Wahrheit durch meine Wirklichkeit
strahlen zu lassen
und meinen Willen ganz auf dieses
Leuchten-Wollen auszurichten.

Dein Hohes Selbst ist deine einzige Autorität

Wohl tun, wo man kann;
Freiheit über alles lieben;
Wahrheit nie, auch am Throne nicht, verleugnen.

LUDWIG VAN BEETHOVEN

Die Entscheidung, das wahre Selbst zu realisieren, geht mit dem Entschluss einher, alle *falschen* Selbstbilder loszulassen; das Glaubenssystem, in dem wir leben, mit seinen Überzeugungen, Werten, Normen und Vorschriften *gewissenhaft* zu überprüfen und sich von allem zu lösen, was a) nicht den universellen Gesetzen der Wahrheit entspricht und b) uns nicht glücklich macht, unserem Weg zur Vollkommenheit nicht dienlich ist – kurz, alles loszulassen, was nicht Liebe ist.

Die einzige Instanz aber, die gleichermaßen im Dienst der Ganzheit *und* der individuellen Vollkommenheit steht, ist das Hohe Selbst. Das Hohe Selbst *ist* reine Liebe. Nichts und niemand auf der Welt vermag uns fürsorglicher, liebevoller und sicherer durch das Labyrinth des Lebens zu geleiten als unser eigener Wesens-Stern. Kein Mensch, weder Lebenspartner noch Freunde, weder Seelsorger noch Therapeuten können uns sagen, was wirklich richtig für uns ist. Dies wissen wir allein. Es ist unser tiefstes inneres Wissen. Selbst spirituelle Meister haben nur *eine* Aufgabe: jenen, die suchen, den Weg dorthin zu weisen und ebendieses, in unserem Herzen schlummernde Wissen auf sanfte Weise zu wecken.

Das will besagen, dass es keine höhere Autorität für uns gibt als unser eigenes Hohes Selbst. Noch deutlicher ausgedrückt heißt dies, dass wir uns ab dem Augenblick der Entscheidung *selbst an die erste Stelle setzen müssen.*

Am Ende des patriarchalen Zeitalters mag dieser Schritt vielen Menschen noch ungeheuerlich erscheinen. Sind wir es doch gewohnt, in allen Lebensbereichen Autoritäten über uns zu haben, vom Beginn bis ans Ende des Lebens gehorchen und funktionieren zu müssen. Am Anfang sind es die Eltern, Lehrer und Erzieher, die über uns bestimmen; im Berufsleben folgen dann die Chefs; im Familienleben ordnen wir uns den Wünschen der Lebenspartner und der Kinder unter. Frauen stellen seit Jahrtausenden die Liebe zum Mann und zu den Kindern über die Liebe zu sich selbst. Als Bürger sind wir verpflichtet, die Gesetze des Staates zu befolgen, selbst dann, wenn diese Gesetze ungerecht sind. Die längste Zeit waren wir gezwungen, einer bestimmten Religion und Weltanschauung anzuhängen, und wurden geächtet, wenn wir uns eigenmächtig Gedanken machten. Die allgemeine Moral richtete über unsere Gefühle. Wir durften nicht lieben, wen wir wollten, uns aber auch nicht von denen trennen, die uns nicht gut taten. Und auf allen Ebenen wurde verhindert, dass wir unsere Berufung zum Beruf machten, um unseren ureigenen Lebensweg gehen zu können, obgleich dieser durch unsere speziellen Anlagen, Fähigkeiten, Talente und Charakterzüge, durch unsere individuellen Neigungen und Bedürfnisse von Geburt an vorgezeichnet ist.

Sich selbst an erste Stelle setzen ist kein äußerer, sondern ein innerer Schritt. Im Außen stehen wir dort, wo wir gerade sind: in einem Land, dessen Politik nicht unseren Vorstellungen entspricht; an einem Arbeitsplatz, der von Rivalität, Konkurrenzkampf, Mobbing und Stress beherrscht wird; in einer Welt, in der nichts mehr stimmt. Es geht nicht darum, sich gegen äußere Bedingungen und äußere Autoritäten zu richten und sich über diese zu stellen. Vielmehr gilt es, die Umstände erst einmal zu *akzeptieren*, weil wir – als kollektive Seele, als Weltseele – für ihre Erschaffung verantwortlich sind.

Allem, was uns auf den ersten Blick von außen zu widerfahren scheint, geht unser inneres Einverständnis voraus. Eleanor Roosevelt hat einmal bemerkt, niemand könne einem ohne die eigene Zustimmung wehtun, und Gandhi meinte: »Sie können uns unseren Selbstrespekt nicht nehmen, wenn wir ihn nicht hergeben.« Zugegeben, diese Einsicht ist schwer anzunehmen, insbesondere, wenn wir unsere Probleme schon lange Zeit mit den schwierigen Umständen oder dem Verhalten eines anderen Menschen begründet haben. Bis zu dem Augenblick, in dem jemand wahrhaftig und aus seinem tiefsten Inneren heraus sagen kann: »Das, was ich bin, bin ich aufgrund meiner eigenen Entscheidung«, wird er jedoch nicht in der Lage sein, eine andere Wahl zu treffen.

Akzeptanz ist auch deshalb sinnvoll, weil die gegenwärtige Realität immer die Ausgangsbasis für Entwicklung und Veränderung darstellt. Genau hier fangen wir an. Von exakt diesem Punkt aus entwickeln wir uns weiter. Akzeptanz ist der Beginn allen Wachstums. Schon einfaches Beobachten, Reflektieren und Akzeptieren sorgen für veränderte energetische Verhältnisse. Gewaltsame Auflehnung gegen das Bestehende, Anarchie oder ein patriarchales Schubladen-Denken wie »Ich und der andere« wären niemals im Sinne des Hohen Selbst, das *immer* das Wohl des Ganzen im Auge hat. Aus der Sicht der Ganzheit gesehen sind wir ALLES und mit allem eins: Eins mit uns selbst, eins mit den anderen, eins mit dem Kosmos. *Wenn wir mit allem eins sind, ist nichts gegen uns.* Wenn wir also im Außen etwas verändern wollen, dann nur aus dem Hohen Selbst, aus der Liebe und dem Gefühl des Ein-Seins heraus.

Ebenso wenig lassen sich Glück, Zufriedenheit, Freiheit, Frieden und Würde irgendwo da draußen finden. Die Quelle dieser Eigenschaften liegt allein im Hohen Selbst. Auch wenn wir reichlich mit solchen Qualitäten beschenkt werden, bleiben Geschenke auf den Augenblick beschränkt. Sobald wir darauf warten, sie erbitten oder gar einfordern, wendet sich das Blatt gegen uns. Wir dürfen, ja *sollen* diese Geschenke dankbar annehmen. Auf Dauer jedoch und besonders in Situationen, in denen wir ganz spezielle Gaben *benötigen*, können wir diese nur aus unserem eigenen Inneren erwachsen lassen. Jeder ist für sich selbst verantwortlich.

Das und nichts anderes ist gemeint, wenn wir sagen, dass wir uns selbst an die erste Stelle setzen müssen. Die Lösung der vermeintlichen Gewissensfrage und des Konfliktes zwischen Innen und Außen liegt in der Erkenntnis, dass es a) unsere eigene Verantwortung ist, unsere Erwartungen an das Leben zu erfüllen, und b) dass uns niemand etwas gegen unser inneres Einverständnis nehmen, noch aufzwingen kann. Zu *allem*, was uns geschieht, haben wir vorher »Ja« gesagt. Diese Erkenntnis impliziert, dass *ein* Teil unseres Selbst sich ohnehin immer an die erste Stelle setzt. Und jener gewisse Teil ist – wie könnte es anders sein – das *Untere* Selbst, in dessen Machtbereich auch das Ego regiert.

Erst mit dieser Einsicht können wir Erwartungen, Forderungen, Projektionen und das Verlangen, besser als die anderen zu sein, in unsere Mitte zurückziehen und anfangen, das Boot unseres Lebens selbst zu steuern. Erst dann werden wir in der Lage sein, ausschließlich das zu tun, was wir vor unserem Gewissen vertreten können, was im Einklang mit der Wahrheit steht. Dann erst können wir der Sehnsucht nach Vollkommenheit nachgehen, deren Verwirklichung allein in unserer Hand liegt. Wenn wir die Gesetze der Wahrheit kennen, können wir ihnen folgen. Diese Gesetze lassen sich nicht ändern, aber wir haben die Macht, alles an uns zu ändern, was nicht mit diesen Gesetzen in Einklang steht. Lassen wir uns von der inneren Stimme führen, die von den universalen Gesetzen kündet, verwandeln wir das Leben und die Welt um uns herum in Liebe, Freude und Schönheit. Das gibt uns wirkliche Sicherheit, wahre Stärke und erspart uns auf dem Weg der Selbstverwirklichung die qualvolle Odyssee durch die Meere der Vergangenheit – des Unteren Selbst.

Würde in diesem Augenblick jeder Erdenbürger sein Hohes Selbst zur einzigen Autorität erheben und die Kehrtwende zur eigenen Mitte einschlagen, gäbe es von einer Minute auf die andere keinen Krieg und keinen Hass mehr, keine Schuldzuweisung und keine Scham, keine Angst und keine Unsicherheit. Armuts-, Mangel- und Opferbewusstsein wären sofort gelöscht, Abhängigkeiten aller Art fänden ein Ende. Stattdessen würde sich das Eingangstor für die Gnade eines außergewöhnlichen Lebens öffnen und die Schwelle zum Himmel auf Erden freigeben. Noch mag diese Vision utopisch anmuten und doch …: Konnte sich vor zweihundert Jahren *ein* Mensch vorstellen, dass eines Tages die Erde global vernetzt sein würde, Informationen innerhalb einer Sekunde von einem Erdteil zum anderen gesendet werden können – dass wir in eisernen Kisten über den Boden jagen und im Bauch bleierner Vögel durch die Lüfte fliegen …?

VIERTE AFFIRMATION

Mein Hohes Selbst ist meine einzige Autorität.

Das Selbstbekenntnis

Du bist Du und niemand anderer.
Für Dich gelten Deine Wünsche, Bedürfnisse und Maßstäbe und nicht die Maßstäbe anderer.
Du bist der Mittelpunkt Deines Lebens und bestimmst, was für Dich richtig ist.
Wenn Du es nicht tust, reden es andere Dir ein, und Du lebst nicht mehr Dein Leben.
Du weißt, was Du willst, und tust es.
Du glaubst daran, dass Du alles erreichen kannst, was Du erreichen willst.
Du glaubst an Dich mehr als an irgendjemand anderen.
Wenn Du an andere glaubst, glaubst Du nicht genug an Dich selbst.
Du fragst nicht: »Was darf ich?« Du fragst: »Was ist hier und jetzt richtig für mich?«

JOSEF KIRSCHNER

Es gibt nur *einen* gültigen Glauben, den Glauben an das eigene Hohe Selbst. Es gibt nur *eine* Führung, die eigene innere Stimme. Es gibt nur *einen* Maßstab, das eigene Gewissen. Es gibt nur *eine* Wahrheit, aber viele Wirklichkeiten; nur *eine* Religion, aber zahlreiche Konfessionen. Und selbst der Pluralismus kann nur ehrlich und konstruktiv sein, wenn er sich auf die eine Ganzheit bezieht. Folglich gibt es nur ein einziges Glaubensbekenntnis und das ist das Selbstbekenntnis.

Das Selbstbekenntnis ist keineswegs Zeichen eines übersteigerten Egozentrismus, sondern Merkmal gesunder Zentriertheit. Es setzt Mut und Zivilcourage voraus, verlangt Rückgrat. Es ist ein Akt der Bedingungslosigkeit, der unbedingten Liebe zum Ganzen und der Liebe zu sich selbst. Unser Licht wird erst dann leuchten können, wenn wir uns selbst bedingungslos annehmen und lieben. Denn nur in der Liebe sind wir eins mit dem Hohen Selbst, das unser eigenes Wohl mit unser aller höchstem Wohl koordiniert. Das Selbstbekenntnis, das auf der Achtung vor der Wahrheit basiert, ist ein Geschenk an das Ganze. Es ist der höchst mögliche Ausdruck der Wertschätzung unseres »göttlichen« Wesenskerns. Es bedeutet, dass wir selbst zur Quelle von Liebe und Schönheit werden.

Selbsterkenntnis, Selbstbestimmung und innere Autonomie

Das Selbst*be*kenntnis reflektiert den Willen zur Selbsterkenntnis. Was bezwecke ich wirklich mit meinen Handlungen? Warum habe ich im Augenblick dieses komische Gefühl? Warum tue ich Dinge, die ich eigentlich gar nicht tun möchte? Aber auch: Welche Begabungen und Talente habe ich? Wo liegen meine Fähigkeiten? Was will ich wirklich?

Es ist wichtig, Bedürfnisse, Wünsche und Neigungen ernst zu nehmen, denn die Dinge, die wir gern tun, sind der Grund, warum wir hier sind. Genau so wichtig ist es, seine momentanen Schwächen zu akzeptieren, weil diese sich sonst im Speicher des Vergessens in Gespenster verwandeln, noch ehe sie die Chance bekommen, in Stärken transformiert zu werden. Wir sollten uns so annehmen, wie wir gerade sind, die Person lieben, die wir jetzt sind und nicht die, die vielleicht einem klischeehaften Wunschbild entspricht.

Sich zu sich selbst bekennen heißt, wahrhaftig, authentisch, ehrlich sein. Es heißt, für sich selbst einstehen und den Schuldbegriff aufgeben. Was die anderen sagen, welche Meinung sie über mich und mein Handeln haben, wie sie mich bewerten, ob sie mich kritisieren, mein Tun billigen oder beanstanden, ob ich ihnen gefalle – all das spielt keine Rolle mehr. Nichts und niemand kann mich beeinflussen, verunsichern, aus der Reserve locken, beleidigen und manipulieren, wenn ich innerlich autonom bin und mir selbst vertraue. Vertrauen ins Hohe Selbst ist Vertrauen in den Wahrheitsgehalt der Wahrheit – Urvertrauen. Und Urvertrauen ist die geheime Tür, die dem Frieden Einlass gewährt.

Durch das Selbstbekenntnis verankern wir unseren Fokus, der sich vorher ruhelos im Außen bewegte – von einem Standpunkt zum nächsten, von einer Meinung zur anderen hüpfte –, mitten in uns selbst, in unserem Zentrum. Wir beziehen Stellung, schaffen einen Ruhepol. Von hier aus sind wir geschützt und unangreifbar. Hier haben wir einen klaren Standpunkt und können ungetrübt wahrnehmen, was in uns und um uns herum geschieht. Nur von einem festen Fokus aus lassen sich Dinge und Situationen in Beziehung setzen, wird eine haarscharfe Unterscheidung möglich, die zu selbstbestimmten Entscheidungen und raschen Erfolgen führt. Die Ruhe lässt uns zu einem Felsen in der Brandung werden, zu einem unbeweglichen Pol in einer Welt der Veränderung, einem Leben der stetigen Wandlung.

Mittelpunkt des Universums

Im Zeitalter des Patriarchats, dessen Grundaxiom die Trennung von Ich und Welt war, lag dieser Fokus im *Hara,* dem Energiezentrum der Persönlichkeit, das sich ungefähr drei Finger breit unterhalb des Bauchnabels befindet. Bei Menschen, die auf Ganzheit ausgerichtet und im Hohen Selbst verankert sind, verlagert sich der Fokus aus dem *Hara* ins *Herz*. Hier aber sind wir nicht nur Zentrum unserer Persönlichkeit, hier sind wir gleichzeitig Zentrum des Ganzen – Mittelpunkt des Universums! Dementsprechend wiegt das Selbstbekenntnis heute unendlich viel mehr als zuvor. Es birgt die Chance nicht nur für einen Quantensprung des Individuums, sondern für einen einzigartigen *globalen* Evolutionssprung.

Nur jene aber können aus der Quelle schöpfen, die von der Quelle wissen ... Je zentrierter wir sind, desto stärker wird die Kraft, auf unsere Umwelt einzuwirken, desto wohltuender und heilender wirkt unsere Präsenz. Auf der Ebene des Hohen Selbst herrscht absolute Integrität, weil es hier keine Trennung mehr gibt. Die Kommunikation geschieht von Herz zu Herz. Begegnung geschieht im Mittelpunkt, an dem sich die Herzensqualitäten der Menschen gegenseitig zum Schwingen bringen. Ein gesundes Selbstbewusstsein und unerschütterliches Selbstvertrauen erweckt auch bei den Mitmenschen Vertrauen. Mut und die Fähigkeit, sich immer größeren Herausforderungen zu stellen, lassen Hoffnung entstehen. Selbstachtung geht mit der Achtung vor der Würde anderer einher. Jemand, der sich selbst wertschätzt, der kritisiert oder bevormundet nicht, der hegt keine Erwartungen und stellt keine Forderungen. Druck und Zwang auszuüben ist ihm fremd. Er sieht auch keinen Sinn darin, andere für ihre Geisteshaltung zurechtzuweisen. Selbst gut gemeinte Ratschläge sind für ihn Eingriffe in die Wahrheit des anderen. Ratschläge sind auch Schläge, heißt es. Wer innere Autonomie erlangt hat, weiß, dass jeder Mensch sich nach seinem eigenen Rhythmus entwickelt, jeder seine eigenen Aufgaben und Lernthemen zu bewältigen hat und auch das Recht auf Probleme, Krisen und Verwirrungen besitzt. Konstruktive Kritik erkennt man daran, dass sie ankommt, weiterhilft. Wahre Kraft zeigt sich in der Fähigkeit, andere Menschen zu motivieren, sie zu ermutigen und ihnen zu helfen, zu entdecken, wer sie sind. Dabei nimmt echtes Mitgefühl den Platz sentimentalen Mitleids ein. Ein Mensch, der sich zu sich selbst bekennt, gibt anderen, was er selbst empfangen möchte, und behandelt andere, wie er selbst behandelt werden möchte. Gleichzeitig erweist er ihnen die höchste Achtung, indem er sich ihrer Liebe öffnet.

So, wie wir mit uns selbst umgehen, werden auch die anderen mit uns umgehen, denn die Bilder, die wir von uns aussenden, sind Vorgaben für die Wahrnehmung der anderen. In dem Maße, wie wir uns selbst unterstützen, werden wir von anderen Unterstützung erhalten – von den anderen, die auf der Ebene des Hohen Selbst gar keine anderen, sondern eins mit uns sind.

Das Flüstern der Wahrheit

Aus einem anderen Grund noch ist das Selbstbekenntnis von zentraler Bedeutung. Denn es ist der Akt, der die innere Stimme erweckt. Sie wird sich genau in dem Augenblick offenbaren, in dem man sich zum Hohen Selbst bekennt. Es ist, als habe sie nur auf das Bekenntnis gewartet. Die Tür zum Kraftfeld öffnet sich. Energie strömt ein. Ein starkes Glücksgefühl breitet sich aus. Die Intuition erwacht. Man kann das Flüstern der Wahrheit vernehmen.

Echte Intuition steht im Einklang mit der universellen Wahrheit und ist stets von Liebe und Freude begleitet. Es sind, wie immer, jene beiden Merkmale, anhand derer wir unterscheiden können, welchen Botschaften wir Beachtung schenken sollen und welchen nicht. Intuitives Handeln bringt uns schnell ans Ziel und die Dinge geschehen mit Leichtigkeit. Die beste Methode zur Stärkung der Intuition ist deshalb, auf sie zu hören und wahrhaftig zu sein. Sich immer von neuem, bei jeder sich nur bietenden Gelegenheit, zum Hohen Selbst zu bekennen, bis man im ständigen Gewahrsein seiner Präsenz verweilt.

Jedes Wesen ist ein individueller Ausdruck der einen, ewig gültigen Wahrheit. Jede Form von Existenz hat dadurch einen Sinn, eine innere Richtigkeit. Dort, wo wir gerade stehen, sind wir an der richtigen Stelle, weil wir selbst es so entschieden haben. Es ist unsere eigene Schöpfung, deren Gesetze wir nun kennen. Wir haben gelernt und unsere Lehre findet mit dem Bekenntnis ihren gebührenden Abschluss. Ab jetzt ist das Leben keine Schule mehr, keine Folge von unausweichlichen Lernprozessen, die wie die ewige Strafe Gottes anmuten. Nun ist das Leben nur noch bewusste Schöpfung, die uns unaufhörlich weiterführt – der höchsten Vision entgegen.

Das Selbstbekenntnis als Versprechen, ja als Gelübde, die individuelle Wahrheit zu leben, ist einer der ersten und wichtigsten Schritte in der Praxis der Selbstrealisation. Lebst du deine Wahrheit, dann nimmst du bewusst deinen natürlichen Platz im Ganzen ein. Dann wirst du zur Quelle der Harmonie und Inspiration, verströmst Kraft und Liebe. Schönheit beginnt aus dir zu leuchten, sobald du, in deiner Wahrheit ruhend, deinen Platz im Ganzen eingenommen hast.

FÜNFTE AFFIRMATION

Durch das Hohe Selbst bin ich mit dem Ganzen verbunden.
Im Juwel meines Herzens ruht das gesamte Universum.
Hier bin ich eins.
Eins mit ALLEM und eins mit meiner Kraft.
Hier sprudelt die Quelle der Weisheit.
Ihr allein schenke ich Gehör.
Die innere Wahrheit ist mein einziger Maßstab.
Daher habe ich einen unerschütterlichen Glauben
an mich selbst und meine innere Kraft.
Ich bekenne mich zu meiner Wahrheit
und nehme meinen Platz im Ganzen ein.
In mir bin ich geschützt und geborgen,
vollkommen und sicher.
Das Vertrauen in die Führung des Hohen Selbst
schenkt mir Urvertrauen.
Urvertrauen ist Selbstvertrauen.

Lebe deine Träume

Der Drang, das Edelste und Wunderbarste zu tun und zu sein,
dessen wir fähig sind,
ist die schöpferische Kraft in uns,
die jeder großen Leistung zugrunde liegt.

YOGANANDA

Der Schlüssel zur Verwirklichung liegt in einem einfachen »Ja«: im Ja zu uns selbst. Im Ja zu der Tatsache, dass wir und niemand anders die Schöpfer unserer Wirklichkeit sind – einer Wirklichkeit, die in immer neuen, phantastischen Mustern aus dem fein gesponnenen Garn unserer Träume gewebt wird. Im Ja zur Freiheit, die sich einzig der Wahrheit verpflichtet fühlt, weil sie erst aus dieser Verpflichtung erwachsen kann. Selbstrealisation ist die Botschaft der Einfachheit.

Die Auswahl an Möglichkeiten, Wirklichkeit zu schaffen, ist unüberschaubar groß. Denn in der Fülle des Ganzen existieren *alle* Möglichkeiten. Gerade hier, gerade jetzt, immer und immer wieder.

Die Tatsache, dass wir aus einem überreichen Angebot wählen können, ist jedoch nicht der Freiheit letzter Sinn. Je näher wir dem Zentrum des Kraftfelds entgegenrücken, desto kleiner wird die Auswahl. Hier bewegt sich alles auf jenen einzigen Punkt zu, in dem das individuelle Selbst mit dem ALL-EINS verschmilzt und sich in Leerheit auflöst. Im Punkt Null gibt es folglich auch den Begriff der Freiheit nicht mehr. Und doch ist hier die Freiheit grenzenlos. Es ist die Freiheit jenseits der Wahlfreiheit. Natürlich haben wir es wieder mit diesem merkwürdigen Paradox, jener göttlichen Dichotomie zu tun, die so typisch ist für das Kraftfeld von Wahrheit und Wirklichkeit. In der unmittelbaren Nähe des Zentrums, dort, wo wir vollkommen zentriert sind, gibt es keine Wahl mehr. Dort geht es nur noch darum, die reine Wahrheit und nichts als die Wahrheit zu sein. An diesem Punkt wird das Tun zum Sein, ist die Wirklichkeit Wahrhaftigkeit, ist der Diamant lupenrein, spiegelklar – und die Strahlkraft so offensichtlich, so selbstverständlich, »dass sie nicht einmal mehr auffällt«, wie Ken Wilber trockenen Humors in sein Tagebuch[1] notierte. Man empfindet sich nicht mehr als etwas »Besonderes«, einfach deshalb, weil man sein Ego transzendiert hat und sich nicht mehr als etwas vom Ganzen Getrenntes beweisen muss, um eine Existenzberechtigung zu haben.

Die Besten unter den Alten hatten keine Angst,
wenn sie allein standen mit ihren Ansichten.
Keine Bravourstücke. Keine Pläne.
Wenn sie scheiterten, grämten sie sich nicht.
Wenn sie Erfolg hatten, beglückwünschten sie sich nicht selber.
Sie klopften Klippen ab und wurden dabei nicht schwindelig.
Sie tauchten im Wasser und wurden dabei nicht nass.
Sie gingen durchs Feuer und verbrannten sich nicht.
Ihre Richtschnur war TAO.
Die besten unter den Alten schliefen traumlos
Und wachten ohne Besorgnis auf.
Ihre Speise war einfach. Sie atmeten tief.
Die besten unter den Alten hingen nicht am Leben
Und fürchteten nicht den Tod.
Ohne Jubel betraten sie die Lebensbühne
Und verließen sie ohne Widerstreben.
Leichte Abkunft, leichter Abgang.
Sie vergaßen nicht, woher sie kamen,
und fragten nicht, wohin sie gehen würden,
und sie bahnten sich nicht grimmig
einen Weg durchs Leben.
Sie nahmen alles, wie es kam. Völlig heiter.
Nahmen auch den Tod an. Ohne Jammern.
Und gingen fort, dorthin, nach drüben.
Sie lehnten sich nicht gegen das TAO auf
Und versuchten auch nicht, mit Menschenkunst
TAO den Weg zu ebnen.
Ein unabhängiger Geist. Wenn die Gedanken gedacht sind,
dann ist seine Stirn wieder klar und das Antlitz heiter.[2]

Wahrhaftig *sein* und *tun, was getan werden muss,* nicht mehr und nicht weniger – das ist der einzige ethische Imperativ des Weisen, die Quelle seiner Freiheit. Nicht einmal die Wahl ist noch von Bedeutung, es geht *einfach* nur darum, in jedem Augenblick das Richtige zu tun, frei von jeglicher Beeinflussung.

Was aber ist das *Richtige*?

Das fragst du noch? Du weißt es doch bereits: Alles, was Wahrheit, Liebe und Freude bringt und zum Wohl des Ganzen beiträgt.

Und das *einzig* Richtige, das, was mich punktgenau zum Zentrum führt?

Nun, auch das ist einfach. Das einzig Richtige ist das, was der höchsten, schönsten und edelsten Vorstellung entspringt, deren du im Augenblick fähig bist. Der Folgesatz davon lautet: Lebe deine Träume.

Wenn wir in diesem Augenblick sterben müssten, wäre das Einzige, was wir bedauern würden, nicht etwa, dass wir Geld, Besitz und Ruhm zurücklassen müssten, sondern die Tatsache, nicht alle unsere Möglichkeiten genutzt zu haben, um unsere tiefste Sehnsucht zu erfüllen. *In der tiefsten Sehnsucht liegt die größte Macht verborgen.* Den geheimsten Traum erfüllen ist das höchste Ziel. Die höchste Vision deiner selbst, das bestmögliche Resultat anzupeilen, ganz gleich in welchem Lebensbereich, ist die höchste Verpflichtung – eine Verpflichtung, in der Erlösung liegt. Du bekennst dich nicht nur zu dir selbst, du bekennst dich zum *schönsten Ausdruck* deiner selbst. Das ist der Punkt. Es geht ganz schlicht und einfach darum, aus dem gesamten Spektrum der Möglichkeiten stets die *beste* auszuwählen, diejenige, die am *ehesten* deiner Wahrheit entspricht, diejenige, die dir am *meisten* Freude macht, und der höchsten Form von Liebe, nämlich der bedingungslosen Liebe entspricht.

Im höchsten Ausdruck deiner selbst bist du vollkommen, wirst du zum Schöpfer einer wahren Wirklichkeit, bist du in völliger Übereinstimmung mit dem Willen des Ganzen nach Harmonie. Um in die Ordnung zu gelangen, heil und ganz zu werden, brauchst du nur deine Träume leben.

Vergiss dein falsches Ideal von Selbstlosigkeit, mache dich nicht länger von der Meinung anderer Menschen abhängig, gib dein Recht auf Selbstbestimmung nicht mehr auf, lass ab, auf das Lenken und Walten eines Gottes zu vertrauen, der irgendwo da draußen wohnt. Verleugne nicht deine Bedürfnisse unter dem Deckmantel falscher Bescheidenheit oder unter dem Ideal der Zurückhaltung. Wenn du Bescheidenheit so verstehst, dass du dir selbst genug bist, dann triffst du den tiefen Sinn des Wortes: dann bescheidest du dich mit dir selbst. Wenn Zurückhaltung für dich ein Synonym für »bei sich selber bleiben« ist, dann hast du es richtig verstanden: dann behältst du deine Energie bei dir und verschwendest sie nicht. Alles andere ist Schein-Heiligkeit, und die wirf schnellstens über Bord.

Es ist wichtig, sich selbst und anderen von Herzen zu gönnen, die innersten Träume zu leben. Wir sollten es uns erlauben, uns trauen, es wagen und uns gegenseitig dazu anspornen. Das Ziel ist dabei nicht einmal, den Traum zu materialisieren. Es geht vielmehr darum, aus der Erfüllung der Träume *die Kraft der Freude zu schöpfen,* und diese Kraft zu nutzen, um immer weiterzugehen – den Traum hinter dem Traum zu erfüllen – so lange, bis keine Träume mehr da sind, wir wunschlos geworden sind, weil wir ALLES erschlossen haben. Sich seine Träume erfüllen heißt Grenzen überwinden und mit den Grenzen das Leiden. Träume bewusst Wirklichkeit werden lassen, bedeutet, das Spiel von Wahrheit und Wirklichkeit in vollen Zügen genießen. Auf diese Weise lernen wir, Dualität als Urprinzip des Lebens und der Schöpfung nicht nur zu akzeptieren, sondern zu lieben. Sobald wir Dualität aber zu lieben wissen, haben wir sie überwunden. Dann haben wir *moksha*, Befreiung, erlangt.

Die Freude ist der Atem des Lebens, das unauslöschliche Feuer des Urgrundes, das im Hohen Selbst eines jeden Menschen lodert. Leben wir dieses Feuer nicht, verbrennen wir an ihm. Atmen wir die Freude nicht, gehen wir zugrunde. Ohne Freude sind wir nichts, in der Freude aber ALLES. Das Paradies ist dein Geburtsrecht und deine einzige Aufgabe ist es, den Himmel auf Erden immer neu zu erschaffen. There is no way to happiness. Happiness is the way.

Und noch ein weiteres Geheimnis will ich dir enthüllen, nämlich: *Wie* du es anstellen musst, damit deine Träume auf schnellstem Wege wahr werden. Eigentlich ist dies gar kein Geheimnis mehr. Schon so viele der großen Meister haben darauf geschworen.

Was versteckt sich hinter diesem »großen« Geheimnis?

Das Geheimnis besteht aus zwei Gesetzen. Das eine lautet: *Gib*, was du *empfangen* möchtest. Und das zweite: *Segne*, was du *vermehren* möchtest.

Finde heraus, welche Wirklichkeit du für dich und für die Welt erschaffen möchtest. Suche jemanden, dem du genau das gibst, was du dir am sehnlichsten wünschst. Werde zur Quelle dessen, was du dir am meisten ersehnst. Wünschst du dir Geborgenheit, gib Geborgenheit. Wünschst du dir Trost, spende Trost. Sehnst du dich danach, angenommen und gewürdigt zu werden, dann würdige einen anderen, nimm ihn an, wie er ist. Suchst du nach Schönheit, dann verströme Schönheit in allem, was du tust. Wünschst du dir Frieden, sei friedfertig.

Genauso verhält es sich mit dem Gesetz des Vermehrens. Brauchst du mehr von einer bestimmten Eigenschaft, segne sie, sobald sie dir im Außen begegnet: in anderen Menschen, in der Natur, in allen Dingen. Willst du mehr Schönheit in dein Leben bringen, segne alles Schöne. Benötigst du eine bessere Gesundheit, segne alles Gesunde. Brauchst du mehr Geld, so segne das Geld und jeden, der Geld hat – vorausgesetzt, er geht verantwortungsvoll damit um.

Geben und Segnen führen deinen Träumen Aufmerksamkeit zu und erfüllen sie mit Energie. Sodann dürfen sie Wirklichkeit werden.

Ja, ich verstehe. Das ist ja wunderbar! Das ist ja besser, als ich es mir jemals erträumt hätte. Aber ... wer spricht da eigentlich?

Das weißt du noch nicht? Es ist deine eigene innere Stimme.

SECHSTE AFFIRMATION

Ich erlaube mir,
mein Leben nach meiner höchsten Vision zu gestalten.
Ich gönne mir die Verwirklichung meiner Träume.
In vollen Zügen genieße ich
das Spiel von Wahrheit und Wirklichkeit.

II. Stufe
Hier und Jetzt

Die Macht des Augenblicks

»Jede Gelegenheit, jeder Augenblick ist eine Möglichkeit, nach der wir greifen sollten, um das zu erschaffen, was wir wirklich wollen«, pflegte einer meiner spirituellen Lehrer, Parthasarathi Rajago-palachari, kurz »Chari«[3] genannt, zu sagen.

»Wenn ich sie in diesem Augenblick wahrnehme, benötige ich den nächsten Augenblick nicht mehr. Die Zeit nutzen bedeutet die Gegenwart nutzen. Es gibt keine Zukunft für den, der keine Gegenwart hat. Wenn die Gegenwart vorüber ist, ist die Zukunft vorüber. Nur die Vergangenheit existiert und diese Vergangenheit zieht uns unerbittlich zurück. Also, wie kann man die Vergangenheit überwinden? Indem wir jeden Augenblick in die Zukunft gehen, unaufhaltsam voranschreiten.«

Heute setzen wir den Grundstein für unsere Zukunft. In dieser Stunde. In dieser Minute. Wenn wir in unserer Gegenwart nicht all jene Dinge erschaffen, die wir uns für die Zukunft wünschen, dann gibt es keine Zukunft, dann bleiben alle Möglichkeiten, die sich uns bieten, bloße Möglichkeiten und werden nie zur Wirklichkeit. Um jetzt das Richtige tun zu können, brauchen wir Vertrauen in uns, Vertrauen in das Hohe Selbst, Urvertrauen. Urvertrauen zu haben bedeutet, ohne Angst zu sein. Angst ist das Resultat der Unkenntnis des Hohen Selbst und folglich der Trennung von Wahrheit und Ganzheit.

Wann immer wir uns vor der Zukunft fürchten, haben wir Angst vor der Vergangenheit, davor, die gleichen Fehler noch einmal zu begehen; davor, dass Schmerz und Leid sich wiederholen könnten und die Dunkelheit des Vergangenen sich unaufhörlich fortsetzt.

»Die Angst vor der Zukunft ist nichts anderes als die Angst vor der Vergangenheit, projiziert auf die Zukunft«, meint Chari.

»Wenn wir nun keine Vergangenheit hätten, dann gäbe es keine Angst, aber unglücklicherweise ist das nicht möglich, weil wir eine Vergangenheit haben. Jeder hat eine Vergangenheit. Wenn wir darüber nachdenken, haben wir in der Tat sehr viele Vergangenheiten, nicht nur diese Vergangenheit von gestern, von vor einem Jahr oder vor zwanzig Jahren, sondern eine Vergangenheit, die sich in die Vergangenheit erstreckt, immer weiter zurück bis zu den ersten Anfängen der Zeit.

Nun, wie wird man sie los, diese Angst vor der Vergangenheit, die eigentlich Angst vor uns selber bedeutet? Denn schließlich ist meine Vergangenheit eine Vergangenheit, die ich mir selbst geschaffen habe. Ich habe getan, was ich getan habe. Ich habe nicht getan, was ich hätte tun sollen. Es sind zwei Dinge, die die Buchhalter am Ende einer Bilanz oder einer Rechnung angeben – Unterlassungsfehler und begangene Fehler. Zwei Fehler, die wir begehen: Was wir tun sollten, tun wir nicht, und was wir nicht tun sollten, haben wir getan. Deshalb setzt sich die Angst zusammen, aus dem, was wir getan haben und aus dem, was wir unterlassen haben, den Resultaten. In der Hinduphilosophie sprechen wir von den Früchten des Tuns, wenn wir von Karma sprechen. Aber noch verheerender können die Früchte der Untätigkeit sein, was hätte getan werden sollen zu gegebener Zeit: Das Unglück, das durch die Unwilligkeit oder Unfähigkeit zum Handeln verursacht wurde – wenn wir Menschen leiden sehen und nicht versuchen, ihren Schmerz zu lindern. Ich behaupte nicht, dass wir ihn immer lindern können, dies steht nicht in unserer Macht, aber den Versuch müssen wir unternehmen, das ist unsere Pflicht. Wenn wir den Versuch unternehmen, sind Misserfolg und Erfolg nicht mehr von Bedeutung. Ich habe getan, was ich tun konnte. Das ist genug.«

Zwar scheinen uns die Gewohnheiten der Vergangenheit Sicherheit zu versprechen, doch verhält es sich meist umgekehrt: Sie lähmen uns und lassen uns im Kreis herumtappen. Oft wird ein Teufelskreis daraus.

Wer jedoch das Spiel von Wahrheit und Wirklichkeit kennt und die Gesetze des Kraftfelds erahnt, wer von der Beschaffenheit des menschlichen Bewusstseins weiß und mit den drei Dimensionen des Selbst vertraut ist, kann die Vergangenheit durch eine bewusste Entscheidung hinter sich lassen. Die Verheißung der Vollkommenheit, die Möglichkeit unsere Träume zu erfüllen, verleiht uns die Kraft, über unser altes Ich hinauszuwachsen. Die Erkenntnis, dass wir ALLES sind, erlöst uns von dem Zwang, uns mit Gewohnheiten, Süchten und Verhaltensmustern zu identifizieren.

Wir haben zwar eine Vergangenheit, aber im Kraftfeld von Wahrheit und Wirklichkeit spielt sie keine Rolle mehr. In der vierten Dimension der Raumzeit lösen sich Raum und Zeit auf – und mit ihnen die karmischen Bindungen. Um dorthin zu gelangen, müssen sich Vergangenheit, Gegenwart und Zukunft im JETZT und in der höchsten Vision, die uns an das Hohe Selbst anbindet, begegnen. Das Untere Selbst, das unsere Vergangenheit speichert, wird Erinnerungen der Angst automatisch zurückhalten, wenn es die Präsenz des Hohen Selbst spürt.

Wir sollten der Vergangenheit keine Chance geben, unsere Zukunft zu bestimmen. Für den bewussten Menschen ist Karma kein unabdingbares Gesetz. Für ihn sind es vielmehr die Überzeugungen, Entscheidungen und Handlungen von *heute* in Bezug auf sich selbst und die Welt um sich herum, die ihm geben, was er haben will, und die ihn zu dem machen, was er sein möchte. Er weiß, dass die Umwelt und die Umstände, wie er sie in diesem Augenblick erfährt, eine direkte Widerspiegelung seines momentanen mentalen und physischen Verhaltens sind. Im Unteren Selbst tragen wir Gewohnheitsmuster von Tag zu Tag weiter, aber jeder Tag ist eine neue Schöpfung, und jeder Augenblick birgt die Chance der Wandlung. In dem Maße, in dem wir uns JETZT verändern, verändern wir unsere Welt und unser Leben. Dramatische Veränderungen in Persönlichkeit und Lebensumständen finden dann statt, wenn ein Mensch beschließt, eine dramatische Veränderung im Denken und Verhalten herbeizuführen.

Die Bedeutung des JETZT

Aber was ist dieses Jetzt? Diese Frage mag seltsam anmuten, und doch ist sie von immenser praktischer Bedeutung. Die Huna aus Hawaii definieren das Jetzt als »Bereich der gegenwärtigen Aufmerksamkeit«. Demgemäß kann das JETZT diese Sekunde sein, diese Minute oder Stunde, dieser Tag oder Monat, dieses Jahr ..., je nach dem Brennpunkt unserer Aufmerksamkeit. Sogar Vergangenheit und Zukunft können zum JETZT gehören, wenn wir den Radius der Aufmerksamkeit entsprechend vergrößern. Der Bereich der gegenwärtigen Aufmerksamkeit kann so umfassend werden, dass er das Bewusstsein vergangener und zukünftiger Leben in den derzeitigen Augenblick einschließt. Denn Vergangenheit und Zukunft existieren nur im Verhältnis zu dem, was wir als den gegenwärtigen Augenblick definieren. Je näher wir uns auf das Zentrum des Kraftfelds zubewegen, desto weiter wird der Blickwinkel unserer Aufmerksamkeit, während diese, paradoxerweise, auf den *Einen Punkt* gerichtet bleibt; denn im Kraftfeld gilt stets das Gesetz des Sowohl-als-auch.

Wenn jedoch durch Aufmerksamkeit und Bewusstheit Elemente aus Vergangenheit und Zukunft in das Jetzt verlagert werden können, dann liegt es auch in unserer Macht, diese zu verändern. Präzise ausgedrückt heißt das, dass wir von der Gegenwart aus nicht nur die Zukunft steuern, sondern auch die *Vergangenheit ändern* können. Alles ist relativ. Zeit und Raum existieren auf der Ebene der Wirklichkeit, ja, im Bereich der Wahrheit aber sind sie eine Illusion. Vergessen wir jedoch nicht, dass es auf der Entdeckungsreise zum wahren Selbst niemals nur darum geht, *eine* Dimension zu überwinden. Immer geht es darum, mit beiden gemeinsam zu arbeiten, um schöpferische Souveränität, sprich Vollkommenheit, zu entfalten.

Formen der Aufmerksamkeit

Auf dem Weg zur Vollkommenheit verfolgen wir in allem, was wir tun, stets zwei Leitlinien gleichzeitig: Einerseits wollen wir leer werden von eingefahrenen Gedankenstrukturen, Ängsten und Zweifeln – der Vergangenheit also –, andererseits wollen wir unseren Platz im Ganzen einnehmen, indem wir unsere höchste Vision verwirklichen. Beides kann nur im Hier und Jetzt geschehen.

Wenn sich die Macht des Augenblicks durch *Aufmerksamkeit* erschließt, muss diese also zwei verschiedene Formen annehmen, denn einmal soll sie zur Wahrheit führen, zum anderen soll sie Wirklichkeit erschaffen helfen. Damit das Mittlere Selbst bewusst mit dem Phänomen der Aufmerksamkeit umgehen kann, bedarf es also wieder einmal der Kategorienbildung. Die erste Form der Aufmerksamkeit wollen wir, in Anlehnung an das buddhistische Vorbild, *Achtsamkeit* nennen, die zweite *Konzentration*.

Achtsamkeit richtet sich auf die Wahrheit und das Hohe Selbst aus, Konzentration dagegen auf die Erschaffung von Wirklichkeit und die Entwicklung der Fähigkeiten, die hierfür benötigt werden – auf das Untere Selbst. Durch Achtsamkeit entspannen wir uns in die Wahrheit hinein, was sich in einer tatsächlichen Entspannung der Muskulatur erkennen lässt; durch Konzentration ziehen wir uns – aus der Wahrheit heraustretend – in unser Ich zusammen, um Gedanken und Energie gebündelt auf das Ziel richten zu können. Dies macht sich in einer ganz leichten Anspannung der Muskulatur bemerkbar.

Die Gabe der Aufmerksamkeit ermöglicht uns folglich die bewusste Teilhabe an der *Einen Bewegung* im Kraftfeld von Wahrheit und Wirklichkeit. Implizite Ordnung und explizite Ordnung, Einfalten und Entfalten, Anspannung und Entspannung ... Mit Hilfe des Werkzeugs der Aufmerksamkeit fangen ehemals bloße Gedankenkonzepte plötzlich an, den Atem des Lebens in sich aufzunehmen. Der Puls der Schöpfung beginnt zu schlagen. Eine neue Wirklichkeit beginnt sich zu regen. Und wir werden gerade eben Zeugen davon ...

Achtsamkeit

Das Prinzip der Achtsamkeit stellt eines der wesentlichen Elemente der Selbstrealisation dar. Besonders aus der Zen-Tradition sind zahlreiche Praktiken des »achtsamen Gewahrseins« bekannt, wie etwa das achtsame Atmen und das achtsame Gehen. Sie sollen die Energie der Achtsamkeit erzeugen. Aber auch die japanische Teezeremonie, die Kunst des Bogenschießens und Ikebana, die Kunst des Blumensteckens, das Zeichnen mit Pinsel und Tusche ... sind Übungen achtsamen Gewahrseins.

Achtsamkeit ist diejenige Energie, die Bewusstheit ermöglicht. Durch Achtsamkeit wird man sich dessen bewusst, was im Inneren und im Äußeren gerade ist. Wenn ich eine Tasse Tee trinke und mir dabei bewusst bin, dass ich eine Tasse Tee trinke, ist das achtsames Trinken. Wenn ich einatme, und weiß, dass ich einatme, ist dies achtsames Atmen. Wenn ich einen Schritt mache und mir bewusst bin, einen Schritt zu tun, ist dies achtsames Gehen. Die grundlegende Methode in allen Zen-Meditations-Zentren ist die Praxis, jeden Augenblick des täglichen Lebens achtsames Gewahrsein zu erzeugen. Damit werden die Fähigkeiten des Erkennens, Annehmens und Verstehens entwickelt, Fähigkeiten, die uns helfen, in die Tiefe unserer selbst zu blicken, die Ursachen für Unstimmigkeiten aufzudecken, die Relativität der Dinge zu erkennen, leer zu werden.

Achtsamkeit geschieht ohne Absicht, ohne Willensanstrengung. Es ist eine vollkommen entspannte und gleichzeitig vollkommen klare, absolut bewusste Art des Seins, frei von dem Drang, etwas erklären, einordnen, bewirken oder erreichen zu wollen. Gedanken an Verdienste, Fortschritte und geistiges Wachstum spielen hier keine Rolle. Achtsamkeit hat mit Nachdenken nichts zu tun. Achtsamkeit ist reine Gegenwärtigkeit. Sie kann die verschiedensten

Ausprägungen haben, weil sie in allen Bereichen und auf allen Ebenen des Lebens geübt werden kann. Vollendete Achtsamkeit ist bereits tiefe Meditation, die Eins-Werdung mit dem Augenblick, das Aufgehen im Hier und Jetzt. Ich bin eins mit meinen Gedanken – ja »ES denkt mich«. Ich bin eins mit der Handlung – »ES tut durch mich«. Ich bin eins mit dem Betrachteten – »ich bin ES«. Ich bin eins mit dem Atem – »ES atmet mich«. Mein Atem schwingt im Rhythmus der einen, alles durchdringenden Lebenskraft; meine Muskeln sind entspannt, die Identifikation mit dem Ich ist außer Kraft gesetzt. Es gibt nur noch das ES IST, ein Empfinden von Leichtigkeit und unendlicher Freiheit.

Achtsames Gewahrsein ist die innige Umarmung des Hier und Jetzt, ein liebevolles, vorurteilsfreies Annehmen dessen, was gerade ist. Es schließt Gedanken, Gefühle und Handlungen gleich welcher Art ein, selbst solche, die uns ein Dorn im Auge sein mögen: Ärger, Zorn und Wut, Scham, Hass, schlechte Gewohnheiten und Unarten, alle Formen von Leid und Schmerz. Gleichermaßen schließt es die Sinneseindrücke ein, das, was wir mit Augen, Ohren, der Zunge und dem Körper in uns aufnehmen.

Für den großen indischen Weisen Sri Ramana Maharshi ist achtsames Gewahrsein die reinste Form der Selbst-Erkundung. »Ich habe diese Gefühle, aber ich bin nicht diese Gefühle. Wer bin ich? Ich habe Gedanken, aber ich bin nicht diese Gedanken. Wer bin ich? Ich habe Wünsche und Bedürfnisse, aber ich bin nicht diese Wünsche und Bedürfnisse. Wer bin ich?«, lautet seine typische Annäherung. Auf diese Weise dringen wir – nun wieder in unseren Worten ausgedrückt – ausgehend vom Mittleren Selbst, das beobachtet, immer mehr zum Hohen Selbst vor, bis wir vollständig in ihm ruhen. Von dort aus sind wir sowohl Zeugen des Augenblicks, Zeugen dessen, was wir selbst gerade erschaffen, und gleichzeitig Zeugen dessen, was da ist. Die normale Identität ist aufgehoben. Wir sind nicht Objekt, nicht Gefühle und Empfindungen, nicht Wünsche und Gedanken. Wir sind das reine »ICH BIN DAS ES IST«, persönlich und überpersönlich zugleich. Es ist ein Zustand, der nur im absoluten JETZT, dem Augenblick, der Gegenwart erreicht werden kann; in dem wir sowohl losgelöst sind von der Konditioniertheit der niederen Identität als auch eins sind mit dem, was ist; der den Intellekt transzendiert und uns wieder im Sowohl-als-auch, dem Mysterium, dem großen Paradoxon, der göttlichen Dichotomie, dem Nicht-Dualen aufgehen lässt.

Unachtsames Aufnehmen ist dagegen bloßes Konsumieren. Wenn wir eine Zeitschrift lesen, konsumieren wir. Wenn wir fernsehen, konsumieren wir. Wenn wir einer Unterhaltung zuhören, konsumieren wir. Das, was wir dabei in uns hineinlassen, kann nährend sein, aber auch höchst toxisch. Gewalt, Aggression, Zweifel, Vorwürfe, Falschheit und Unehrlichkeit sind regelrechte Geistesgifte, wie der Buddhist sagt, Gifte, die vom Unteren Selbst in derselben Weise aufgenommen und verarbeitet werden wie tatsächlich Erlebtes. Wenn wir unachtsam sind, erlauben wir uns selbst, uns von solchen Eindrücken vergiften zu lassen. Daher ist es wichtig, auch diesen Verunreinigungen achtsam zu begegnen, damit wir die Quellen entdecken können, aus denen sie genährt werden.

Je mehr Achtsamkeit wir üben, desto größer wird unsere geistige Kraft und Klarheit. Die Zerstreuung des Bewusstseins wird allmählich abgestellt, und man findet zu seelischem Gleichgewicht, welches sich in tiefem inneren Frieden zu erkennen gibt. Gefühle können uns nicht länger beherrschen. Wir werden ruhiger, gelassener und freier. Dennoch bedeutet dies nicht den Verlust an Emotionalität und Lebenskraft, hat dies nichts mit Gleichgültigkeit zu tun. Im Gegenteil gelangen wir zu Erlebnissen erhöhter sinnlicher Präzision. Die Intensität der Wahrnehmung wird gesteigert und verwandelt sich allmählich in eine »Wahrnehmung der Schönheit«. Denn das urteilslose, liebevolle Umarmen der momentanen Wirklichkeit vermag das Schöne, das Wahre zu enthüllen, das in allem Seienden verborgen liegt. Mit der Zeit erleben wir den Fluss der Energien in uns und um uns herum; unser Wahrnehmungsfeld erweitert sich – bis hin zu einer Achtsamkeit, die uns selbst Träume als luzid erleben lässt. Und irgendwann verliert auch Achtsamkeit den Charakter eines Prozesses. Sie geht über in einen fortwährenden Zustand, in dem sich die Wahrheit unaufhörlich in unserer Wirklichkeit spiegelt.

Die Praxis der Achtsamkeit

Vollendetes Gewahrsein entwickelt sich meist dann, wenn das Achtsam-Sein zur Gewohnheit wird. Viele Zen-Schüler haben während intensiver Achtsamkeits-Übungen – und nicht in der Meditation – die Erleuchtung erlangt. Die westliche Zivilisation mit ihrer permanenten Reizüberflutung macht es jedoch nicht gerade leicht, sich in das bewusste Wahrnehmen des Augenblicks fallen zu lassen. Auch Absichtslosigkeit ist uns fremd, wollen wir doch immer einen unmittelbaren Nutzen aus unseren Handlungen ziehen. Haben wir jedoch erst einmal ihren Sinn erkannt, wird uns die Praxis der Achtsamkeit genauso leicht fallen wie alle bisherigen Schritte.

In der Tat kann Achtsamkeit jeder praktizieren, überall und immer. Es ist keine Übung, die man zu bestimmten Zeiten oder an besonderen Orten ausführt, sondern fester Bestandteil der spirituellen Lebensweise. Es ist das einfache Gewahren des Hier und Jetzt.

Sensorische Achtsamkeit

Zu Beginn trainieren wir am besten die sensorische Gegenwart, das heißt, wir üben uns darin, eine bestimmte Situation bewusst über die Sinne wahrzunehmen.

Wo auch immer wir im gewählten Augenblick gerade sein mögen, lassen wir auf uns wirken, was uns die Umgebung zu bieten hat.

Durch Menschen, Tiere, Pflanzen, Gegenstände und Bewegungen, die zunächst unsere Aufmerksamkeit anziehen, gleitet unser Blick allmählich durch das Auffällige und Offensichtliche hindurch in Farben, Linien und Formen hinein. Wir lauschen den Klängen, sie in alle Richtungen verfolgend. Wir spüren den Boden unter den Füßen, die Stellung unserer Hände, die Haltung des Körpers, das Lächeln auf unserem Gesicht; spüren, wie der Wind unser Haar liebkost oder die Sonne wie mit einer Feder unsere Nasenspitze kitzelt. Wir fühlen die Kleidung an unserem Körper und gehen bewusst unseren Bewegungen nach. Wir spüren das Ein und Aus des Atmens und – so gut wir können – den Fluss der Energien in unserem Körper. Auch die Energie der Umgebung lässt sich fast wie von selbst erfühlen, wenn wir unsere Aufmerksamkeit darauf richten und nichts erwarten. Wir nehmen den Geschmack wahr, der uns gerade auf der Zunge liegt, den Geruch, der uns in die Nase strömt … schenken allen Sinnen Achtsamkeit, bis wir uns schließlich der Gesamtheit der Eindrücke immer bewusster werden. Wir werden zu Zeugen des Wahrgenommenen. Dabei treten wir aus unserem konditionierten Ich heraus und verschmelzen in die Qualität des Augenblicks hinein mit dem ES IST.

Wir gehen in den Zeugen, wann immer es uns einfällt, während jeder Art von Tätigkeit, in allen Situationen. Damit erwecken wir unsere Sinne, bringen Sinnlichkeit in alle

Aspekte des Lebens, erfüllen den Augenblick mit Bewusstheit und enthüllen die Schönheit der Gegenwart.

ICH BIN DAS ES IST

Ich bin im Hier und Jetzt.
Ich nehme die Farben in meiner Umgebung bewusst wahr:
Das Weiß, die Rot-, Orange-, Gelb-, Grün-, Blau- und Violett-Töne und das Schwarz.
Ich achte auf die geraden und gekrümmten Linien in meinem Blickfeld,
auf die Formen von Gegenständen und den Raum zwischen ihnen.
Ich lausche den Klängen. Aus allen Richtungen sind sie zu hören.
Ich spüre meine Hände und Füße, meinen Körper, Gesicht und Haare.
Ich fühle die Bewegung meines Atems,
die Energie in mir und um mich herum.
Ich schmecke ...
Ich rieche ...
Ich bin Zeuge meiner Wahr-Nehmung.
Mit dem Wahr-Genommenen aber bin ich eins.
In der Hingabe an den Augenblick
Wandelt sich das »Ich bin« in das

ICH BIN DAS ES IST.

Würdigende Achtsamkeit

Manchmal drängen Ängste, Sorgen und Traumata, Gefühle wie Wut, Groll und Hass, Mangel- und Schuldgefühle an die Oberfläche, um geheilt zu werden. Wir merken das an der hartnäckigen Präsenz dieser Emotionen, daran, dass sie wieder und wieder in unser Mittleres Selbst emporsteigen und unser gegenwärtiges Denken, Verhalten und Handeln beeinflussen. Auch dann heißt es Achtsamkeit üben. Dies tun wir, indem wir den alten Schmerz in die Gegenwart hereinholen. Im Hier und Jetzt schließen wir ihn in die Arme und üben die »würdigende Achtsamkeit«.

Meist empfinden wir körperliche und seelische Schmerzen regelrecht als Feinde, und auf diese Weise behandeln wir sie auch. Wir bekämpfen sie und zwingen sie gewaltsam zum Rückzug. Wir versuchen sie zu verdrängen, weil wir ihre wahre Natur nicht kennen und sie deshalb als Bedrohung empfinden. Negative Gefühle sind aber nichts anderes als verleugnete Herzensqualitäten; natürliche Emotionen, die unterdrückt wurden; Liebe, die nicht leben durfte; blockierte Lebenskraft.

Schenken wir diesen Gefühlen unsere urteilsfreie, unvoreingenommene Aufmerksamkeit, umarmen wir sie und hören tief in ihre Ursachen hinein, dann werden sie zugänglich und weich und lassen sich in die Wahrheit zurückführen. Auf diese Weise können wir ihr wahres Gesicht erkennen: Liebe – in ihren vielfältigen Ausdrucksformen.

Solange wir das nicht wissen, bleiben wir in der Spaltung gefangen wie in einem Kerker. Oder wir suchen einen Sündenbock, auf den wir die Schuld an unserem Schmerz projizieren. Die erste Möglichkeit führt zu Selbstzerstörung, die zweite zur Zerstörung unserer Beziehungen. In beiden Möglichkeiten sind wir normalerweise sehr erfinderisch.

Achtsamkeit ist deshalb nicht nur eine rituelle Übung, mit der sich Zen-Mönche ihre Zeit vertreiben. Achtsamkeit ist die Grundlage eines bewussten Lebens und eine der wichtigsten Leitlinien auf dem Weg zur Ganzheit. Achtsamkeit macht uns fließend und geschmeidig und lässt uns zu einem tiefen Verstehen gelangen. Wir begreifen uns nun selbst und auch das, was wir tun. Was wir beobachten können, mit dem identifizieren wir uns nicht mehr. Wir sind frei. Achtsamkeit heilt Wunden und wendet die Dinge zum »Guten«. Wir sind nicht länger ein schamhafter Punkt, der die kritischen Augen der Welt auf sich gerichtet fühlt, sondern ein leuchtendes Auge, in dessen Glanz sich der Kosmos spiegelt.

Außerdem ist Achtsamkeit die praktischste Sache der Welt. Man braucht sie in allen Lebenslagen, auch dann, wenn uns andere Unrecht tun. Normalerweise würden wir in solchen Fällen mit einer heftigen Emotion *reagieren*, und aus dieser Reaktion heraus argumentieren und handeln. Obwohl viele psychologische Richtungen es befürworten, dann »Wahrhaftigkeit« walten und seinen Gefühlen freien Lauf zu lassen, sorgen Reaktionen meist nur für weitere Verwirrung und Verstrickung. Wirkliche Klärung wird damit nicht erreicht, weil Reaktionen niemals wahrhaftig sind. Denn sie entspringen dem Unteren und nicht dem Hohen Selbst. Anstatt sich ebenfalls vom Teufel reiten zu lassen, sollte man es lieber mit Achtsamkeit versuchen. Der Vorteil daran ist, dass Achtsamkeit, da sie auf die Wahrheit ausgerichtet ist, eine innere Folgerichtigkeit hat.

Zunächst betrachten wir, ohne zu werten, die eigene Verletzung, akzeptieren und *würdigen* sie. So laufen wir nicht Gefahr, sie als Schwäche zu brandmarken. Nur die Wertschätzung der Gefühle ermöglicht es uns, den ersten Schritt zu tun und das, was uns bedrückt, bewusst mitzuteilen; zu *agieren* anstatt zu reagieren. »Ich leide, und ich möchte, dass du es weißt. Ich verstehe nicht, warum du mir so etwas antun konntest. Ich verstehe nicht, warum du so etwas zu mir gesagt hast.« Als Zweites sollten wir zum Ausdruck bringen, dass wir nach Kräften versuchen, nichts im Zorn zu sagen, weil wir wissen, dass wir damit nur noch mehr Schmerz erzeugen würden. »Ich tue mein Bestes«, lautet diese Botschaft. Und als Drittes gilt es auszudrücken: »Ich brauche deine Hilfe.« Normalerweise wollen wir das Gegenteil zeigen, wenn wir auf jemanden böse sind. Dann würden wir am liebsten signalisieren: »Ich brauche dich nicht. Ich kann bestens ohne dich leben. Ich komme wunderbar allein zurecht.« – »Ich brauche dich« heißt: »Ich brauche dein Verständnis, ich wünsche mir so sehr, dass du mir zuhörst. Ich brauche dich, um über diesen Ärger hinwegzukommen, denn ich leide.« Wenn einer leidet, ist es auch für den anderen unmöglich, glücklich zu sein, denn zum Glücklich-Sein gehören beide Parteien.

Diese drei Sätze: »Ich leide und will, dass du es weißt«, »Ich tue mein Bestes« und »Bitte hilf mir« sind das einzig notwendige therapeutische Know-how für alle Arten von Beziehungskrisen. Sie reflektieren Achtsamkeit. Achtsamkeit sich selbst gegenüber und gleichzeitig Achtsamkeit dem Partner gegenüber. Daher sind sie Ausdruck wahrer Liebe. Und wenn beide von der heilenden Wirkung der Achtsamkeit überzeugt sind, werden sie auch immer bereit sein, dem anderen Gehör zu schenken und ihn mitsamt seinen Qualen in den Arm zu nehmen.

Ein buddhistisches Sprichwort sagt. »Wenn ich anderen dazu verhelfe, weniger zu leiden und stattdessen zu lächeln, werde auch ich das Glück finden.« In der Umarmung echter Achtsamkeit werden Feinde zu Freunden, bleibt jedes Paar ein Liebespaar. Wenn beide Parteien Achtsamkeit üben, verliert sich jegliche Dualität in der Vollkommenheit des Augenblicks.

Würdigende Achtsamkeit entsteht durch den unmittelbaren Kontakt mit der Erfahrung – wenn wir die wahren Eigenschaften des menschlichen Wesens uneingeschränkt anerkennen. Sofern sie echt ist, regt sie unser gesamtes Sein dazu an, für die Fülle und den Sinn des Lebens empfänglich zu werden. Wenn wir wirklich wahrnehmen und würdigen, öffnet sich unser Herz der Schönheit und Freude jeder Erfahrung. Liebe und tiefes Verstehen erwärmen unser Leben. Die Beziehungen zu unseren Mitmenschen werden herzlich und erfüllend. Kraft und Klarheit erleuchten unser Tun. Achtsamkeit und Selbstachtung entspannen auch die verkrampften Muskeln, mit dem Resultat, dass der Energiefluss gesteigert und die Erinnerung an Herzensqualitäten wieder frei wird. Wir werden körperlich, seelisch und geistig hellhörig, flexibel und anmutig wie eine Raubkatze, die auf jede kleinste Regung des Lebens einzugehen weiß.

SIEBTE AFFIRMATION

Wenn ich atme, atme ich bewusst ein und aus.
Wenn ich esse, esse ich bewusst.
Wenn ich gehe, bin ich mir bewusst,
wie ich einen Schritt vor den anderen setze.
Wenn ich handle, sind auch meine Gedanken bei der Tätigkeit.
Wenn ich arbeite, bin ich voll dabei.
Wenn ich spiele, gehe ich ganz im Spielen auf.
Wenn ich mit einem Menschen bin,
höre ich ihm zu und widme ihm meine volle Aufmerksamkeit.

Ich bin achtsam für alles,
was ich durch meine Sinne in mich aufnehme:
was ich höre, sehe, lese, und betrachte;
was ich esse und trinke.
Nährendes lasse ich ein,
was mir nicht gut tut, weise ich ab.

Ich habe die Freiheit,
negative Gedanken, Gefühle und Angewohnheiten
jederzeit durch positive zu ersetzen.
Daher bin ich achtsam.

Ich weiß, dass sich hinter jeder Untugend
eine Herzensqualität versteckt,
hinter jedem Feind ein Freund,
hinter jedem Schmerz die Freude.
Indem ich das, was ich sonst ablehne,
liebevoll umarme, befreie ich gebundene Energien.
Daher bin ich achtsam.

Achtsamkeit ist reine Gegenwärtigkeit,
frei von Anstrengung.
In der Schönheit des urteilsfreien Raums
offenbart sich die Wahrheit des Hier und Jetzt:
Es ist, wie es ist.

Meditation – vollendete Achtsamkeit

Heutzutage werden alle möglichen Aufmerksamkeits-, Achtsamkeits- und Konzentrationsübungen, Kontemplation, Imagination und Versenkung in das Unterbewusstsein als Meditation bezeichnet. Das wollen wir hier nicht tun. Für uns soll Meditation einfach nur »vollendete Achtsamkeit« sein. Damit meinen wir zum einen die *Übung* vollendeter Achtsamkeit und zum anderen den *Zustand* vollendeter Achtsamkeit: vollkommene Gegenwärtigkeit, Ein-Sein mit dem Augenblick und Eins-Werden mit dem Objekt, auf das die Aufmerksamkeit gerichtet ist.

Je nach dem Objekt der Aufmerksamkeit gibt es jedoch auch hier verschiedene Formen.

Der Naturmystiker meditiert auf ein Objekt aus der Natur – eine Pflanze, einen Stein, einen Baum, auf Wasser, Regen, die Elemente, Planeten oder bestimmte Naturkräfte – mit dem Ziel, in der Eins-Werdung mit dem Objekt dessen Wesen zu ergründen. Edward Bach zum Beispiel entwickelte auf diese Weise seine »Bachblüten-Therapie«. In solchen Naturmeditationen werden oft Geister, Dämonen, Kobolde, Feen und andere »Wesenheiten« erspürt. Dies sind natürlich keine Märchengestalten, sondern personifizierte Naturkräfte. Das Wesen dieser Kräfte lässt sich wahrnehmen, weil auch Naturkräfte spezifische Intelligenzen sind, die Informationen und Energien aussenden und empfangen, eine eigene Dynamik besitzen und das menschliche Leben entscheidend beeinflussen. Wir brauchen nur an die Auswirkungen verschiedener Wetterlagen auf unseren Organismus zu denken, an die Mondphasen, an Tag und Nacht, oder an den Einfluss von Wasseradern und geopathischen Störzonen, die man in animistischen Naturreligionen als Wasser- oder Erdgeister bezeichnen würde. Alles ist eins und bedingt sich gegenseitig. Für Naturmystiker ist es durchaus möglich, mit solchen Intelligenzen zu kommunizieren, und in vielen Kulturen entstanden hoch entwickelte »Natur-Wissenschaften« und Medizinsysteme aus derartigen meditativen Erkenntnissen. Die Tradition des Schamanismus mag hier als Beispiel genügen. Erst heute beginnen wir allmählich, die Bilder und exotisch anmutenden Geschichten von Geistern und Dämonen zu durchschauen und hinter ihnen die tatsächlichen Wirkkräfte der Natur zu erkennen.

Gottheiten-Mystiker üben in ihren Meditationen das Eins-Werden mit bestimmten Göttern, Bodhisattvas oder aufgestiegenen Meistern. Die aufgestiegenen Meister lebten einst auf der Erde und gingen den Weg der Vollkommenheit. Durch die Erleuchtung haben sie die Raum-Zeit-Dimension und damit die physische Existenz transzendiert und sind im »Geiste auferstanden«, das heißt: Sie sind in Raum und Zeit *allgegenwärtig*. Daher ist es auch möglich, bewusst mit ihnen Verbindung aufzunehmen.

Bei den Göttern handelt es sich ebenfalls um Personifikationen, und zwar um Personifikationen bestimmter bis zur Vollkommenheit entwickelter *Eigenschaften*. Die höchst entwickelte Form der Gottheiten-Mystik ist uns aus dem tibetischen Buddhismus bekannt. Der Mahayana-Buddhismus akzeptiert zwar keinen übergeordneten »Gott«, sondern nur die Leerheit, besitzt aber eine umfangreiche Hierarchie von Göttern und Meistern. Diese Götter stellen Buddha-Eigenschaften dar, vollendete Eigenschaften also, die gerade auf dem Erleuchtungsweg von großem Nutzen sind.

Die anthropomorphe Darstellung war und ist eines der wichtigsten Werkzeuge des Menschen, feinstoffliche Kräfte oder geistige Intelligenzen für das Mittlere Selbst begreiflich zu machen. Götterbilder, Rituale und Kultobjekte haben an sich weder einen Wahrheits- noch einen Wirklichkeitsgehalt. Es sind lediglich Werkzeuge. Gottheiten-Mystiker versenken sich in die Betrachtung von Bildnissen und Statuen, um durch die Vereinigung mit der Gottheit auch in sich selbst Eigenschaften wie Mitgefühl, Mut, Unterscheidungsvermögen, Friedfertigkeit, Geduld, Demut und bedingungslose Liebe wachzurufen. Es ist sehr wichtig, diesen Unterschied zu machen, denn hierin liegt nicht nur die Basis für das Verständnis fremder Religionen, sondern auch für die Möglichkeit, uns deren Wissens- und Erkenntnisschatz zu erschließen.

Dem ursprünglichen Sinngehalt des Wortes entsprechend, ist das eigentliche Objekt der Meditation jedoch die *Mitte* (lat.: *medio* – sich in der Mitte befinden), also genau jenes »Objekt«, das für die Selbstrealisation von entscheidender Bedeutung ist. Meditation in seiner wörtlichen Bedeutung heißt, die Aufmerksamkeit aus der äußeren Welt zurückziehen und stattdessen auf die Mitte, die Quelle, den Urgrund der Existenz richten. Dies ist in der Tat die höchste Stufe der Achtsamkeit, und bei weitem auch die schwierigste, schon allein deshalb, weil die Achtsamkeit sich keinem äußeren Bezugspunkt mehr zuwenden kann. Fokus der Achtsamkeit ist nun das Herz. Ziel ist die mystische Vereinigung mit dem Absoluten, die Erkenntnis von Leerheit und Fülle, Erleuchtung, *sahaja samadhi*[4] – wie auch immer man diese Erfahrung nennen will. Ihr Zweck ist die Bereinigung der Karma-Bilanz, die Lösung von Bindungen an Vergangenheit und Zukunft und die Befreiung von allen falschen Selbstbildern: leer werden, um sich seines eigentlichen, tiefsten Selbst bewusst zu werden.

Die Praxis der Meditation

In den traditionellen Meditations-Schulen wurde sehr viel Wert auf die genaue Einhaltung eines Meditationsrituals gelegt, zu dem festgelegte Uhrzeiten, ein reiner oder zumindest gereinigter Ort, spezielle Körperhaltungen und die Kontrolle des Atems gehörten. Diese Vorbereitungen sind günstige äußere Begleitumstände und können das Eintauchen in die Mitte erheblich erleichtern. Sie sind jedoch kein Muss, keine unabdingbare Voraussetzung für eine tiefe Meditation. Selbst die Körperhaltung ist nicht so entscheidend, wie dies vielleicht den Eindruck erwecken mag. Anstelle sich im Lotossitz die Beine zu verrenken oder sich wegen der obligatorischen geraden Wirbelsäule eine Genickstarre zuzuziehen, kann man sich auch bequem auf einen Stuhl oder Sessel setzen. Man kann sogar im Liegen meditieren, insofern man nicht zum Einnicken neigt. Eine bequeme, lockere Haltung trägt wesentlich dazu bei, dass die Aufmerksamkeit nicht an verkrampften Muskeln oder einer harten Unterlage hängen bleibt, sondern sich möglichst schnell in achtsame Nicht-Achtsamkeit hinein befreien kann. Es ist auch nicht entscheidend, ob die Augen geschlossen oder auf einen Punkt gerichtet sind, ob die Zungenspitze sich am Gaumen befindet oder nicht, die Hände zu *mudras* gefaltet sind oder bestimmte *mantras* rezitiert werden. All das kann, falls man einen inneren Bezug dazu hat und von der Wirksamkeit überzeugt ist, äußerst hilfreich sein. Es ist jedoch nicht das, was Meditation ausmacht. Wichtig ist allein die innere Haltung. Sämtliche Mittel und Wege, die schnell und sicher in diese innere Haltung führen, sind willkommen.

Achtsames Atmen

Wir sitzen also in bequemer Haltung und achten darauf, locker und entspannt zu sein. Die Atmung geschieht durch die Nase und sollte eine tiefe Bauch-Zwerchfell-Atmung sein, bei der sich die Bauchdecke beim Einatmen leicht nach außen wölbt, beim Ausatmen wieder abflacht. Längere Pausen zwischen Einatmen und Ausatmen sollen vermieden werden. Der Atem darf ruhig und frei fließen, sodass sich die Nerven beruhigen. Alles geschieht ohne Anstrengung, ohne Willensgewalt. Wenn der Körper zur Ruhe kommt, kann auch die Seele entspannen. Die vollkommene Entspannung von Körper und Seele, das Ruhig-Werden des Geistes ist eine der wenigen, wirklich notwendigen Voraussetzungen für die Meditation.

Achtsames Atmen ist eine ideale Methode, anfängliche Zerstreuungen zu vermindern und eine eventuell auftretende, durch die Entspannung hervorgerufene Schläfrigkeit zu überwinden. Das Eindringen in tiefere Bewusstseinsebenen wird dabei nicht behindert. Vor allem aber verfolgen spirituelle Atemübungen den Zweck, in den Strom der kosmischen Lebensenergie, des *prana* oder *chi,* zu gelangen, dessen sanfte Wellen den Meditierenden zum Zentrum des Kraftfelds tragen können.

Es gibt verschiedene Arten des achtsamen Atmens.

Im *zazen* beginnt man gewöhnlich damit, den Atem zu zählen – in einem Zyklus von eins bis zehn und dann wieder von vorn beginnend. Man zählt dabei das Einatmen auf die ungeraden Zahlen und das Ausatmen auf die geraden. Eine andere Technik besteht darin, entweder nur das Einatmen oder nur das Ausatmen zu zählen. Die erste Methode ermöglicht, den Gedankenfluss zu beruhigen, die zweite hilft beim Wachbleiben.

Oder – eine chinesische Variante: Man zählt beim Einatmen von eins bis sieben, lässt auf acht eine kurze Atempause folgen, um dann, ebenfalls von eins bis sieben zählend, auszuatmen.

In den Meditationen des Mahayana-Buddhismus wird die Achtsamkeit, ohne Zählen, einfach auf den Atem gerichtet. Man »geht mit dem Atem mit«, nimmt wahr, wie er beim Einatmen durch die Nase einströmt, sich sanft im Inneren des Körpers ausbreitet und beim Ausatmen durch die Nasenlöcher wieder hinausfließt.

Wichtig bei allen genannten Atemtechniken ist, dass das Bewusstsein dabei aus dem Kopf ins Herz verlagert wird: Man stellt sich vor, dass es aus dem Gehirn langsam hinabgleitet in die Region des Herzens. Man nimmt nun den Atem und alle übrigen Gedanken durch das Herz wahr. Man denkt mit dem Herzen. Das Herz wird zum Fokus der Achtsamkeit. Gemeint ist allerdings nicht das Körperorgan, sondern das zum Herzen gehörige *chakra*, das sich in der Brustmitte auf der Höhe des physischen Herzens befindet. Im Herzchakra befindet sich das »kostbare Juwel«, jener in der *Chandogya Upanishad* besungene Raum, in dem sich das ICH BIN mit dem ES IST vereint.

Achtsame Nicht-Achtsamkeit

Für Anfänger empfiehlt es sich, eine der erstgenannten Formen des Atemzählens zu verwenden, während man mit zunehmender Meditationserfahrung dazu übergehen kann, dem Atem geistig zu folgen. Dabei gewahrt man beim Einatmen nur das Einatmen und beim Ausatmen nur das Ausatmen. Fortgeschrittene brauchen keinerlei vorbereitende Hilfsmittel mehr. Bei ihnen ruht die Aufmerksamkeit allein im Herzen. Tauchen Gedanken auf, geht man ihnen weder nach, noch vertreibt man sie. Man schenkt ihnen keine Beachtung, lässt sie am Horizont des Geistes wie Wolken dahinziehen, bis sie in der Leerheit verschwinden. Es herrscht völlige Wertfreiheit, urteilsfreies Gewahrsein, achtsame Nicht-Achtsamkeit, inhaltlose Wachheit. »Ob der Himmel klar ist oder bewölkt, in jedem Fall ist es recht. Der Berg ist immer derselbe und seine ursprüngliche Gestalt ändert sich nicht.«[5] Der Bereich der Mitte ist paradoxiebeladen. Meditation setzt daher sowohl Achtsamkeit als auch Nicht-Achtsamkeit voraus. In diesem Bereich soll nichts mehr gedacht und nichts mehr gemacht werden. Es soll geschehen. Achtsame Nicht-Achtsamkeit – das ist die innere Haltung der Meditation, ihr Lebensnerv. Nicht Visionen, Lichterscheinungen oder »Durchsagen aus der geistigen Welt« spielen hier eine Rolle. Im Gegenteil. Tauchen solche Wahrnehmungen auf, dann lässt man sie ebenso an sich vorbeiziehen wie jeden anderen Gedanken auch. Mögen sie noch so machtvoll sein, auf dem Weg ins Nichts stellen sie nur ein

Hindernis dar. Der chinesische Meister Rinzai sagte: »Wenn dir der Buddha auf dem Weg begegnet, so töte den Buddha! Wenn du deine Ahnen triffst, töte die Ahnen! Wenn du Vater und Mutter triffst, töte Vater und Mutter! Wenn du Buddhas Jünger triffst, töte Buddhas Jünger! Wenn du deine Verwandten triffst, töte die Verwandten! Nur so wirst du die Erlösung erlangen, nur so den Netzen entfliehen und frei werden.«[6] Die innere Haltung der Meditation, achtsame Nicht-Achtsamkeit, schafft durch Loslösung von allen bisherigen Identitäten ein Vakuum, das die Erfahrung der Wahrheit ermöglicht und den intuitiven Blick auf die Weisheit des Herzens freigibt.

Wirkungen der Meditation

Das Endziel der Meditationspraxis ist Erleuchtung. Aber schon auf dem Weg dorthin passiert vieles, was für jeden Menschen von Bedeutung ist, insbesondere für den Menschen der Gegenwart.

In Amerika werden in den letzten Jahren breit angelegte Studien unternommen, deren Ergebnisse neues Licht auf die uralte Erfahrung der mystischen Vereinigung werfen sollen. Man fragt sich, ob Spiritualität mittels Biochemie, Neurotransmittern oder über das Nervensystem erklärt werden kann. Prompt haben sich jedoch auch hier schon wieder zwei Fronten gebildet. Die eine Seite, zu der meist Ärzte und Forscher gehören, behauptet, religiöse Einheitserfahrungen seien das bloße Resultat biochemischer Vorgänge im Gehirn, während die Theologen entrüstet kontern, die Aktivierung bestimmter Gehirnbereiche erfolge selbstverständlich erst aufgrund der religiösen Erfahrung. Warum nicht auch hier eine übergeordnete Position beziehen, in der beide Meinungen ihren Platz haben? »Die Behauptung, das Gehirn erzeuge Religion, ist ebenso unzulänglich wie die Behauptung, ein Klavier mache Musik«, meint Daniel Batson, Psychologe an der University of Kansas. »Das Gehirn ist vielmehr die Hardware, durch die Spiritualität erfahren wird.«[7]

Wie auch immer der Zusammenhang aussehen mag, unumstritten sind die positiven Auswirkungen wie Stressreduktion, Tiefenentspannung, Anregung der Selbstheilungskräfte, Verbesserung der Konzentration usw. Vielfach bewiesen sind sowohl bestimmte Hautreflexe wie auch die Veränderung der Gehirnwellen in den Phasen tiefer Meditation. Während im normalen Wachbewusstsein, wenn das *Mittlere Selbst* aktiviert ist, vorwiegend Beta-Wellen gemessen werden, herrschen im Zustand der Entspannung Alpha-Wellen vor. In solchen Momenten übernimmt das *Untere Selbst* die Führung. Bei einer »echten« Meditation hingegen sind immer Theta-Wellen nachweisbar. In tiefer Meditation geht die Entspannung weit über das Physische hinaus. Sie entspricht einem völligen Loslassen auf allen Ebenen des Seins. In diesem Zustand dominiert die Präsenz des *Hohen Selbst* und es herrschen Delta-Wellen vor.

Neuere Erkenntnisse aus der Gehirnforschung beweisen zudem, dass im Zustand tiefer Meditation besondere Abschnitte des Gehirns aktiviert werden, die normalerweise völlig brachliegen. Es lässt sich vermuten, dass der Mensch durch die Aktivierung neuer Bereiche nicht nur neue Fähigkeiten entwickeln kann, sondern auch ein erweitertes Bewusstsein erlangt. Die nächsten Jahre werden sicherlich höchst interessante Einsichten in das Geheimnis jener geheimnisvollen fünfundachtzig Prozent Gehirnmasse geben, die der Mensch bisher lediglich als überflüssiges Gewicht mit sich herumschleppte.

Unumstritten sind auch die empirisch belegten Auswirkungen der Meditationspraxis. Mit jeder neuen mystischen Einheitserfahrung tritt größere Klarheit ein. Allmählich werden Zweifel und Ängste beseitigt. An ihre Stelle tritt vollkommene Sicherheit, begleitet von innerem Frieden und Gelassenheit. Der Meditierende erlangt zunehmende innere Freiheit. Das Blockierende und Hemmende wird aufgelöst, wegmeditiert. »Neid, Hass und Missgunst ... verschwinden oder werden gegenstandslos. Der Mensch wird frei und echter Liebe fähig.«[8]

Neben der intuitiven Erkenntniskraft, oder besser gesagt, *infolge* der zunehmenden Intuition, können dem Übenden besondere physische, geistige und paranormale Kräfte erwachsen. Auf diese Kräfte wollen wir hier jedoch nicht eingehen, weil ein verantwortlicher Umgang mit ihnen erst durch ein realisiertes Selbst gewährleistet wird. Bei der Selbstrealisation ist es von weit größerer Bedeutung, den wahren Zustand des Geistes zu verstehen.

In allen Weisheitstraditionen der Welt bildet die Meditation den Kern der spirituellen Praxis. Leerheit ist die Grundvoraussetzung für schöpferische Souveränität. Nur aus der Leerheit heraus kann der nachfolgende Schritt in die »Existenz« in voller Reinheit geschehen. Wenn der Geist nicht leer ist von alten Überzeugungen und Glaubenssätzen, von Konditionierungen und kulturellen, religiösen oder gesellschaftlichen Imperativen, fügen wir dem inneren Wirrwarr immer nur neue Bausteine hinzu. Die einzige Wirklichkeit, die *daraus* entstehen kann, ist unser eigenes Chaos. Das patriarchale Zeitalter legte ein grandioses Zeugnis davon ab, dass, wenn *Wissen* nicht mit der verbindenden Weisheit des Herzens konform geht, die Verwirrung wirklich grenzenlos werden kann.

Deshalb sollten wir regelmäßig und kontinuierlich meditieren, am besten täglich: Am Anfang nur wenige Minuten, die wir allmählich ausdehnen, bis hin zu einer Stunde. Meditation ist nicht das qualvolle Sitzen im Lotos, wie viele meinen, sondern das beständige Üben der Leerheit und des Ein-

Seins, der Rückkehr zur Mitte. Wer einmal die Schönheit des meditativen Zustands erlebt und die Vorteile des Meditierens erkannt hat, wird den täglichen Rückzug ins Juwel seines Herzens nicht mehr missen wollen.

Dankbarkeit

Achtsamkeit ist die weibliche, passive Form der Aufmerksamkeit. Sie lässt uns offen und empfänglich werden für die Energien des Augenblicks und die Führung der inneren Stimme. Sie schenkt uns tiefe Sympathie für das Leben und echtes Mitgefühl für alle Formen des Seins. Sie weitet das Gefäß unseres Selbst und verleiht uns die Fähigkeit, mehr und mehr von der Fülle des Ganzen aufzunehmen. In ihrer höchsten Form – der achtsamen Nicht-Achtsamkeit – erlaubt sie uns den Eintritt in die mystische Erfahrung. In diesem Zustand sind wir ALLES, vollkommenes SEIN.

Sobald Achtsamkeit zu einem festen Bestandteil unserer Wesensart geworden ist, sobald wir den inneren Reichtum, die Verbundenheit mit allem Seienden und die Stimmigkeit der Existenz auf allen Ebenen des Lebens erfahren, stellt sich die Herzensqualität der *Dankbarkeit* ein. Dankbarkeit ist gleichsam das Geschenk, das wir als Belohnung für beharrliches Üben der Achtsamkeit erhalten. Im Zustand der Dankbarkeit sind wir absolut leer von jeglicher Bewertung und Beurteilung, sind wir reine Würdigung und Wertschätzung, *ohne uns noch darum bemühen zu müssen.* Hier wird keine persönliche Energie mehr verbraucht, da selbst das Bemühen um Achtsamkeit wegfällt. Es ist der Zustand uneingeschränkter Offenheit, völliger Durchlässigkeit, in dem uns der mächtige Strom der Liebe durchflutet, unser kleines Ich überwältigt, jedwede Knoten löst und alles *in Ordnung* bringt. Dankbarkeit ist die höchste Kunst des *Empfangens.* Es ist das Erkennen der Tatsache, dass man jederzeit empfängt, überall und immer. Es ist das – wieder einmal paradoxiebeladene – Bewusstsein, dass man ständig dankbar sein sollte, um immer wieder dankbar sein zu dürfen. Wenn wir den Samen der Dankbarkeit säen, ernten wir Dankbarkeit. Wir sind bereits vollkommen und ALLES *ist* in Ordnung; wir brauchen uns nur zu öffnen und zu empfangen.

Wir sollten also lernen, jetzt schon »Danke« zu sagen. Zuerst zu Menschen, Situationen und Dingen, für deren Präsenz wir wirklich dankbar sind, wo es uns leicht fällt, dankbar zu sein. Als Nächstes gehen wir dazu über, das Positive in *zwiespältigen* Angelegenheiten zu betrachten und uns auch dafür zu bedanken. Ganz zum Schluss versuchen wir, ein von Herzen kommendes »Danke« an die kleinen und großen Miseren unseres persönlichen Lebens auszusprechen und schließlich an die Missstände, Ungerechtigkeiten, Nöte und Leiden der Welt. Wer weiß, wozu sie gut sind? Vielleicht stellen gerade sie das Sprungbrett zur Befreiung dar, so, wie sich auch das Ende des patriarchalen Zeitalters als Sprungbrett in eine neue Wirklichkeit anbietet. Ein aufrichtiges Danke ist die magische Zauberformel des Empfangens. Letztendlich ist Dankbarkeit gleichbedeutend mit Empfangen: mit dem Empfangen der kosmischen Lebenskraft, die wir auch allumfassende Liebe (griech.: *agape*) nennen können.

Erst, wenn wir zu empfangen verstehen, beginnen wir zu *verströmen.* Was können wir schon geben, wenn wir vorher nichts bekommen haben – keine Lebensenergie, keine Liebe, keine heilmachenden Impulse aus dem Kraftfeld? Wenn wir dagegen leer sind von falschen Selbstbildern, wenn wir uns selbst, den Mitmenschen und dem Leben gegenüber achtsam sind, wenn wir im Innersten »Danke« sagen können, dann *werden* wir empfangen. Auf dem Pfad der Selbstrealisation *müssen* wir empfangen lernen. Denn Empfangen ist die Voraussetzung für die aktive Teilhabe am Ganzen.

ACHTE AFFIRMATION

Ich bin dankbar.
Dankbar für das Geschenk des Lebens.
Dankbar für das Erkennen, das mir zuteil wird.
Dankbar für die Lebenskraft und die allumfassende Liebe,
mit der ich jeden Augenblick verbunden bin.

Ich bin dankbar für die Menschen,
mit denen ich ALLES teilen kann.
Dankbar für die Schönheit,
die ich erfahre und
die ich selbst verströmen darf.

Ich bin dankbar für das Geschenk
der Gegenwart, das mir die Möglichkeit bietet,
weiterzuwachsen
und mein Potenzial immer mehr zu entfalten.

Ich bin dankbar dafür,
dass ich dankbar sein kann.

Konzentration

Um das Meer der Leerheit ein zarter Saum von Wonne.
Um das Meer der Leerheit ein Flackern von Mitgefühl.
Zarte Erleuchtungen erfüllen den Raum des Gewahrens,
wenn strahlende Formen zu Bewusstsein zusammenfließen.
Eine Welt nimmt Gestalt an,
ein Universum wird geboren.
Ich-Ich atme die subtilsten Muster aus,
die zu den dichtesten Formen kristallisieren.
Mit physischen Farben, Dingen, Objekten, Prozessen.

Ken Wilber

Der schöpferische Kreislauf beginnt

Bewusste Schöpfung geschieht stets im Kraftfeld und lässt sich von der Einen Bewegung tragen, welche die Wahrheit unaufhörlich in die Wirklichkeit entfaltet – und umgekehrt. Aufmerksamkeit ist das geistige Vehikel, mit dessen Hilfe wir den Strom der Einen Bewegung oder Lebensenergie bewusst befahren. Durch die Qualität der Achtsamkeit treten wir mit dem Hohen Selbst in Kontakt, wobei die Aufmerksamkeit der Energie des Augenblicks folgt. Es ist ein Vorgang, der bar jeglicher Absicht und Willensanstrengung ist und im Empfangen der schöpferischen Impulse endet. Sind wir entspannt, ruhig und offen wie ein Bergsee, dann ist unser wahres inneres Wesen deutlich erkennbar. Wir nehmen uns selbst und unsere Einbettung in die Umwelt klar und unmittelbar wahr. Alle Energien sind wie in einem goldenen Becken gesammelt und warten darauf, sich in die Wirklichkeit ergießen zu dürfen, um Leben und Vitalität zu erschaffen. Sie geben uns die Kraft, alles zu erreichen.

Existieren bedeutet Heraustreten aus dem zeit- und raumlosen Urgrund des All-Eins. Es ist der Wiedereintritt in die Welt der Polarität, in den Bereich der expliziten Ordnung, der individuellen Wirklichkeit. Das Vehikel der Aufmerksamkeit schlägt nun die entgegengesetzte Richtung ein und wird zur Konzentration. Folgte beim Üben der Achtsamkeit die Aufmerksamkeit der Energie, so folgt nun die Energie des Kraftfelds der Aufmerksamkeit.

Konzentration ist der männliche, aktive Aspekt der Aufmerksamkeit, die Fähigkeit, Energie dorthin zu lenken, wo man sie haben möchte. In der schöpferischen Konzentration wird die Aufmerksamkeit des Mittleren Selbst auf die Verwirklichung eines bestimmten Gedankens, Vorhabens oder Ziels gelenkt, also auf etwas in der Dualität Befindliches. Durch Konzentration lassen wir die empfangene Liebe, die Lebenskraft und die Harmoniesignale des Kraftfelds zunächst in unsere individuellen Fähigkeiten und Fertigkeiten fließen, die im Unteren Selbst, der Schaltzentrale unseres Denkens, Fühlens und Verhaltens beheimatet sind, bündeln diese mit Hilfe der Willenskraft und fokussieren sie alsdann auf unser Ziel.

Um Wirklichkeit erschaffen zu können, brauchen wir also stets einen Brennpunkt, auf den wir die Aufmerksamkeit richten. Es versteht sich von selbst, dass eine hohe Konzentrationsfähigkeit zu schnelleren Manifestationen führt als eine geringe. Weniger offensichtlich ist jedoch, dass im Prozess der Manifestation auch die Qualität des Brennpunkts eine entscheidende Rolle spielt.

Der stärkste Brennpunkt, der überhaupt denkbar ist, wird durch unsere höchsten Visionen geschaffen. Denn diese üben eine äußerst starke Sogwirkung auf unser Mittleres und Unteres Selbst aus, eine Sogwirkung, die durch die Schubkraft des Hohen Selbst noch eine zusätzliche Beschleunigung erfährt. Das Zusammenwirken dieser Kräfte erzeugt die reinste Form der Motivation. Jeder von uns weiß, wie leicht es ist, sich auf etwas zu konzentrieren, das uns fasziniert, wie zäh dagegen die Dinge vorangehen, wenn sie uns nicht interessieren oder uns abverlangt werden. Ein durch die höchste Vision erzeugter Brennpunkt hilft uns, klarer zu sehen und zu unterscheiden. Die Möglichkeit, unser höchstes Ziel verwirklichen zu dürfen, macht es uns leicht, Selbstverantwortung zu übernehmen. Auf diese Weise ist die höchste Vision sowohl das einladende Ziel als auch das initiatische Tor, das wir durchschreiten, um auf unseren ureigenen Lebensweg zu gelangen und unsere Energien weise zu lenken.

Mit Hilfe der Konzentration verlagern wir die höchste Vision in die Gegenwart. Im Hier und Jetzt aktivieren wir die Fähigkeiten, die wir für deren Verwirklichung brauchen und schaffen die Basis für die notwendigen Schritte dorthin. Im Gegensatz zur Achtsamkeit, die in bedingungsloses Sein führt, steuert Konzentration dem Tun entgegen und nutzt dafür die vorhandenen Bedingungen. Konzentration garantiert, dass wir in allem unser Bestes geben, von allen verfügbaren materiellen wie menschlichen Ressourcen – Energie, Intelligenz, Intuition, Sinnen und Empfindungen, Zeit und Gelegenheiten – optimalen Gebrauch machen. Wenn wir mit Leib und Seele bei der Sache sind, sind wir voll dabei. Wir leben mit unseren Fortschritten und Leistungen mit und lassen uns von den gestellten Aufgaben inspirieren. Auf diese Weise werden unsere Bemühungen erfolgreich. Konzentration erlaubt es, mit jedem Stadium unseres Denkens und Handelns und ebenso mit dessen Konsequenzen in Übereinstimmung zu sein. Daher können wir sogar die Ergebnisse unserer Handlungen voraussagen und ganz gezielt erfolgreich sein. Wir hauchen unseren Gedanken und Vorstellungen den Atem des Lebens ein, indem wir all unsere Energien auf sie richten.

Konzentration meint daher in ihrem letzten Sinn: alle Gedanken und Gefühle auf das lenken, was wir a) erreichen wollen und b) gerade tun. Die Kraft der Konzentration soll niemals für Ausflüge in die Vergangenheit oder für das Sezieren von vermeintlichen Fehlern und Schwächen missbraucht werden. Alte Gedanken- und Verhaltensmuster würden dadurch nur bekräftigt werden. Wenn wir uns eine neue Umgangsweise mit unseren Energien und Selbsten aneignen, brauchen wir den zwanghaften Rückblick nicht mehr, sondern verändern Vergangenheit, indem wir im Hier und Jetzt neu entscheiden und der höchsten Vision entgegen in die Zukunft gehen. Wenn wir uns auf das Höchste konzentrieren, nutzen wir Energie bewusst und deshalb auf effektivste Weise. Energie will kreativ genutzt werden. Sie muss ständig am Fließen gehalten werden. Wird sie zurückgehalten oder blockiert, arbeitet sie gegen uns – wie alles, was wir verdrängen.

Verfolgen wir die höchste Vorstellung in Wahrheit, Liebe und Freude, schließt sich das Dreieck und der schöpferische Kreislauf kommt in Gang. Das Untere Selbst ist nun ebenfalls auf das Hohe Selbst ausgerichtet; der persönliche Wille steht in Einklang mit dem Willen des Ganzen *(Abb. I)*. Ar-

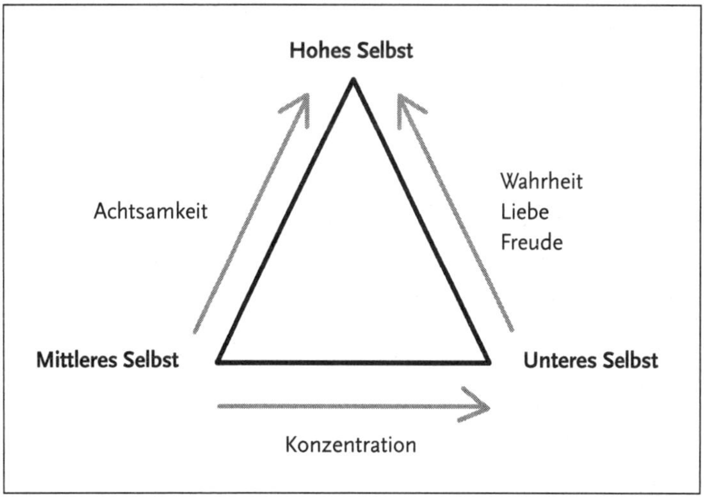

Abb. I

beiten die drei Selbste harmonisch zusammen, werden sich unsere Visionen schnell verwirklichen und der unbewusste Vollzug des Handelns wird von Ängsten, Zweifeln oder negativen Verhaltensmustern unbeeinflusst bleiben. Durch Konzentration auf die höchste Vision tritt nicht nur die Trinität des Selbst in Kraft, sondern erstmals auch die Trinität von Selbst, Wahrheit und Wirklichkeit. Sie ist die Energiequalität, mit der wir den Puls des Kraftfelds am Leben erhalten und es immer wieder neu entstehen lassen.

Die Praxis der Konzentration – Erziehung des Unteren Selbst

Anbindung an das Hohe Selbst

Die höchste Vision bildet die Vorlage, nach der das Mittlere Selbst unsere Skripts neu und in genialer Vollkommenheit formulieren kann, um diese dann dem Unterbewusstsein zur Verfügung zu stellen. Die Erziehung des Unteren Selbst beginnt.

Das Untere Selbst enthält unser gesamtes persönliches Gedächtnis: Erinnerungen, die bis zu den ersten Anfängen zurückreichen. Es ist wie ein Feld, das die Samen sämtlicher nur denkbarer Eigenschaften und Fähigkeiten in sich beherbergt: die Samen von Hoffnung und Verzweiflung, von Verständnis und Ablehnung, von Mitgefühl und Hass, von Vergebung und Beschuldigung. Konzentration nährt den ausgewählten Samen, lässt ihn wachsen und gedeihen. Alles Leben braucht Nahrung, auch Liebe und Hass. Liebe ist etwas Lebendiges und Hass ist etwas Lebendiges. Wenn man die Liebe nicht nährt, stirbt sie, aber ebenso geht die Pflanze der Gewalt ein, wenn man ihr die Nahrung verweigert. Wenn wir das wissen, können wir die Saat des Hohen Selbst – Weisheit und Liebe – gezielt bewässern und allem, was nicht Weisheit und Liebe ist, den Nährboden entziehen. Die Pflege des Feldes ist die Aufgabe des Mittleren Selbst und seine hauptsächlichen Werkzeuge sind Wille und Vorstellungskraft. Damit können wir das starke Potenzial der rechten, kreativen und visuellen Gehirnhälfte bewusst nutzen. Vierzig- bis fünfzigtausend Gedanken gehen uns täglich durch den Kopf, eine ungeheure Kraft. Und diese Kraft können wir uns zunutze machen.

Mit dem Anerkennen des Hohen Selbst als höchste Autorität, dem Akt des Selbstbekenntnisses und dem Streben nach Vollkommenheit, all jenen Schritten also, die wir auf der ersten Stufe unternommen haben, haben wir bereits gute Vorarbeit geleistet, das Untere mit dem Hohen Selbst zu verknüpfen. Auch die Achtsamkeitsübungen und vor allem die Meditation stimmen das Untere Selbst immer mehr auf das Hohe ein. Menschen, die uns wohlgesonnen sind, vermögen uns automatisch an das Hohe Selbst anzubinden, ebenso alles Schöne und im Besonderen gute Musik. Daher ist es so wichtig, liebevolle Freunde zu haben und Schönheit in alle Lebensbereiche zu bringen, ja Schönheit zu *verströmen*, sich alles zu gönnen, was die Sinne anregt und Harmonie verbreitet: Düfte, Blumen, Farben, den Aufenthalt in der Natur, angenehme Kleidung, die Pflege des Körpers, gesundes, köstliches Essen, ein schönes Zuhause, einen harmonischen Arbeitsplatz, Tanzen, Bewegung ... Ist das Untere Selbst erst einmal auf das Schöne eingespielt, wird es künftig nur das wählen, was die höchste Freude verspricht. Dann wählt es in Übereinstimmung mit dem Hohen Selbst.

Die unmittelbarste Form der Anbindung ist die Anrufung, das Gebet. Schon der einfache, aber mit Überzeugung gesprochene innere Satz »Ich bin mit meinem Hohen Selbst verbunden. Ich ruhe im Hohen Selbst. Ich bitte um geistige Führung bei der Verwirklichung folgender Vision, Aufgabe …« wird alle Teile unseres Selbst, also auch das Untere, der Führung des Hohen Selbst unterstellen. Der »Regen des Segens« wird die Anbindung rasch bestätigen. Das kann ein prickelndes Gefühl im ganzen Körper oder einzelnen Körperteilen sein, ein plötzlicher Strom von Freude, Liebe, Ehrfurcht oder Dankbarkeit, oder eine Regung im Herzchakra, dem Ort, an dem die Verbindung der drei Selbste erfolgt.

Wir alle haben ein Hohes Selbst. Darum sind wir alle aufgefordert, diesen Teil anzusprechen und nicht das Niedrige in uns. Worauf wir die Konzentration richten, dorthin fließt die Energie, und wohin die Energie fließt, das verstärkt sich. Niemandem ist genützt, wenn wir den Mangel nähren. Infolgedessen ist es nahe liegend, sich auf das Schöne zu konzentrieren und um das Hässliche einen großen Bogen zu machen. »Probleme sind nicht dazu da, sie zu lösen, sondern sie zu umgehen«, lautet ein Wahlspruch des neuen Paradigmas. Das heißt nicht, dass man Konflikte unter den Teppich kehrt. Es bedeutet vielmehr, dass man die Aufmerksamkeit dem Wahren und Schönen zuwendet, wodurch dieses bestärkt wird und die Oberhand über das Negative gewinnt. Wenn wir im Hohen Selbst schwingen, prallt alles, was uns schaden könnte, wie an einer unsichtbaren Mauer ab und wird auf den Ausgangspunkt zurückgeschmettert. Das Mittlere Selbst bewahrt die Klarheit eines Diamanten und das Untere Selbst wird zum ungetrübten Spiegel des Herzens. Der natürliche Flow und das Gesetz der Selbstregulation werden angeregt, wodurch alles von selbst an den richtigen Platz gelangt.

Gedanken sind bereits Wirklichkeit

Das Untere Selbst, die Psyche, entspricht dem Element Wasser. Diese Aussage ist nicht nur metaphorisch, sondern wörtlich gemeint – spätestens seit der Herausgabe der sensationellen Forschungsergebnisse des japanischen Wissenschaftlers Masaru Emoto. Wir wissen, dass der Mensch, genauso wie der Planet Erde, auf dem er lebt, zu siebzig Prozent aus Wasser besteht. Aus der spirituellen Erfahrung wissen wir auch, dass, wenn das Untere Selbst auf das Hohe eingestimmt ist, es zu erstaunlichen Bewusstseinsquantensprüngen und Heilungsprozessen kommen kann. In zwölfjähriger Forschungsarbeit und zehntausenden von Versuchen gelang es Masaru Emoto, den Einfluss von Informationen auf Wasser nachzuweisen. Er zeigte, dass Wasser nicht nur in der Lage ist, Informationen zu speichern – eine Tatsache, die schon weithin bekannt war –, sondern auch *Gefühle und Bewusstsein*. Mit einem speziell entwickelten Verfahren konnte er unter dem Mikroskop demonstrieren, dass reines, mit positiven Informationen, Gefühlen und Bewusstseinsinhalten aufgeladenes Wasser bei einer Abkühlung auf –5° C wunderschöne, klar strukturierte Kristalle bildet, während verseuchtes, negativ »bedachtes« Wasser hässliche, missgebildete Kristalle aufweist. Die in seinem Buch *Die Botschaft des Wassers* abgebildeten Kristallbilder vermögen auf eindrucksvolle Weise darzulegen, welch enorme Kraft Gedanken, Worte und Gefühle haben und dass sie imstande sind, Zerstörung in Heilung zu verwandeln – genauso aber auch umgekehrt. Seine Forschungsergebnisse legen die Vermutung nahe, dass das Untere Selbst *über das Medium des »Körperwassers«* die seelischen und auch die meisten körperlichen Prozesse steuert und dass *wir* durch Konzentration und Ausrichtung auf das Hohe Selbst einen willentlichen Einfluss auf diese Prozesse ausüben können.

Emoto forschte mit Wassern aller Art und mit Informationen aller Art. Die dabei zutage getretenen Bilder machen es möglich, dass wir erstmals mit eigenen Augen sehen können, welche Wirkung Gedanken und Bewusstsein haben. Nun ist nicht mehr von der Hand zu weisen, dass Gedanken und Gefühle die Grundlage der Wirklichkeit bilden, ja bereits Wirklichkeit *sind*. Nach derartigen Einblicken in die Geheimnisse der Manifestation liegt es mehr als je zuvor in unserer eigenen Verantwortung, unser Bewusstsein in eine positive Richtung zu lenken.

Im Folgenden seien einige der Forschungsergebnisse Emotos wiedergegeben. Vielleicht gelingt es mit ihrer Hilfe, unser Mittleres Selbst davon zu überzeugen, welch ungeheure Kräfte in unserem Willen und unserer Vorstellungskraft ruhen, und dass die ständige Ausrichtung auf das Hohe Selbst tatsächlich einen gravierenden Wandel in unserem Leben herbeiführen kann. Masaru Emoto untersuchte den Einfluss von Gebeten, Musik, Worten, Gedanken, Gefühlen und einfachen Beschriftungen des Wassers, derselben Elemente also, die auch in unserem Kontext von entscheidender Bedeutung sind.

In einem seiner anfänglichen Experimente betete ein japanischer Priester mehrere Stunden an einem stark verschmutzen Gewässer. Das Kristallbild der Wasserprobe vor dem Versuch war niederschmetternd. Es zeigte hässliche, deformierte, auseinander gerissene Elemente, die weder eine innere Struktur noch einen verbindenden Zusammenhang zu haben schienen. Bei Abschluss des Experiments jedoch wies das Wasser vollkommen klare, sechseckige Kristalle von bestechender Reinheit auf – für Masuru Emoto die Bestätigung dessen, was viele Menschen zwar bereits erfahren haben, sich bis dato aber nicht erklären konnten: die Kraft des Gebets und der zielgerichteten Konzentration.

Bald kam Emoto auf die Idee, Klänge und Musik auf Wasser zu übertragen. Wir wissen von Pflanzen, dass sie auf liebevollen Zuspruch mit üppigem Wachstum antworten, in einer negativen Atmosphäre jedoch rasch welken und schließlich eingehen. Das in Pflanzen und folglich auch in anderen Lebewesen enthaltene Wasser müsste also, so dachte Emoto, die Fähigkeit besitzen, wohlmeinenden Worten und guter Musik zu »lauschen« und den positiven Effekt in Form harmonischer Kristallbildungen sichtbar zu machen. Emoto experimentierte mit Beethovens »Pastorale«, Mozarts Sinfonie in g-Moll (KV 550), diversen Bach-Arien und auch mit tibetischen Sutras, die er auf destilliertes Wasser »überspielte«. Wie vermutet stellte sich heraus, dass die unter dem Einfluss der Musik entstandenen Kristalle graziös und vollendet geformt waren. Besonders auffallend aber war, dass sie sogar die charakteristische *Stimmung* des entsprechenden Musikstücks ausstrahlten.

»Deshalb lieben Menschen gute Musik so sehr«, sagte Masaru Emoto in einem Interview, das Anne Devillard für die Zeitschrift *Natur & Heilen* führte. »Das Wasser in unserem Körper verändert sich. Bei schlechten Einflüssen bilden die Körperflüssigkeiten keine Kristalle, aber wenn wir einem wunderschönen Konzert beiwohnen oder von freundlich gesonnenen Menschen umgeben sind, weist das Wasser unseres Körpers schöne Kristalle auf. Die Schwingungen von Musik und Worten, die durch die Luft weitergeleitet werden, beeinflussen Wasser stärker als jedes andere Element. Musik sendet verschiedene Vibrationen, die ins Gedächtnis des Wassers übergehen und sich dann in Form von Kristallen ausdrücken. Mozart, Beethoven oder Bach waren also nicht nur große Musiker, sondern auch große Heiler.«[9] Und wir können vervollständigen: Alles, was der Quelle des Hohen Selbst entspringt, also *genial* und ursprünglich ist, ist heilsam. Es harmonisiert und bringt unser Leben auf allen Ebenen in Balance.

Die gleichen verblüffenden Ergebnisse erzielte der japanische Forscher, indem er Wasserproben abwechselnd mit negativen und positiven Worten und Sätzen »besprach« bzw. beschriftete. Die positiv programmierten Proben waren mit Worten wie »Liebe«, »Dankbarkeit«, »Seele«, »schön« versehen und zeigten leuchtende, sechseckige Kristalle, während die mit »Dummkopf«, »Du machst mich krank!«, »Teufel« und »hässlich« versehenen Proben tatsächlich hässliche, in sich zusammengebrochene Kristalle ergaben. Desgleichen überprüfte Emoto die Resultate von schroffen Befehlen wie »Tu es!« im Gegensatz zu wohlgemeinten Aufmunterungen wie »Lass es uns tun!« Auf das Kommando antwortete das Wasser prompt mit einem entstellten Kristall.

Wasser reagiert jedoch nicht nur auf direkte, persönliche Einwirkungen, sondern auch auf äußere Vorgänge. Unmittelbar nach dem großen Erdbeben in Kobe im Jahre 1999 wies das Leitungswasser der japanischen Großstadt Strukturen auf, welche die zu dieser Zeit vorherrschende Atmosphäre der Panik, des Grauens und der Verzweiflung widerzuspiegeln schienen. Die Kristalle waren vollständig zerstört und ließen den Betrachter erschauern. Doch drei Monate später, nachdem praktische Hilfe und seelische Unterstützung aus allen Teilen der Welt neue Hoffnung unter den Einwohnern Kobes geweckt hatten, hatte auch das Kobe-Wasser wieder seine natürliche kristalline Form wiedergewonnen.

Als besonders beeindruckend erwiesen sich Emotos Versuche, pflanzliche Aromaöle auf Wasser zu übertragen. Die aus der Mischung entstandenen Kristallformationen glichen detailgenau den Pflanzen, aus denen die Öle gewonnen waren. Wasser ist demzufolge in der Lage, selbst die physischmaterielle Form einer Substanz in vollendeter Präzision widerzuspiegeln. Durch das »Körperwasser« scheint jede Spezies – Pflanzen, Tiere und Menschen – mit ihrem jeweiligen morphogenetischen Feld in Verbindung zu stehen.

Während der Foto-Aufnahmen zu ihren Versuchen beobachteten Emoto und sein Team den Kristallisationsvorgang mehrere tausend Mal. Dabei enthüllten sich den Forschern zwei weitere eigenartige Prinzipien.

Zum einen konnten sie wahrnehmen, dass die Kristalle, wie von einem inneren Drang bewegt, stets versuchten, »vollkommene«, harmonisch strukturierte, symmetrische Kristalle zu bilden, die zumeist auf die Form eines Hexagons zustrebten. Wasser versucht im Grunde beharrlich, klares Wasser zu sein. »Ich *will* klares Wasser sein«, scheint es mitzuteilen. Wie alles im Universum folgt es ganz automatisch dem Prinzip der Selbstregulation, solange es nicht behindert wird.

Zum anderen fiel dem Forscherteam auf, dass bei einigen Experimenten anstelle der üblichen Hexagone siebeneckige Kristalle entstanden waren. Die Wasserprobe beispielsweise, auf die das Mantra des großen indischen Weisen Babaji, »Om Namah Shivaya« projiziert worden war, wies eine solche Kristallform auf. »Das scheint eine Frage der Dimension zu sein«, mutmaßte Emoto in besagtem Interview. »Ich nehme an, dass die Kristalle anders aussehen werden, je nachdem, wie wir uns erhöhen. Das heißt, dass, wenn wir zu höheren Dimensionen gelangen, wir Fotos nicht nur von siebeneckigen, sondern auch acht- oder neuneckigen Kristallen bekommen werden. Man könnte sagen, dass die sechseckigen Kristalle der dritten Dimension entsprechen und die siebeneckigen der Dreieinhalb-Dimension, oder anders ausgedrückt, der des Geistes.«

Bei der Dreieinhalb-Dimension handelt es sich um genau jene Dimension, die wir durch die willentliche Anbindung an das Hohe Selbst erreichen. Im Zustand der tiefen Meditation bzw. der mystischen Vereinigung müssten die Kristalle unseres Körperwassers schon acht Kristalle aufweisen, denn dieser Bewusstseinszustand gehört bereits der vierten Dimension, der Raum-Zeit, an.

Innere Autorität

»Durch unsere Vorstellungskraft können wir die ungeschöpften Welten des in uns liegenden Potenzials visualisieren.« Diese uralte vedische Weisheit scheint sich heutzutage mehr und mehr zu bestätigen. Die Verbindung zu unserem ureigenen Potenzial, das stets in harmonischem Einklang mit der Matrix steht, können wir jedoch nur über das Hohe Selbst aufnehmen. Diese Tatsache wurde in der Psychologie und in den modernen Techniken des mentalen Trainings geflissentlich übersehen. Aber auch die ganz persönliche Richtung, innerhalb derer wir uns am effektivsten entwickeln können, ergibt sich erst aus dem Zusammenspiel von Potenzial und Matrix.

Die Zielrichtung eines erwachten Lebens kann sich daher zu keiner Zeit von außen ergeben, sondern immer nur aus der eigenen Mitte. Die innere Stimme ist es, der wir folgen müssen, und nicht rein äußeren Faktoren wie Geld, Ruhm und Liebeszauber. Zwar gehören auch diese Kriterien zu einem erfüllten Leben, doch solange sie der Wahrheit, der Liebe und der Freude entbehren, werden sie uns in die Irre führen. Allein die beständige Ausrichtung auf das Hohe Selbst eröffnet den Zugang zu jenen ungeahnten Energien, mit denen man selbst den größten Herausforderungen erfolgreich begegnen kann.

Die gezielte Verknüpfung von Unterbewusstsein und Überbewusstsein kann auch in den Bereich des kollektiven

Unbewussten führen. Dort erhalten wir Zugang zu sämtlichen Informationen der Menschheitsgeschichte und erlangen die Fähigkeit, »in der *Akasha-Chronik*[10] zu lesen«. Doch sollen derartige paranormale Fähigkeiten erst durch ein realisiertes Selbst in Anspruch genommen werden. Aus diesem Grunde werden wir im Rahmen dieses Buches nicht auf sie eingehen.

Das Wissen, sein eigener Herr zu sein, verleiht königliche Würde. Jegliches Denken, Fühlen und Tun wird dadurch geadelt. Je durchlässiger jemand für Wahrheit, Liebe und Freude wird, desto stärker wird sein inneres Leuchten, desto stärker tritt sein persönliches Charisma hervor, desto kraftvoller wird seine Präsenz. Menschen, die die Fähigkeit besitzen, sich den Energien des Kraftfelds zu öffnen, diese durch ihr Selbst fließen zu lassen und in ihre Aufgaben hineinzulenken, haben eine so starke Ausstrahlung, dass sie automatisch die Aufmerksamkeit anderer auf sich ziehen, sobald sie in Sicht kommen. Solche Menschen nehmen die schöpferischen Kräfte für sich in Anspruch, sind voller Vertrauen und Zuversicht und besitzen deshalb eine natürliche innere Autorität, eine gewisse Selbst-Verständlichkeit. Ihre Stimme, Mimik, Gestik und ihre gesamte Körperhaltung reflektieren die Autorität nach außen.

Das Wort Autorität hat mit »selbst erschaffen« zu tun. Worte werden machtvoll, wenn sie mit innerer Autorität gesprochen werden. Hierin liegt das Geheimnis der Wirkkraft von Gebeten, Zaubersprüchen, Affirmationen und Segenswünschen. Mit wehmütigem Zweifel aufgesagt oder mit dem schwachen Trost, die Wörter selbst würden den Zauber bergen, hätten diese niemals auch nur die geringste Auswirkung. Allein jene zuversichtliche Autorität ist der Schlüssel zu bewusstem Schaffen, sei es durch Gedanken, Worte, Visualisierungen oder Empfindungen. Wir können uns bemühen zu »kreieren und zu manifestieren« so viel wir wollen;

solange diese Bemühungen nicht durch die *Autorität der Mitte*, also durch das Hohe Selbst führen, werden sie vergeblich sein.

Imagination und Affirmation

Auf dem Selbsterfahrungsmarkt gibt es eine Flut von Techniken und Methoden zur Beeinflussung des Unterbewusstseins: Positives Denken, vorformulierte Affirmationen und vorgefertigte Visualisierungen aus allen Richtungen und Kulturen, für sämtliche Lebenslagen und Berufszweige, mentales Training, autogenes Training, Autosuggestion, Autohypnose, Neurolinguistisches Programmieren (NLP), Silva-Mind-Training und wie sie alle heißen. Wir sollten uns durch das breite Angebot nicht verwirren lassen, denn es sind im Wesentlichen nur wenige Grundprinzipien, die den gesamten Komplex bestimmen.

Alle Techniken zur Beeinflussung des Unterbewusstseins beruhen auf dem Willen, a) unseren Visionen zusätzliche Energie zuzuführen und b) die für ihre Verwirklichung benötigten Talente und Eigenschaften zu wecken bzw. zu bestärken. Die Ziele werden genährt durch die Vorstellungskraft, *Imagination*, die Talente durch liebevolle Bestärkung, *Affirmation*. Imagination und Affirmation stützen sich wiederum auf elementare Kriterien, die auf die Wesensmerkmale des Unteren Selbst zugeschnitten sind:

1. Sie sind persönlich, denn man kann nur für sich selbst sprechen. Daher werden sie in der Ich-Form verfasst.
2. Sie sind positiv.
3. Sie werden im Präsens formuliert.
4. Sie beziehen die Sinne ein, vor allem den visuellen.
5. Sie sind emotional.

6. Sie sind am wirkungsvollsten im Zustand der Entspannung.
7. Sie wollen immer wieder bestätigt werden, regelmäßig, so lange, bis wir sie integriert haben. Das Wiederholen ausgesuchter, liebevoller Worte und Bilder erhöht die Schwingung von Gedanken und Lebensenergie, eine Tatsache, die neuerdings sogar messbar ist. Konzentration will durch Imagination und Affirmation trainiert werden, am besten täglich, bis sie uns gehorcht.

Voraussetzung für das Gelingen sämtlicher Imaginations- und Affirmationsmethoden ist die Entspannung. Nur in einer entspannten geistigen Haltung kann die Autorität der Mitte zum Tragen kommen. Das Gefäß unseres Geistes muss leer sein, um Neues aufnehmen zu können. Der Ozean des Unbewussten darf keine Wellen schlagen, wenn sich in seinen Wassern die Weisheit des Herzens spiegeln soll. Jeder wirklichen Konzentration muss Achtsamkeit vorausgehen.

Es gibt eine Fülle von effektiven Entspannungsmethoden und die Leser dieses Buches sind sicher schon mit einigen von ihnen vertraut. Wer Entspannung zuvor noch nicht willentlich geübt hat, dem seien die Techniken des achtsamen Atmens nahe gelegt, die zu Beginn der Meditation angewendet werden. Oft genügen schon einige tiefe Atemzüge oder ein paar Lockerungsübungen, um den Zustand der Entspannung herbeizuführen. Wem es gut tut, aus seinen Imaginationen und Affirmationen ein Ritual zu machen, der kann und sollte dies tun. Das Ganze kann jedoch auch wie die normalste Sache der Welt gehandhabt werden.

Wie wir im Zweiten Buch gesehen haben, weist das Untere Selbst teils weibliche, teils kindliche Charakterzüge auf. Es reagiert öffnend auf liebevolle Zuwendung, Fürsorglichkeit und Aufmunterung: »Was auch geschieht, ich schaffe es.« Es wird durch »schöne«, Lust versprechende Gefühle, Gedanken, Worte und Bilder zur Selektion positiver Erinnerungen stimuliert. Negative mentale und emotionale Elemente treten dagegen mit negativen Gedächtnisinhalten in Resonanz. Die *positiven* Gefühle und Bilder sind es, die uns beim Erschaffen einer vollkommenen Realität wichtige Dienste erweisen, sei es, dass Erinnerungen an vorhandene Fertigkeiten geweckt oder neue Informationen eingespeichert werden sollen.

Weitgehend unbekannt ist, dass wir über das Mittlere Selbst mit dem Unteren *kommunizieren* können. Auf welche Weise? Indem wir einfach mit ihm sprechen, ihm den Zweck unserer Entscheidungen erklären. Manchmal ist es notwendig, ihm unsere Absichten mit *Bestimmtheit* zu vermitteln: »So will ich es, und so sei es.« Hilfreich ist es, ihm einen Kosenamen zu geben. Wir werden die Erfahrung machen, dass es darauf sofort anspringt. Will man ihm etwas Neues beibringen, etwa das Pendeln, erklärt man ihm das Vorhaben; und zwar auf dieselbe Art, wie man einem Kind etwas Neues erklärt: »Annie, Liebling, jetzt möchte ich das Pendeln erlernen. Dazu brauche ich deine Mithilfe.« Wie ein Kind wird Annie entweder sofort mit Zustimmung antworten, oder mit bedächtigem Zögern, je nachdem, wie viel Lust ihm das Ganze verspricht. Im letzten Fall heißt es, weitere Überzeugungsarbeit leisten. »Annie, es ist ganz leicht. Schau, ich mache es dir vor. Wenn du durch das Pendel mit *Ja* antworten willst, dann tust du das, indem du es von rechts nach links schwingen lässt. Hin und her. Genau entlang der Linie, die ich hier aufgezeichnet habe. Von rechts nach links schwingen, bedeutet Ja. Von jetzt an soll dies Ja bedeuten. Genauso machen wir es nun mit dem *Nein*. Hier ist die Linie für das Nein. Wie du siehst, ist es die Richtung, die die vorherige kreuzt. Willst du mir also Nein sagen, dann folge dieser Linie. Jetzt kommt das Nächste: Ich zeichne einen Kreis und folge ihm im Uhrzeigersinn. Das soll *Gut* bedeuten. Ja, prima, du hast es schon verstanden. Du kannst es! Du bist wunderbar, mein Liebling. Und zum Schluss noch das *Schlecht*. Dazu benutzt du wieder die Kreisbewegung, aber diesmal entgegen dem Uhrzeigersinn. Ganz toll. Du kannst es. Große Klasse.«

Das Untere Selbst liebt Lob und Bejahung über alles. Verneinungen gegenüber bleibt es schlichtweg taub. Affirmationen, die lauten: »Ich werde nicht mehr rauchen. Ich trinke keinen Alkohol mehr«, bewirken genau das Gegenteil und setzen den Kreislauf der Angewohnheiten nur weiter fort. Die Erklärung liegt darin, dass das Unterbewusstsein nicht zwischen Ja und Nein unterscheiden kann, da es *alle* Erfahrungen und *alles* Erlernte speichert. Die Schöpfung kennt kein Nein und das ist wohl auch der Grund, weshalb dem Unterbewusstsein das Nein fremd ist. *Sein* Ja ist die *Intensität* einer Erfahrung. Daher sind intensive, mit Lust, Freude und Liebe belebte, mit den Sinnen erfahrbar gemachte und mit Bildern ausgeschmückte Visualisierungen die effektivsten. Wenn wir unsere Ziele schriftlich festhalten, erfolgt die Verwirklichung noch schneller.

Ebenso wenig unterscheidet das Untere Selbst zwischen Vergangenheit, Gegenwart und Zukunft. Es kennt nur die Gegenwart, das Hier und Jetzt. Affirmationen und Visualisierungen sollen deshalb immer im Präsens formuliert sein. Das Ziel wird sozusagen vorweggenommen. Wir verhalten uns so, als hätten wir das Erstrebte bereits erreicht. Wir sprechen von den Eigenschaften, die wir entwickeln wollen, als ob wir sie bereits hätten. Schon am Anfang haben wir das Ende im Sinn. »Ich bin vollkommen gesund. Ich bin schlank. Ich bin ruhig und entspannt. Es geht mir täglich und in jeder Beziehung besser und besser. Ich bin wahrhaftig, voller Liebe und Freude. Ich bin vollkommen.« Natürlich ist auch außerhalb der Visualisierung darauf zu achten, die alten Denk- und Verhaltensmuster nicht mehr zu aktivieren. Es geht darum, zuversichtliche Autorität walten zu lassen, sämtliche Zweifel und Neins auszuschalten und die Kraft der Konzentration ausschließlich auf die erwünschte Wirklichkeit zu richten. Zweifel würden die Zeichen der positiven Bemühungen geradewegs ausradieren. Es gilt, das Neue in allen Fasern unseres Seins und Tuns zum Ausdruck zu bringen.

Tatsächlich ist es genau diese Technik – die Vorwegnahme des Ziels in das Hier und Jetzt –, die uns auch dem höchsten Ziel, dem Erlangen schöpferischer Souveränität, mit Siebenmeilenstiefeln entgegenzutragen vermag. Das Geheimnis des tibetischen *Vajrayana*, des »Diamant-Fahrzeugs« oder »Schnellen Fahrzeugs« zur Vollkommenheit, basiert auf eben dieser Erkenntnis. Im *Vajrayana* geht es darum, die Erleuchtung vorwegzunehmen, seinen Lebensweg so zu gehen, als hätte man sein wahres Selbst bereits verwirklicht. Auch das vorliegende Buch verfolgt diesen Weg. Aus der Erkenntnis des Zusammenspiels der drei Selbste wird ersichtlich, dass es sich dabei nicht um ein oberflächliches So-tun-als-ob handelt, sondern um eine entscheidende Weichenstellung in den Tiefen des Unteren Selbst. Das Buch legt es darauf an, dem Leser das Rüstzeug zu vermitteln, mit dessen Hilfe er zur eigenen Mitte durchstoßen und dabei zugleich seine Visionen und Lebensziele verwirklichen kann. Der Beruf des Bildhauers ist hierfür ein anschauliches Beispiel. Der Künstler hat einen unbehauenen Steinblock vor sich und trägt in sich bereits eine Vorstellung von dem, was bei seiner Arbeit am Ende hervortreten soll. Nun trägt er Stück für Stück ab; er entfernt Unwesentliches und lässt allmählich das Wesen zum Vorschein kommen. Er bewegt sich von außen nach innen: Er legt frei; er entschleiert. Gleichzeitig wird jeder Handgriff mit der Intention ausgeführt, den bestmöglichen individuellen Ausdruck in den Stein hineinzumeißeln. Im »Schnellen Fahrzeug« ist der Suchende bereits der Wissende, wenn auch noch nicht der Weise. Im *Glauben an die Wahrheit* jedoch holt er die Weisheit in sein Leben und macht sie sich allmählich zu eigen. Er versteht es, sein bewusstes und unbewusstes Selbst in das Hohe Selbst zu integrieren.

Beherzigen wir die sieben Punkte des Imaginierens und Affirmierens, haben wir ein machtvolles Werkzeug in der Hand, mit dem wir das Potenzial des Unteren Selbst voll ausschöpfen können. Sobald wir unsere höchsten Visionen definiert haben, sollten wir sie so oft wie möglich in unser Alltagsbewusstsein, ins Hier und Jetzt hereinholen und sie mit *den* Worten und Bilder bestärken, die uns am besten gefallen. Der Phantasie sind dabei keine Grenzen gesetzt, Hauptsache, unsere Gedanken sind positiv und unsere Gefühle intensiv. Besonders günstige Zeiten für Visualisierungs- und Affirmationsübungen sind die Phasen des Einschlafens und Aufwachens, wenn unsere Gehirnwellen im Alpha-Bereich schwingen.

Die Balance von Achtsamkeit und Konzentration

Aufmerksamkeit bedeutet das Üben des Hier und Jetzt, das Eins-Werden mit dem Augenblick. Sie führt zur Zentrierung des Ich im Selbst und zur Zentrierung des Selbst im Kraftfeld. Vollendete Aufmerksamkeit ist ein fließendes Wechselspiel von Achtsamkeit und Konzentration, der beiden Energiequalitäten, durch die wir aus dem Geist der Wahrheit unsere Wirklichkeit erschaffen.

Die Kunst der Aufmerksamkeit basiert auf einem ausgewogenen Verhältnis von Achtsamkeit und Konzentration.

Dem Leerwerden und Empfangen sollte das Hervorbringen der Fülle und das Geben folgen. Liebe nehmen und Liebe geben, Sein und Tun, Entspannen und Anspannen, Einfalten und Entfalten sorgen für das harmonische Mitschwingen des Selbst im Kraftfeld von Wahrheit und Wirklichkeit. Wir fühlen uns eingebettet und geborgen und gleichzeitig voller Kraft und Tatendrang. Haben wir eine Weile die beiden Aspekte der Aufmerksamkeit geschult, werden wir merken, dass sich unser Zeitgefühl allmählich verändert. Denn Achtsamkeit verlangsamt die Zeit, lässt sie manchmal, in tiefer Meditation etwa, sogar völlig stillstehen, während Konzentration die Zeit beschleunigt. Was gestern war, kann uns wie eine Ewigkeit vorkommen, während sich die Visionen von morgen im Nu zu erfüllen scheinen.

Man könnte meinen, dass eine ausgewogene Balance von Achtsamkeit und Konzentration sich auf das Verhältnis 1 : 1 stützen müsste. Das ist jedoch nicht der Fall. Denn die aktive, beschleunigende Energie hat die Tendenz, sich immer mehr zu beschleunigen und dabei zu stark zu werden, ein Vorgang, bei dem Konzentration unwillkürlich in Kontrolle ausartet. Anstatt Hand in Hand mit dem Willen der impliziten Ordnung zu gehen, versucht die Energie der Kontrolle, diesen zu bezwingen. Die in allem wirkende Liebe wird durch die Gewalt der Beschleunigung zerschmettert wie ein Atom in der Kernspaltung. Die Kraft zertrümmerter Liebe ist zutiefst zerstörerisch. Sie schafft ein Missverhältnis, wie wir es zurzeit auf unserem Planeten mit all seinen Auswirkungen erleben. Sie ließ das Paradies der Ganzheit explodieren in Abermilliarden von einzelnen Teilen. Sie ist die tiefe Ursache aller Süchte – dessen, was sucht – und aller verhärteten Strukturen. Während des Patriarchats haben wir die beschleunigende Kraft des Willens und der Konzentration in den Vordergrund gestellt und die zentrierende, tragende Energie der Achtsamkeit, die immer wieder alles ins Lot bringt, so weit vernachlässigt, dass sie uns heute regelrecht fremd geworden ist. Wir sind seelisch und geistig unterernährt, weil wir nicht mehr zu empfangen wissen, und wir haben unsere Flexibilität verloren, weil wir nicht mehr mit der Einen Bewegung fließen.

Die Balance von Achtsamkeit und Konzentration, von Sein und Tun, muss daher ein anderes Verhältnis als 1 : 1 aufweisen. Aber welches? Auch hier vermag ein Blick in die Natur weiterzuhelfen, in der die universalen Prinzipien deutlich abzulesen sind. Das beste Anschauungsmaterial ist wieder das Wasser. Wasser ist Leben. Erde und Mensch bestehen zu siebzig Prozent aus Wasser. Das Wassermolekül H_2O besteht aus zwei Wasserstoffatomen (H_2) und einem Sauerstoffatom (O). Wasserstoff ist das trägere, passive Element, Sauerstoff das aktive. Die grundlegende Intention der Natur oder des »göttlichen« Willens scheint demnach zu sein, dass die passive weibliche Energie des Empfangens doppelt so stark vorhanden sein muss wie die aktive.[11]

Übertragen wir dieses natürliche Prinzip auf das menschliche Bewusstsein, so ergibt sich daraus, dass das optimale Verhältnis von Achtsamkeit und Konzentration 2 : 1 betragen muss. In der Tat scheint dies genau die richtige Mixtur zu sein. Sie sorgt für das denkbar ausgewogenste Zusammenspiel der drei Dimensionen des Selbst im Einklang mit der kosmischen Harmonie. Sowohl das Mittlere als auch das Untere Selbst werden dadurch in ständiger Anbindung an das Hohe Selbst und die Matrix gehalten und mit deren Leben spendender Weisheit genährt. Der Genius kann sich ungestört durch das Mittlere Selbst offenbaren. Die Wasser des Unteren Selbst werden keine Flutwellen mehr schlagen und keinen Schlamm mehr aufwühlen, sobald sie vom Sturm der Beschleunigung verschont bleiben. Sie werden zu einem stillen Ozean, in dessen unendlicher Tiefe wir nach versunkenen Schätzen tauchen dürfen. Sie werden rein und klar, sodass funkelnde *siebeneckige* Diamantkristalle das »Licht des Himmels« widerspiegeln können. Da unser Körper und unsere Erde hauptsächlich aus Wasser bestehen, werden sich auch die physischen und materiellen Vorgänge in wunderbarer Weise auf die neu gewonnene Information der Harmonie einstimmen. Das Universum ist Musik und unser Leben kann der Himmel auf Erden sein. Das aramäische Wort *schemaja*, das gewöhnlich mit Himmel übersetzt wird, stammt von dem Wort *Licht*, das auch *Klang, Name, Atmosphäre* oder *Äther* bedeuten kann. Es weist auf eine heilige Schwingung hin *(schem)*, die ohne Begrenzung durch den ganzen Kosmos *(-aja)* schwingt. Der Himmel ist in uns und wir alle sind eingeladen, uns immer wieder an seinen Klängen, seinem Licht, seiner Weisheit und Weite zu berauschen.

Dies können wir tun, indem wir die Qualität der Achtsamkeit in unserem Leben verankern: durch das Praktizieren sensorischer und würdigender Achtsamkeit, durch Meditation und Dankbarkeit, dadurch, dass wir dem Schönen und Wahrhaftigen den Vorrang vor dem Nur-Materiellen gewähren. Auf diese Weise schaffen wir ein tragendes Fundament, das uns mit all unseren Schöpfungen glücklich werden lässt. So stellen wir unser Leben auf eine unerschütterliche Basis, auf der wir alles, was wir mit unserer Aufmerksamkeit berühren, in Liebe verwandeln.

Das magische Dreieck

Das magische Dreieck ist eine besondere, äußerst kraftvolle Methode, welche die beiden Energiequalitäten von Achtsamkeit und Konzentration vereint. Sie stammt aus den geheimen Praktiken des alten Tibet und dient sowohl zur Auflösung alter Gedanken- und Verhaltensmuster, als auch zur Manifestation angestrebter Ziele. In einzigartiger Weise verbindet sie die drei Dimensionen des Selbst und vermag dadurch selbst stark verkrustete und uralte Strukturen aufzulösen, ohne an der Vergangenheit festzukleben. Sie findet daher auch in Fällen Anwendung, in denen es schwer fällt, Altes durch würdigende Achtsamkeit in Neues umzuwandeln. Manche Menschen, besonders Männer, scheuen sich davor, ihre Fehler liebevoll in den Arm zu nehmen; sie kommen sich dabei albern vor. Sitzt der Selbsthass zu tief, ist die Angst vor dem Leben und der Verantwortung übermächtig, oder hängt an einem Muster noch eine ganze Traube von anderen, was häufig der Fall ist, haben wir generell Schwierigkeiten mit dem wertfreien Annehmen unserer Schwächen. In all diesen Fällen kann das magische Dreieck weiterhelfen.

Das Dreieck ist ein uraltes, universales spirituelles Symbol und birgt schon aufgrund dieser Tatsache eine enorme Kraft. Das Untere Selbst spricht auf Symbole sehr schnell an und öffnet sich vollständig. Daher ist es wichtig, im Verlauf der Übung jeder Idee, jedem Bild, jedem Gefühl und jeder Erinnerung, die aus seinen Tiefen auftauchen, wertfreie Aufmerksamkeit zu schenken, auch wenn sie unserem Mittleren Selbst noch so abwegig erscheinen mögen.

Auflösung alter Gedanken- und Verhaltensmuster

Wir entspannen uns, machen ein paar tiefe Atemzüge, schließen die Augen und visualisieren vor uns ein Dreieck. Es muss nicht groß sein, gerade so, dass wir handlich damit umgehen können. Die obere Spitze des Dreiecks soll das Hohe Selbst repräsentieren, die untere rechte Spitze das Untere Selbst und die untere linke Spitze das Mittlere Selbst *(Abb. II)*. Jetzt beginnen wir mit der neuen Erfahrung, einen alten Glaubenssatz aufzulösen. Wir schreiben mit unserem ätherischen Finger die Absicht auf die Spitze des Dreiecks, zum Beispiel: *Ich löse JETZT meine Widerstände auf, mein Hohes Selbst als höchste Autorität anzuerkennen.*

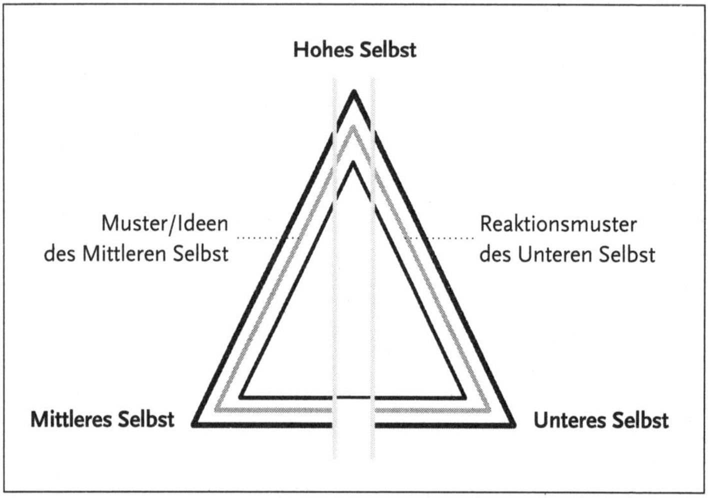

Abb. II

Das Untere Selbst wird sofort beginnen, die damit verbundenen Muster und Erinnerungsmomente aufzutischen. Mit Hilfe des ätherischen Fingers fahren wir fort, alle diese Einwände niederzuschreiben, und zwar auf der linken Seite des Dreiecks, also jener Seite, die vom Unteren zum Hohen Selbst führt. Typische solcher Strukturen sind: *Ich kann es nicht tun / Ich glaube es noch nicht so ganz / Ich bin unwürdig / Ich bin noch lange nicht vollkommen / Es ist ein Sakrileg, so etwas anzunehmen / Angst, durch eine andere Instanz bestraft zu werden / Todesangst / Angst vor der Größe / Angst vor der Verantwortung ...*

Sind alle Strukturen offensichtlich geworden oder beginnen sie sich zu wiederholen, springen wir auf die rechte

Seite des Dreiecks in das Mittlere Selbst und schreiben darauf unsere *bewussten* Widerstandsstrukturen nieder: *Ich stecke in der Beeinflussung aus der Vergangenheit fest / Ich habe Angst vor diesem Zustand / Zweifel / Panik / Versagen ...*

Jetzt aktivieren wir das Dreieck mit den Farben *Grün* und *Blau,* indem wir die äußeren Linien wie von einer Neonreklame im Uhrzeigersinn umfließen lassen. Jede Farbe lassen wir dreimal herumfließen.

Alsdann visualisieren wir uns selbst in die Mitte des Dreiecks, so wie wir gerade sind – mit der gleichen Kleidung, derselben Frisur –, als stünden wir unserem verkleinerten Ebenbild gegenüber. Manchen Menschen bereitet es beträchtliche Schwierigkeiten, ihr großes Selbst visuell in das kleine Dreieck zu zwängen. In diesem Fall ist es hilfreich, sich zu sagen, dass wir uns jederzeit so groß erschaffen können, wie es unseren Bedürfnissen entspricht.

Als Nächstes visualisieren wir eine goldene Röhre, die aus dem leeren Raum durch die Spitze des Dreiecks, durch unser körperliches Ich in der Mitte und durch den Basismittelpunkt hindurch tief in die Erde führt. Diese Röhre wirkt wie ein kosmischer Staubsauger, der alle alten Strukturen, die mit dem entsprechenden Glaubenssatz in Zusammenhang stehen, aus unserem Selbst entfernt. Der Durchmesser der Röhre muss so groß sein, dass die von uns aufgeschriebenen Glaubensmuster mühelos und schnell aufgesogen werden können. Durch unseren Willen aktivieren wir den Sog, der sich an der Spitze der Röhre befindet. Er wird alle Unklarheiten aufsaugen. Wir spüren, wie wir innerlich freier und reiner werden, genießen und intensivieren dieses Gefühl, erfüllen das Bild mit Freude und fahren so lange damit fort, bis wir völlig leer sind. Die Dauer der Übung ist daher sehr individuell.

Zum Schluss lassen wir unser physisches Ebenbild aus dem Dreieck herausspringen und schauen zu, wie eine gleißend violette Spirale auf unser Dreieck niederkommt und alles verwandelt, was noch übrig geblieben ist. Sämtliche Restbestände lösen sich in ihrem Licht auf und schließlich auch das Dreieck.

Mit dieser Technik können wir alle falschen Glaubensstrukturen und zwanghaften Verhaltensweisen beseitigen. Solche Muster bestehen jedoch aus vielen Schichten und müssen jedes Mal, wenn sie wieder erscheinen, von neuem aufgelöst werden. Sie mögen bei neuerlichem Auftauchen eine unterschiedliche Formulierung haben, doch ihre Grundstruktur bleibt dieselbe. Haben wir eine Konditionierung entfernt, sollten wir ihr Zeit geben, sich zu verändern. Es ist, als hätten wir einen schweren Ziegelstein von einem Plüschteppich genommen, auf dem er lange Zeit gelegen hat. Wenn wir den Stein wegnehmen, wird es eine Weile dauern, bis sich der Teppichflor wieder aufrichtet.

Selbst wenn wir nicht besonders viel »gefühlt« haben, sollten wir auf die reinigende Wirkung der Übung vertrauen. Da jetzt das Muster aufgelöst ist, können wir alle Gewohnheiten aufgeben, die mit ihm verbunden waren. Es gilt, Entscheidungen zu fällen und die Kraft des Willens zu nutzen, um sich neue, konstruktive Gewohnheiten anzueignen, sonst werden sich die alten Muster wieder einnisten. Doch nachdem wir die Konditionierungen durch Imagination herausgenommen haben, wird es uns viel leichter fallen, das zu verändern, was wir schon immer verändern wollten.

Manifestation eines Ziels

In ähnlicher Weise verfahren wir, wenn wir ein bestimmtes Ziel mit besonderer Manifestationskraft aufladen wollen. Der einzige Unterschied ist der, dass wir in dieser Variante nichts loslassen, sondern eine Absicht bestärken und dabei im Unteren und Mittleren Selbst die Fähigkeiten wachrufen, die uns zur Verwirklichung des Zieles führen können. Es ist unbedingt darauf zu achten, dass das angestrebte Ziel wirklich die höchste Vorstellung dessen ist, was sich im Rahmen der gegenwärtigen Lebenssituation umsetzen lässt. Dennoch muss die Vorstellung realistisch bleiben und darf sich nicht jenseits des Machbaren befinden. Je konkreter die Absicht ist, desto schneller wird sie sich verwirklichen.

Wieder visualisieren wir das Dreieck mit unseren Selbsten vor uns. Wieder schreiben wir mit Hilfe des ätherischen Fingers die Absicht auf die Spitze des Dreiecks. Zum Beispiel: *Ich aktiviere jetzt all meine Fähigkeiten, um schlank zu werden.*

Sobald das Untere Selbst Feuer gefangen hat, schreiben wir seine Reaktionen auf der linken Seite des Dreiecks nieder: *Freude an der Vorstellung / Fühlt sich gut an / So möchte ich aussehen ... / Berauschendes Gefühl / Bitte nicht lange mit der Umsetzung warten / Ich bin voll dabei.*

Dann springen wir ins Mittlere Selbst und notieren mit dem ätherischen Finger alle Schritte, von denen wir wissen, dass sie zum Ziel führen und von denen wir gleichzeitig überzeugt sind, dass es die effektivsten Schritte sind. Das heißt: Sollten uns dabei fünf Diätmethoden einfallen, wählen wir die *beste* für uns aus und nicht etwa die billigste, vorausgesetzt natürlich, wir können sie uns wirklich leisten. Das Mittlere selbst könnte in etwa antworten: *Disziplin / Neuer Tagesplan / Früher aufstehen / Ernährungsumstellung / Bewegung / Massage ...*

Ist die Liste vollständig und zufrieden stellend, wird das Dreieck mit den Neonfarben Grün und Blau aktiviert und wieder bezieht unser verkleinertes Ebenbild in der Mitte Stellung. Die goldene Röhre ist diesmal jedoch nicht mit einer Sogvorrichtung ausgestattet, sondern mit einem Gebläse, durch das unser Vorhaben mit zusätzlicher Energie versorgt wird. Wir laden uns so lange mit Lebenskraft auf, bis wir vollständig damit ausgefüllt sind und wir ein bedingungsloses »Ja, ich schaffe es« aussprechen können.

In diesem Augenblick sollte sich unser Spiegelbild in das erstrebte Ideal verwandeln. Die Spirale aus violett gleißendem Licht fließt nun in das Dreieck und lädt unser neues, schönes, schlankes, vollkommenes Selbstbild mit der höchsten Energiequalität auf, bis dieses aus allen Poren zu strahlen beginnt. In diesem Zustand verlassen wir das Dreieck und lassen dieses im Licht der violetten Spirale verschwinden.

Es empfiehlt sich, diese Übung täglich durchzuführen, bis die neuen Gewohnheiten etabliert sind. Wichtig ist, dass wir die Ideen und Anregungen, die uns klar geworden sind, *sofort* und ohne Zögern in die Tat umsetzen.

NEUNTE AFFIRMATION

In der Konzentration folgt die Energie
der Aufmerksamkeit.

Durch meine höchste Vision erschaffe ich den
stärkst möglichen Brennpunkt,
auf den ich nun meine ganze Kraft fokussiere.
Ich hauche meinen Vorstellungen den Atem des Lebens ein,
indem ich mich ganz auf sie konzentriere.

Dabei gebe ich in allem mein Bestes und mache
von allen verfügbaren Ressourcen Gebrauch:
von meiner Energie, Intelligenz und Intuition,
von meinen Sinnen und Gefühlen,
von meinen Erfahrungen und Fertigkeiten,
von Zeit und Gelegenheiten.

Ich verwende die Kraft der Konzentration nur
für das, was ich erreichen will
und das, was ich gerade tue.

Ich binde mein Unteres Selbst an das Hohe Selbst an,
indem ich Schönheit in alle Lebensbereiche bringe –
Musik, Düfte, Blumen, Farben, schöne Kleidung,
köstliches Essen, Tanz, Natur ... –
und indem ich mich immer wieder
auf Wahrheit, Liebe und Freude ausrichte.

Die Kunst des Handelns

Es ist uns aufgegeben, zu arbeiten,
unsere Begabungen und Fertigkeiten anzuwenden,
unsere Energien in den Dienst des Lebens zu stellen.
Unser Wesen ist kreativ.
Indem wir ihm Ausdruck verleihen,
erzeugen wir beständig mehr Begeisterung und schöpferische Kraft
und regen damit eine unaufhaltsame Welle der Freude an,
die unsere Umwelt durchdringt.
Wir leisten unseren Beitrag zum Leben,
wenn wir bereitwillig arbeiten, begeisterungsfähig
und mit dem vollen Einsatz unserer Kräfte.
So zu arbeiten heißt: Die innere Kunst der Arbeit beherrschen.

TARTHANG TULKU

Jeder Moment unseres Lebens birgt die Gelegenheit, unseren schöpferischen Kräften Ausdruck zu verleihen. Wir haben Anteil an einem großartigen Schauspiel, bei dem wir selbst Regie führen und gleichzeitig die Hauptdarsteller sind. Es liegt ganz an uns, jeden Augenblick erhebend zu inszenieren. Ist unser Skript dabei auf die höchste Vision angelegt, wird das Leben zu einem wahren Kunstwerk, zum Ausdruck der fließenden Wechselwirkung zwischen Körper, Geist und Sinnen, den verschiedenen Dimensionen unseres Selbst und jeder Erfahrung unseres Daseins – zu einem Tanz auf der Bühne des Lebens. Dann ist unser Sein unverbraucht, neu, aufregend. Unser Schaffen wird sich selbst zur Motivation, indem es immer neue Möglichkeiten offenbart. Wir entdecken die natürliche, spontane Kreativität und Intelligenz unseres Wesenskerns, wie sie durch Raum, Zeit und Wandel Gestalt annimmt. Unser Tun wird verkörpertes Bewusstsein. Wenn wir uns auf das Höchste konzentrieren, erschaffen wir das Höchste.

Selbstdisziplin

Soll das Leben ein Kunstwerk sein, so muss Handeln zur Kunst werden. Kunst kommt von *können* und setzt bestimmte Kenntnisse voraus. Handeln bedeutet Hand anlegen. Es ist die Kunst, die Impulse der inneren Stimme unter Einsatz aller Fähigkeiten in die Tat umzusetzen. Hier und Jetzt. »Es sind die Künstler auf dieser Welt, die Fühlenden und die Denkenden, die uns schlussendlich erretten werden, denn sie sind in der Lage, die großen Träume auszudrücken, zu lehren, herauszufordern, festzuhalten, vorzusingen, herauszuschreien«, sagte Leonard Bernstein. »Nur Künstler können das Noch-Nicht Wirklichkeit werden lassen.«

Selbst-*Realisation* ist ohne weises Handeln undenkbar. Handeln hat den Sinn, unsere Sehnsüchte und Träume, Intuitionen und Gedanken mit Leben zu erfüllen und uns den angestrebten Zielen Schritt für Schritt näher zu bringen.

Als echte Kunst baut Handeln auf den bisher erfolgten praktischen Schritten auf: der Entscheidung, sein Licht leuchten zu lassen, der Anerkennung des Hohen Selbst als einziger Autorität, dem Selbstbekenntnis und der höchsten Vision. Diese Schritte haben uns bereits zu Lebenskünstlern gemacht. Ebenso setzt erfolgreiches Handeln eine gelungene Mischung aus Achtsamkeit und Konzentration voraus. Man könnte bewusstes Handeln sogar als *Aufmerksamkeit in Aktion* definieren.

Durch Achtsamkeit wird jedwedes Schaffen zu ordnungsbedachtem Verhalten, zur bewussten Einordnung in die Gesetze der Matrix. »Ich halte auch in meinen Taten ein, was ich als richtig erkannt habe. Ich handle in Übereinstimmung mit der Wahrheit. In allem, was ich anpacke, bin ich wahrhaftig.« Alles andere wäre Selbstverrat.

Konzentration indessen ermöglicht die Realisierung der *persönlichen* Ziele. Achtsamkeit erschließt uns das universale Potenzial der Matrix, Konzentration das individuelle Potenzial. Im idealen Verhältnis von 2 : 1 *gelebt*, sind sie Voraussetzung für die Manifestation des höchsten menschlichen Potenzials, des ureigenen Genius. Jeder von uns hat das Potenzial, ein Lebenskünstler zu sein und schöpferische Souveränität zu entwickeln. Ursprüngliches, *geniales* Leben manifestiert sich durch Handeln in Harmonie und Balance, indem wir tun, was getan werden muss. Es ist die natürliche Form der *Selbstdisziplin*.

Selbstdisziplin meint: alle Tätigkeiten mit dem gleichen Enthusiasmus und demselben Einsatz in Angriff nehmen, auch solche, die anfängliche Widerstände erzeugen. Gerade wenn Widerstände überwunden werden, der innere

Schweinehund besiegt wird, ist die Freude doppelt so groß, und das Selbstvertrauen wächst um ein Vielfaches.

Somit ist echte Selbstdisziplin der reinste Ausdruck von Demut. Es ist der Mut, die eigene Wahrheit zur Wirklichkeit zu machen. Leider wurde auch diese besondere Herzensqualität im patriarchalen Zeitalter gründlich missverstanden. Bisher bedeutete Demut, sich äußeren Autoritäten fügen, sich der Macht der Stärkeren beugen. Damit wurde uns die eigene Macht genommen. Denn Macht kommt von machen, wie wir schon einmal feststellten.

Wachstum

Durch Handeln werden Gedanken erlöst und es wird Raum für neue Inspirationen geschaffen. Im Handeln können wir die selbst auferlegten Beschränkungen durchbrechen, uns grundlegend wandeln und neue Fähigkeiten an uns entdecken, von denen wir bisher nichts wussten. Noch wichtiger: Wir können unsere wahren Begabungen erkennen, die bisher vielleicht im Verborgenen lagen, die Kraft unserer natürlichen Fähigkeiten befreien und alle unsere Möglichkeiten ausschöpfen.

Durch Tun bringen wir unser gesamtes Sein zum Ausdruck. Die Leistungsfähigkeit hat keine Grenzen des Erreichbaren, wenn wir obendrein jede Gelegenheit wahrnehmen und würdigen, die das Leben uns im Hier und Jetzt bietet. Wir wachsen durch das, was wir hervorbringen. Wir finden tiefe Erfüllung und Zufriedenheit. In seiner letzten Konsequenz bedeutet Handeln: seine Berufung zum Beruf machen.

Aktive Teilnahme am Ganzen

Mit unserem Schaffen nehmen wir aktiv am Geschehen des Ganzen teil. Die beständige Ausrichtung auf das Hohe Selbst lässt uns dabei in den Strom der Lebenskraft gelangen, der uns an *unseren* Platz im kosmischen Gefüge trägt. Durch aktive Teilnahme an der Ganzheit öffnet sich das unendliche Reich »gewollter Erfahrungen«. So ist unser Handeln gleichzeitig Chance und Werkzeug, eine Wirklichkeit zu schaffen, durch die wir uns selbst und die Welt im Gleichgewicht halten und fortgesetzt Harmonie erzeugen. Mit unserer Schaffenskraft führen wir dem Leben Energie zu. Indem wir unsere schöpferischen Kräfte spielen lassen, erfüllen wir die natürliche Rolle, die uns vom Leben zugedacht ist und inspirieren unsere Mitmenschen mit dem Funken der Freude an der eigenen Schöpfung.

Sind wir bei all unseren Tätigkeiten mit ganzem Herzen bei der Sache, so bringen wir uns voll ein und geben unser Bestes. Dann verwirklichen wir in der Tat unser innerstes Wesen und leisten einen wertvollen Beitrag an die Gesellschaft. In der vollen Hingabe und dem uneingeschränkten Engagement für die Aufgaben des Lebens fließen uns Qualitäten wie Integrität, Ehrlichkeit, Verantwortungsgefühl und Kooperationsbereitschaft wie von allein zu. Sie geben nicht nur uns selbst Rückgrat und einen Boden unter den Füßen, sondern spenden auch anderen Halt und Orientierung. Das Leben muss kein Kampf sein, es kann genauso gut als Freudenfest gefeiert werden, wenn wir jeden Augenblick unseres Lebens *die* Wirklichkeit erschaffen, die uns und dem Ganzen Wahrheit, Liebe und Freude spendet.

Träume und Wünsche werden durch Planen und Handeln manifest. Werden Ideen in die Tat umgesetzt, nimmt die Schöpfung Gestalt an.

Es ist wie in dem viel zitierten Beispiel des Hausbaus.

Am Anfang steht die Sehnsucht: der Traum von einem eigenen Zuhause. Nach einer Phase des Phantasierens, Umherschauens und Vergleichens – der Inspiration – gelangt man zur Entscheidung: »Ja, ich baue ein Haus. Mein Haus. Und lasse mir dabei weder von meinem Vater noch von meiner Erbtante etwas reinreden. Ich baue das Haus nach meiner höchsten Vorstellung: mit einem Garten voller Blumen, einer Veranda und einem kleinen Balkon ... Aus meinem Budget hole ich das Beste heraus.«

Es folgen Berechnungen über die Finanzierung; Experten werden hinzugezogen, Steuervorteile und Kreditmöglichkeiten überdacht. Was ist machbar? Wo beginnt das Risiko? Was brauche ich wirklich, um so leben zu können, wie ich es möchte? Was wäre bloße Verschwendung?

Um sich einer größeren Aktion wie dem Bau eines Hauses voll und ganz widmen zu können, bedarf es einer klaren Ausgangsbasis, sonst kann aus dem Traumhaus sehr schnell ein Haustrauma werden. Wollen wir die Kraft ganz auf das Projekt fokussieren, sollten wir im Vorfeld sämtliche, oft in alle Richtungen verstreute Energien einsammeln und uns von allem lösen, was der Verwirklichung unseres Vorhabens im Wege steht: Zeit raubende Aktivitäten überdenken und überflüssige auf ein Minimum beschränken; sich von Energie-Vampiren in Form von gelangweilten Nachbarinnen, kritiksüchtigen Verwandten oder neidischen Kollegen verabschieden. Auch die eigenen Gewohnheiten können zur Falle werden, etwa, wenn man sich am abendlichen Biertisch regelmäßig von seinen Kumpanen verunsichern lässt oder sich wegen jeder Kleinigkeit mit Familienmitgliedern in die Haare gerät. Solange die Energien an Überflüssiges oder Hinderliches gebunden sind, können sie nicht für unsere Ziele eingesetzt werden. Hier gilt es, Achtsamkeit zu üben: annehmen, loslassen, umwandeln. »Bring die kleinen Dinge des Lebens in Ordnung, dann folgen die großen wie von selbst«, heißt es in einem Sprichwort.

Dagegen sollten wir von allen Kräften regen Gebrauch machen, welche unsere Absicht unterstützen: Menschen, die Anteil nehmen und gute Ideen haben; günstigen Gelegenheiten, Beziehungen, unserem eigenen Wissen und Geschick; und nicht zuletzt von jenen »Zufällen«, die uns das Leben selbst zuspielt, Fügungen, die, je mehr wir uns im Flow befinden, desto häufiger auftreten.

Erst wenn wir diese Vorarbeit geleistet haben, sollten wir mit der Planung des Hauses beginnen. Wir planen alles Vorhersehbare und setzen es anschließend Schritt für Schritt in die Tat um.

1. *Realistische Einschätzung der Situation*

Der erste Schritt des erfolgreichen Handelns besteht also darin, die gegenwärtige Situation realistisch zu sichten, ohne Beschönigung und ohne Furcht vor eventuell auftauchenden Schwierigkeiten. Es geht darum, wertfreie Achtsamkeit zu üben, um

- Chancen und Hindernisse zu erkennen;
- die Lage zu erfassen, wie sie wirklich ist;
- alles zu wissen, was wir wissen können;
- möglichst viel von dem zu erahnen, was wir nicht wissen können;
- die Kräfte richtig einzuteilen;
- die Erfordernisse sorgfältig vorzubereiten und
- die Folgen richtig einzuschätzen.

In dieser Phase geht es auch um ehrliche Selbstbeobachtung und die Prüfung unserer Motive. Welche Absicht verfolge ich mit meinem Vorhaben? Handelt es sich dabei wirklich um meine höchste Vision oder nur um einen faulen Kompromiss? Was sind meine hintergründigen Motive? Entspricht das Projekt meiner inneren Wahrheit? Geschieht es zum Wohle des Ganzen oder kann ich jemandem damit schaden? Wo liegen meine Schwierigkeiten? Welche Gewohnheiten stehen mir im Wege? Welche Ausreden, Entschuldigungen, Vermeidungsaktionen oder Ablenkungsmanöver habe ich auf Lager? Werde ich die Konsequenzen meines Vorhabens auch wirklich tragen können?

Wenn wir den Kern eventueller Probleme durchschaut haben, betrachten wir die Wege und Möglichkeiten, die uns ans Ziel führen. Bei bestimmten Projekten kann es hilfreich sein, sich mit anderen Menschen auszutauschen, zu sehen, welche Mittel andere wählen würden, um die höchste Vision eines Projektes anzustreben. Schon dieses Mitteilen und Teilen kann ein sehr erfüllendes Erlebnis sein, bei dem sich häufig Lösungen ergeben, an die wir vorher nicht im Traum gedacht hätten.

Wenn wir diese Kriterien beherzigen, haben wir ein ruhiges Gewissen, arbeiten ohne Druck und brauchen uns niemals Vorwürfe zu machen. Wir haben unser Bestes gegeben und mehr geht nicht. Wir bauen Stärke und Vertrauen auf, die uns gestatten, kommende Schwierigkeiten zu meistern. Wir erfahren unser Leben als sinnvolle Aufgabe.

2. *Ausräumen aller Faktoren, die dem Erreichen des Zieles nicht dienlich sind*

Alsdann brauchen wir den Mut, allen Unwillen, alle Zweifel und Hindernisse fallen zu lassen und uns stattdessen um eine zuversichtliche Einstellung zu bemühen; den Mut, alle Faktoren, die dem Erreichen unseres Zieles nicht dienlich sind, auszuräumen: seien es eigene Widerstände oder solche, die uns von anderen Menschen in den Weg gelegt werden, seien es widrige Lebensumstände, die nicht unbedingt sein müssten. Wir werden sehen, dass wir mit Willen und Entschlusskraft die meisten Unstimmigkeiten bereinigen können. Es gibt jedoch auch Umstände, auf die wir keinen Einfluss haben; die es anzunehmen, zu akzeptieren gilt. Hier können wir uns dem »Gebet der Gelassenheit« des deutschen Theologen Friedrich Christoph Oetinger anschließen: »Gott gebe mir die Gelassenheit, Dinge hinzunehmen, die ich nicht ändern kann, den Mut, Dinge zu ändern, die ich ändern kann, und die Weisheit, das eine vom anderen zu unterscheiden.«

Haben wir zu diesem Mut gefunden und die damit verbundene Gelassenheit entwickelt, werden wir, und mit uns alle Menschen, mit denen wir zusammenarbeiten, über unsere gegenwärtigen Grenzen hinauswachsen. Anstatt uns vor der Arbeit zu drücken, vermeiden wir nun die Dinge, die uns von ihr ablenken. Offenheit und Klarsicht erfüllen unser Handeln, Leichtigkeit und Kreativität stellen sich ein. Die Arbeit fließt ausgeglichen und wird zutiefst befriedigend.

3. *Heranziehen aller Faktoren, die das Erreichen des Ziels unterstützen*

Sind die Hindernisse aus dem Weg geräumt, holen wir uns nun alles herbei, was uns hilft, unser Ziel schnell und sicher zu erreichen. Wir rekrutieren unser gesamtes Wissen, unsere Ideen, Einfälle, Talente und Fähigkeiten. Wir nutzen unsere Erfahrung und greifen auf bisherige Erfolge zurück. Wir setzen alles, was uns in den Sinn kommt und uns begeistert, in die Tat um, *denn es kommt uns nicht umsonst in den Sinn.* Wir scheuen uns nicht, selbst verrückte Einfälle zu beherzigen. Zumindest sollten wir ausprobieren, wohin sie uns führen wollen. Alle Gelegenheiten, die sich bieten, packen wir beim Schopf. Niemals sagen wir Nein, wenn ein günstiger »Zufall« unseren Weg kreuzt.

Die Zeit der Fügungen hat bereits begonnen und Seite an Seite mit dem Gesetz des Karma wirkt nun das Gesetz der Synchronizität. Andere Menschen und andere Dinge treten in unseren Alltag und unser Leben folgt neuen Bahnen. Solange keine negativen Konsequenzen abzusehen sind, zeigen wir Mut zum Risiko, weil sich unsere alten, falschen Sicherheitsstrukturen aufgelöst haben. Wir lassen unser Licht leuchten und setzen all unsere Kräfte ein. Warum auch nicht? Es gibt wahrlich nur eine einzige Sünde; und die ist, sein Licht ungelebt zu lassen und sich vor der Welt zu verstecken. Wenn wir absolut authentisch sind und unsere Individualität voll einbringen, wenn wir unsere Herzensenergie verströmen und Freude verbreiten, wird der Funke der Begeisterung bei anderen Menschen wie ein Blitz einschlagen und ungeahnte Möglichkeiten werden sich auftun. Finden wir Gefallen an bestimmten Menschen und deren Fähigkeiten, sollten wir sie motivieren, sich an unserer »Sache« zu beteiligen.

Langeweile und Unzufriedenheit, Phlegma, Frust und Lethargie haben keinen Bestand mehr in unserem Leben. Stattdessen steigern sich Begeisterung und Engagement für unsere Aufgaben immer mehr. Endlich sind wir, wer wir immer sein wollten. Endlich dürfen wir tun, was wir immer tun wollten. Was gibt es schöneres als die innersten Träume wahr werden zu lassen und unser Dasein zu einem Abenteuer zu machen?

4. *Planen*

Sind alle möglichen Quellen erschlossen und befinden wir uns im vollen Potenzial unserer Kräfte, können wir die Phase der Planung in Angriff nehmen.

Planen ist ein Akt der Konzentration und damit ein wichtiger Schritt in die Wirklichkeit, in die Dreidimensionalität von Zeit und Raum. Raum und Zeit sind die Grundkriterien des Planens. Um eine Sache Wirklichkeit werden zu lassen, projizieren wir zunächst einen Plan davon in Raum und Zeit. Dadurch schaffen wir eine Struktur, Kanäle, in die unser Potenzial fließen kann. Ohne Struktur weiß Energie nicht, wohin sie sich bewegen soll. Ohne einen entsprechenden Kanal bleiben Wünsche in der Luft hängen. Wer sich mehr Geld wünscht, sich aber keinen minutiösen Plan macht über das, was er hat, braucht, möchte und ebenso über die einzelnen Schritte, die ihn zu größerem Reichtum führen, auf den kann der Segen leider nicht zukommen. Energie ist wie Wasser. Sie benötigt ein Flussbett, das ihren Strom zu lenken vermag. Planen heißt, schöpferische Gedanken und Ideen so miteinander zu verbinden, dass sie eine dynamische, gestaltschaffende Struktur ergeben, der wir durch Handeln gezielt folgen können.

Beim Planen geht es um die Koordination von Was, Wie, Wann und Wo.

Wo soll das Haus stehen? Wann soll es fertig sein? Wie gehe ich vor? Zwei Leitmotive sollten wir bei der Koordination stets im Auge haben, um uns nicht zu verzetteln:

- Prioritäten setzen, d. h., das Wichtigste zuerst erledigen und
- vom Notwendigen das beste wählen. Überflüssiges beiseite lassen.

Die meisten Menschen wissen das Phänomen der Zeit nicht zu schätzen. »Zeit ist Geld«, sagen die Materialisten und die Spirituellen behaupten »Zeit ist eine Illusion«. Beide Definitionen sind einseitig und schließen das fruchtbare Miteinander von Wahrheit und Wirklichkeit aus. Aus der Perspektive des Kraftfelds betrachtet, erschließt sich eine ganz andere Bedeutung der Zeit. Von hier aus gesehen ist Zeit die

Inspiration alles Existierenden. Sie ist der Strom der Geschehnisse. In ihr geschieht Wachstum und Fortschritt, Selbsttranszendenz und Evolution.

Zeit will genutzt werden. Wer Zeit verschwendet und das Hier und Jetzt nicht zu würdigen weiß, vergeudet die Gelegenheit, wichtige Aspekte seines Lebens selbst zu erschaffen. Wer die Zeit verrinnen lässt, seine Gedanken hierhin und dorthin wandern lässt, ohne Richtung und Sinn, der hat kein klares Bild und kann nichts erreichen. Seine Entwicklung verläuft schleppend und unberechenbar. Sein Bezug zum Leben ist verschwommen. Er tut irgendetwas, aber nichts Konkretes und ist dadurch permanent unzufrieden mit sich und der Welt. Irgendwann wird er erschreckt feststellen, dass die Zeit verrinnt. Die Zeit läuft ab. Sie beginnt, ihn zu beherrschen. Erzeugt Druck. Er gerät in Eile, rennt der Zeit hinterher, versucht sie aufzuhalten. Nichts ist mehr an seinem Platz, vielmehr scheint alles verschoben. Manchmal bis ins Lächerliche. Für den wahren Genuss, die Freude, das stille, entspannte Glück, das Empfangen, die Achtsamkeit, bleibt keine Zeit mehr. Also kann er den Wert und den Sinn seines Lebens nicht vertiefen. Alles, was er tut, bleibt ohne Befriedigung.

Wenn wir die Zeit jedoch durch Planen und Handeln zu nutzen verstehen, ist es, als würden wir ein wundervolles Geschmeide entwerfen und diesem Entwurf entsprechend die Juwelen aufreihen.

Wenn Raum und Zeit durch Planung *gemessen* werden, entsteht Struktur. Durch Handeln wird Struktur zu *Organisation.* Sind wir gut organisiert, machen wir von Raum und Zeit optimalen Gebrauch. Eine Wirklichkeit, nach unseren höchsten Visionen gestaltet, ist die Folge. Wenn wir den Wert von Raum und Zeit würdigen lernen und unserem Leben eine klare Struktur geben, erschließen wir uns die tiefsten Quellen schöpferischer Möglichkeiten.

5. *Den Plan Schritt für Schritt in die Tat umsetzen*
Unsere gesammelten Energien werden mühelos in die durch Planung geschaffenen Strukturen einfließen und dabei die notwendigen Handlungsimpulse vorgeben. Wir lassen uns von diesem Kraftstrom mittragen, indem wir unaufhaltsam vorwärtsgehen: einen Schritt vor den anderen setzen und die Augen geradewegs auf das Ziel gerichtet halten. Wir gehen die Aufgaben des Lebens direkt an, handeln unverzüglich, sobald ein Problem auftaucht, und vernachlässigen keinen Lebensbereich.

Wir können das größte Ziel erreichen, wenn wir den Weg in kleinen Schritten planen und ihn konsequent, mit Geduld und Ausdauer gehen. Im Planen und Entscheiden denken wir, aber im Handeln handeln wir im Glauben an den Erfolg, ohne dass ein Gedanke des Zweifels ihn behindern könnte. Wir tun, was getan werden muss, ohne uns von Selbstzweifeln oder den Meinungen anderer beeinflussen zu lassen. Zweifel, Ungeduld und Zeitverschwendung sind die größten Feinde bei der Ausführung eines Plans.

Kein Plan ist jedoch wichtiger als die Sache selbst, denn Pläne stellen nur Leitlinien dar. Wenn ein Schritt in Harmonie mit dem Ganzen ausgeführt ist, ergibt sich der nächste automatisch. Bei jedem Schritt lernen wir Neues dazu und können damit den Plan für den nächsten Schritt verbessern. Daher ist es sinnvoller, den Plan zu ändern, wenn sich neue oder bessere Möglichkeiten ergeben, als stur dem einmal Ersonnenen zu folgen. Ergeben sich im Augenblick neue Ausblicke, ist es besser, ein Risiko einzugehen, als sich auf die starre Sicherheit eines Planes zu verlassen. Erfolg stützt sich auf Flexibilität, Kreativität und Risiko; auf den Mut, das Geschenk des Neuen anzunehmen, gepaart mit zielstrebiger Konsequenz und dem unerschütterlichen Glauben an sich selbst.

Solange wir unser Bestes geben, werden wir jeden einzelnen Schritt des Verwirklichungsprozesses würdigen wie das Endergebnis. Solange wir Freude in alle Tätigkeiten fließen lassen, werden wir jede Erfahrung genießen. Solange wir auf das Wohl des Ganzen ausgerichtet sind, können wir mit unseren Handlungen niemandem schaden. Der Erfolg hängt von Ausmaß der Einsatzfreude und der Begeisterungsfähigkeit ab.

Wahre Fülle

Die Praxis der Selbstrealisation führt vom Habenwollen zum Sein, von der Bedürftigkeit zur Freiheit. Sie ermöglicht es, wahre Bedürfnisse von falschen zu unterscheiden und einen verantwortungsvollen Umgang mit sich und der Welt einzuschlagen.

Der verwirklichte Mensch wird daher auch eine neue Beziehung zu Konsum und Geld entwickeln. Bisher wurden Bedürfnisse von außen geweckt. Durch Medien und Werbung wurden Unmengen an überflüssigen Konsumwünschen wachgerufen, ein Lebensstandard hochgezüchtet, der mehr auf Prestige denn auf wirklicher Lebensqualität basierte; wo man mithalten musste – mit Nachbarn, Arbeitskollegen, Freunden und sogar den eigenen Familienmitgliedern. Der Konsumwahn wurde genährt durch die Sucht des patriarchalen Menschen, seine Mitmenschen in jeder Hinsicht übertrumpfen zu wollen. Blinder Konsum war eine hervorragende Tarnung für den Mangel an echter Selbstachtung und wahrer menschlicher Würde. »Reichtum nur gut, wenn Herz gut«, sagte der berühmte Clown Charlie Rivel einmal.

Der befreite Mensch muss nicht Abstand nehmen, nicht allen äußeren Genüssen asketisch entsagen. Der Unterschied liegt darin, dass er sich nicht durch oberflächliche, künstlich geweckte Bedürfnisse vom Wesentlichen ablenken lässt; seinen Wert nicht an materiellen Werten, sondern an dem Grad der Verwirklichung von Wahrheit, Liebe und Freude misst; dass sein Denken, Fühlen und Handeln nicht auf Geld als den höchsten Gott ausgerichtet ist, sondern auf das Erwecken seines Potenzials. Der Reichtum des erwachten Menschen ist vor allem ein innerer Reichtum: königliche Würde, die selbst in Lumpen gekleidet den Adel des Herzens erkennen lässt; Schönheit, die nicht auf Glamour, Show und äußeren Glanz angewiesen ist, sondern aus einem inneren Leuchten entsteht – obwohl er auch die Äußerlichkeiten zu genießen weiß. Für den neuen Menschen verhält es sich nicht so, dass Geld und Besitz weitere Bedürfnisse bestimmen, sondern umgekehrt: *Seine Vision bestimmt die Bedeutung von Geld und materiellen Gütern in seinem Leben.* Wenn Vermögen und Besitztümer ihm mehr Energie rauben, als sie ihm einbringen, ihm mehr Ärger bringen als Freude, oder für eine Sache eingesetzt sind, die dem Wohl des Ganzen schadet, dann wird er eine Entscheidung fällen, die seine gebundenen Energien wieder freisetzt. Er weiß, was er benötigt, um genau das Leben führen zu können, das ihm, seinen Beziehungen und seinen Aufgaben entspricht. Er weiß, was er loslassen muss, um seine wirkliche Kraft entfalten zu können.

Er erschafft sich vom Notwendigen das Beste. Dies ist das Hab-und-Gut-Gebot jener Menschen, die mit sich und der Welt im Einklang leben. Denn wer mit sich selbst und dem Kosmos in harmonischer Übereinstimmung lebt, für den ergeben sich von allein Wert und Ordnung aller Dinge. »Was für mich gerade hier und gerade jetzt das Notwendige und das Beste ist, kann nur ich selbst beurteilen. Kein anderer kann es bestimmen.«

Notwendig ist alles, was zur Gesunderhaltung von Körper, Seele und Geist beiträgt, was uns – ohne Zeit und Energie zu verlieren – beim Erreichen unserer Ziele unterstützt, was uns Freiheit und Unabhängigkeit garantiert und unserem höchsten Glück im alltäglichen Leben nützt. Dies ist das Maß für den Gebrauch der Dinge. Auch dieses Prinzip basiert auf der Philosophie des Hier und Jetzt. Denn was gestern das Beste für uns war, kann heute ganz anders aussehen, und was wir heute brauchen, ist morgen wahrscheinlich überflüssig.

Wahre Fülle hat nichts mit Verschwendung zu tun. Fülle ist der Ausdruck von Stimmigkeit. Genuss entsteht, wenn etwas *richtig* ist. Verschwendung dagegen erzeugt Überdruss, und Überdruss führt zur Sucht. Sucht hat stets zwei Gesichter: Das eine zeigt die ausgemergelten Züge des Mangels, das andere die feisten Züge des Zuviel. Wir alle kennen die Situation: ein Stück Torte, ein Glas Wein zu viel, und der Genuss verwandelt sich in Unwohlsein. Ein Kleid zu viel im Schrank, und wir jammern darüber, dass wir nicht wissen, was wir anziehen sollen. Ein Diamant zu viel, und die Gier nach mehr erwacht. Mehr Besitz, als wir verwalten können, und wir leben im Stress. Haben wir zu viel, geht die Freude verloren. Statt der Freude kommt die Langeweile, und diese muss kompensiert werden durch Immer-Mehr – die Sucht. Jede Sucht sucht. Sie sucht den richtigen Platz im Ganzen.

Wahre Fülle ist innerer Reichtum: leben nicht um des Habens willen, sondern mit dem Ziel, Selbst-Bewusst-Sein zu entwickeln. Dies impliziert Freiheit und Freiheitlichkeit: nehmen zu können, was wir zur Verwirklichung brauchen; lassen zu können, was nur Ballast für unseren Weg bedeutet. Freiheit jedoch heißt: Verantwortung übernehmen – und zwar für jeden Aspekt unseres Lebens.

Die Philosophie des Hier und Jetzt bringt ein herrliches Gefühl von Freiheit, Fülle und Stärke mit sich. Sobald wir innerlich frei werden, können wir beginnen, uns dem Genuss, der Gesundheit und der Befriedigung zu öffnen. Wachsende Selbsterkenntnis und Intuition verhelfen uns zu größerem Verständnis und dem Gefühl des Friedens. Wir gesunden körperlich, seelisch und geistig, werden heil und ganz. Unsere Aufgaben und unsere Beziehungen geben ihre eigentliche, tiefere Bedeutung preis und gewinnen an Sinnhaftigkeit. Wir empfinden alles, was wir sind und tun als Geschenk. Wir lieben das Leben, uns selbst und die Menschen. Unser ganzes Dasein ist von Liebe erfüllt.

Wenn man uns von klein auf lehren würde, das Hier und Jetzt bewusst zu nutzen, wären Erfolg, Vollkommenheit und wahre Fülle nicht ein scheinbares Zufallsprodukt, eine Frage des Schicksals oder des Glücks, sondern für jeden *machbar*.

Es geht uns alle an

Um den Himmel auf Erden erschaffen zu können, ist es wichtig, dass wir *alle* die Kunst der Aufmerksamkeit und des Handelns schulen. Nur so kann es zum kollektiven Wandel kommen. Nicht nur als Individuum, sondern als Familie, Stadt, Land, Nation, als eine Gemeinschaft von Menschen dieser Erde sollten wir lernen, achtsam zu konsumieren und nur Gedanken und Dinge zu produzieren, die für Mensch und Erde nährend und heilend sind. Das betrifft auch den achtsamen Umgang mit den Ressourcen der Erde, mit ihren Gewässern und Wäldern, dem Boden und der Luft. Es betrifft unsere Beziehungen, nicht nur zu anderen Menschen, sondern zu *allen* Lebewesen. Es betrifft unsere gesamte Lebensweise: unsere Ernährung, die Art und Weise, wie wir mit unserem Körper umgehen. Es gilt, Achtsamkeit für alle Gedanken, Informationen und Dinge zu entwickeln, die Krieg und Verzweiflung in unser Bewusstsein und unseren

Körper und damit auch in das kollektive Bewusstsein und den kollektiven Körper bringen könnten. Die Regierungen der Länder sollten dafür Sorge tragen. Wir wünschen uns von ihnen, ebenfalls Achtsamkeit zu üben, ihrem Volk Gehör zu schenken und die wahren Ursachen von Not, Leid und Missständen aufzudecken. Wir wünschen uns von ihnen Gesetze, die vor Selbstzerstörung bewahren und einen sicheren, geborgenen Raum für unser Wachstum bieten. Wir wünschen uns von ihnen, dass sie Weisheit, Mitgefühl, Schönheit und Glück in der Welt entstehen lassen. Es ist möglich. Es war möglich, Trennung und Zerstörung hervorzubringen, also muss es auch möglich sein, Einheit, Liebe und ein Leben in Wahrheit zu erschaffen.

Das Wichtigste ist jedoch unser persönliches Engagement. Wenn wir der Sehnsucht nach Vollkommenheit folgen, werden wir beständig weiter wachsen. Als Eltern, Lehrer, Erzieher und Therapeuten, als Journalisten und Autoren, als Biolandwirte und Politiker, als Schauspieler und Künstler, im Business, im Verkauf, in allen sozialen Berufen ... schlichtweg überall haben wir die Gelegenheit, unser Selbst zu realisieren, transformierend und heilend auf unsere Umwelt einzuwirken und den Weg für eine wirkliche Emanzipation des Bewusstseins zu ebnen. So winzig ein Augenblick auch sein mag, er ist unwiederbringlich. Wenn wir den jetzigen Augenblick nicht nutzen, vergeuden wir eine riesige Chance.

Der Augenblick, ursprünglich das »Blicken der Augen«, ist *der* entscheidende Punkt, der Wendepunkt, das Jetzt, der Zeitpunkt der Gegenwart zwischen Vergangenheit und Zukunft, der Wimpernschlag zwischen Wahrheit und Wirklichkeit, zwischen Zeit und Ewigkeit, der Zeitpunkt des Einseins. Der Augenblick ist das Lächeln des ICH an das EINE. Je mehr wir lernen, im Augenblick zu leben, desto näher tasten wir uns an den Punkt Null heran, an dem Urerleben möglich wird. Der deutsche Philosoph Johann Gottlieb Fichte sagte sehr bezeichnend: »Das Leben der Individuen gehört nicht unter die Zeiterscheinungen, sondern ist schlichtweg ewig, wie das Leben selbst. Wer da lebt, wahrhaftig lebt, im ewigen Zwecke, der kann niemals sterben: denn das Leben selbst ist schlechthin unsterblich. *Diese innere Ewigkeit aber habe sich im Hiesigen (Gegenwart) zu bewähren. Durch bloßes Sichbegrabenlassen kommt man nicht in die Ewigkeit.*« [Hervorhebung durch die Autorin.]

Im Kraftfeld von Wahrheit und Wirklichkeit ist auch das Phänomen Zeit paradox, wie alles dort. Erst wenn wir sie nutzen und das Wirklichkeitspotenzial des Augenblicks befreien, wird Veränderung – »Auferstehung« – möglich. Die »Auferstehung« ist bereits ein zeitloser Vorgang. Sie ist der Übergang vom Alten ins Neue. Erneuerung. Wir alle können – wie Phönix aus der Asche – wieder auferstehen, indem wir die höchste Vorstellung von uns selbst verwirklichen. JETZT. Dadurch werden wir den Himmel auf Erden erschaffen. Wir brauchen nur dem Flüstern der inneren Stimme zu folgen, die das Leben und die Welt in Schönheit verwandelt.

ZEHNTE AFFIRMATION

Ich handle.
Ich tue jetzt, was getan werden will,
um meine höchste Vision zu verwirklichen.

Ich schätze die gegenwärtige Lage realistisch ein.
Ich lasse Hindernisse und Widerstände los.
Ich ziehe alle Kräfte heran, die mir helfen,
mein Ziel ohne Umweg zu erreichen.
Ich plane.

Kontinuierlich gehe ich voran,
einen Schritt vor den anderen setzend.
Wenn ich handle, zweifle ich nicht.
Ich bin offen für die Chancen,
die sich mir bieten.

Ich tue nichts, was mir keine Freude macht
und deshalb habe ich Freude an allem,
was ich tue.

III. Stufe
Verantwortung und Meisterschaft

Jeder hat im Leben seine eigene
spezifische Mission oder Berufung ...
Weder ist er in dieser zu ersetzen,
noch lässt sich sein Leben wiederholen.
Daher ist die Aufgabe eines jeden
so einzigartig wie seine spezifische Möglichkeit,
sie zu erfüllen.

VIKTOR FRANKL

Meisterschaft bedeutet: die Verantwortung für den eigenen Lebensweg übernehmen – jenen Weg, der aus dem Bereich des Persönlichen hinaus in die Welt führt, in das Miteinander. Sie bedeutet auch: das weitergeben, was man in sich trägt.

Sinn und Ziel des Lebenswegs kommen von innen. »Letzten Endes sollte der Mensch nicht fragen, was der Sinn seines Lebens ist, sondern erkennen, dass er es ist, der gefragt ist. Jeder wird, in einem Wort, vom Leben befragt; und er kann nur dadurch antworten, dass er für sein eigenes Leben antwortet; *auf das Leben kann er nur dadurch antworten, dass er verantwortlich ist*«, sagte Viktor Frankl, der Begründers der Logotherapie, treffend. [Hervorhebung durch die Autorin.]

Ein in Bewusstheit angetretener Lebensweg folgt der Form einer Spirale: Im Zentrum des Herzens nimmt er seinen Ausgang und kehrt immer wieder dorthin zurück. Er ist eine ewige Be*weg*ung von der Wirklichkeit zur Wahrheit, vom Zentrum in die Peripherie, von außen nach innen, von der Einheit in die Vielfalt und von der Fülle ins Nichts. Mit der Zeit führt diese Bewegung immer mehr in die Tiefe, während sie gleichzeitig immer weitere Kreise nach außen zieht.

Durch unseren individuellen Lebensweg verleihen wir der Einen Bewegung, von der David Bohm als Erster sprach, materiellen Ausdruck. Dem schöpferischen Menschen geht es weder um das bloße Erlangen der Leerheit noch um die nackte Wirklichkeit. Ihm geht es um die bewusste Teilhabe an der Einen Bewegung, die allein den schöpferischen Kreislauf in Gang zu halten vermag. Auf der Welle der Einen Bewegung reitend, surft er im Kraftfeld von Wahrheit und Wirklichkeit, die Pole des Lebens ständig neu verbindend. Diese Verbindung aber ist die Liebe. Liebe ist die Überwindung der Gegensätze. Liebe ist die Lebensenergie, die im Kraftfeld pulsiert. »Der Geist, der allen Dingen Leben verleiht, ist die Liebe« (Tschu-li). Liebe bedingt Harmonie, Balance.

Der schöpferische Mensch verleiht dem Ausdruck, was er in seinem Leben sein und tun will. In Liebe. Er macht eine persönliche Lebensaussage, er bringt seine eigene Schöpfung hervor. In Liebe. Der Prozess des Erschaffens ist ihm genauso wichtig wie das Ergebnis selbst. Verantwortung übernehmen heißt für ihn: empfangen, was das Leben bringt; tun, was getan werden muss; geben, was man an Gaben in sich trägt; verströmen, was man ist. In dieser Art der Verantwortung sind männliche und weibliche Energien, Passivität und Aktivität, Achtsamkeit und Konzentration, Sein und Tun, Geben und Nehmen unlösbar vereint. In

Liebe. Schönheit und Heldentum kehren in unser Leben ein, archetypische Träume werden wahr. Unser Herz ist weit offen für alles Leben und jede Erfahrung. Gleichzeitig sind wir entschieden und zielsicher im Umgang mit der schöpferischen Kraft.

Die Helden der Zeitenwende sind vielleicht die wichtigsten, die es jemals gegeben hat, und der Schatz, den es zu entdecken gilt, könnte an Schönheit, Glanz und Fülle selbst unsere kühnsten Vorstellungen übertreffen.

Herzensqualitäten

Charakterschwächen, Fehler und Mängel, Depression und Leiden sind keineswegs von der Schöpfung vorgesehen. Probleme sind typisch menschlich nur insofern, als dass sie das Werk des Menschen sind. Sie sind das Resultat der Abspaltung von der Wahrheit, von der allumfassenden Liebe *(agape)*, der alles durchdringenden Lebensenergie. Es gibt keine gottgegebenen Fehler. Wir sind weder verborgenen Trieben noch unergründlichen Denk- und Verhaltensmustern ausgeliefert. Wir allein sind die Grundlage ihrer Existenz.

Unser wahres Wesen liegt im Hohen Selbst begründet. Von dort aus trägt der Strom der Lebensenergie die Wahrheit unaufhörlich in unsere Wirklichkeit – alle Existenz zu einer Einheit verbindend. Menschliche Liebe ist Ausdruck der Anbindung an das Hohe Selbst. Sie entsteht aus dem Bewusstsein des Ein-Seins; und umgekehrt geht das Bewusstsein des Ein-Seins aus der Liebe hervor. Dieses Bewusstsein *erleuchtet* unser Denken, Fühlen und Handeln, bis wir von Licht und Liebe erfüllt, liebevoll, ja liebestrunken sind. Wenn jede Zelle mit Licht und Liebe durchtränkt ist, sind wir glücklich. Freude und Glückseligkeit sind die unmittelbaren emotionalen Folgen echter Liebe. Im Herzen werden sie wahrgenommen und immer wieder von neuem hervorgebracht. *Echte* Verantwortung bedeutet daher: sich öffnen für die Liebe, Liebe hervorbringen und Liebe geben.

Probleme entstehen, wenn wir diese Verantwortung nicht übernehmen, sie abgeben, verleugnen oder sie uns nehmen lassen. Probleme sind das Produkt ungelebter Herzensqualitäten und falscher Selbstbilder, die stattdessen ihren Platz eingenommen haben.

Herzensqualitäten, früher Tugenden genannt, haben ihre Wurzeln im Hohen Selbst. Sie sind uns gegeben, um in Harmonie mit dem Ganzen leben zu können. Man könnte sie auch als die verschiedenen Facetten der Liebe bezeichnen. Wie wir in der Pyramide der Herzensqualitäten sehen, gibt es deren einige. Es ist nicht notwendig, eine vollständige Liste anzulegen, denn unser Gewissen kennt sie alle. Es weckt stets diejenigen, die gerade benötigt werden. Verantwortung übernehmen heißt also auch: der inneren Stimme folgen, auf das Gewissen hören, sprich: *Gehorsam* üben.

Mit den Tugenden verhält es sich wie mit den natürlichen Emotionen: Werden sie nicht gelebt, das heißt *nicht gewürdigt*, verwandeln sie sich in ihr Gegenteil. Sie werden zu unseren Schattenseiten. Auf diese Weise schreien sie nach Befreiung, Integration und Heilung. Negative Eigenschaften sind nichts weiter als verzerrte Spiegelbilder bestimmter Tugenden. Hinter jedem Fehler, in jeder Schwäche und jedem negativen Verhaltensmuster versteckt sich eine Herzensgabe.

Herzensqualitäten

Mut
Freude
Demut
Humor
Geduld
Hingabe
Toleranz
Weisheit
Offenheit
Vertrauen
Harmonie
Mitgefühl
Ehrlichkeit
Innere Ruhe
Dankbarkeit
Gelassenheit
Klare Absicht
Verbundenheit
Friedfertigkeit
Wertschätzung
Selbstsicherheit
Empfänglichkeit
Liebenswürdigkeit
Bedingungslose Liebe
Kommunikationsfähigkeit
Die Fähigkeit des Vergebens

REINDJEN ANSELMI

Vorsicht, Falle!

Wer seine Herzensqualitäten nicht in Anspruch nimmt, schneidet sich vom Kraftfeld der Liebe ab. Löcher beginnen in seinem Energiesystem zu klaffen, Defizite machen sich bemerkbar. Um sein Überleben zu sichern, sucht er im Außen nach Nahrung. Der Kreislauf der Sucht beginnt.

Er macht auch nicht Halt davor, die Lebensenergie seiner Mitmenschen anzuzapfen. Er wird zum Energievampir: abhängig von Lob, Bestätigung, Bewunderung, Anerkennung – von der Aufmerksamkeit der anderen. Er pokert, manipuliert, schmeichelt, blufft, um zu kriegen, was er braucht. Kann er keine positive Aufmerksamkeit bekommen, gibt er sich auch mit negativer zufrieden, mit Wut, Streit, ja selbst mit Gewalt; denn auch das ist Energie, wenn auch nicht gerade ein Leckerbissen.

Energieraub ist ein allgemein anerkanntes Spiel unter Menschen, die nicht in sich selbst ruhen. Einer bemächtigt sich der Energien der anderen. Die Folge davon ist, dass auch der Sinn für den Schutz der eigenen Grenzen, für das natürliche »Nein« verloren geht. Gegenseitige Abhängigkeit entsteht, die oft sogar als angenehm empfunden wird, weil sie unweigerlich an uns bindet, was uns vermeintlich nährt.

Im menschlichen Miteinander drohen fortwährend drei Fallen, in die wir tappen können, um Verantwortung und Macht abzugeben bzw. uns zusätzliche Verantwortung aufbürden zu lassen: Projektion, Vampirismus und ungesunde Grenzenlosigkeit. Alle drei basieren auf Unwissenheit, auf der mangelnden Einsicht in das Spiel von Wahrheit und Wirklichkeit. Wer jedoch das Spielfeld kennt, kann sie leicht vermeiden und die in ihnen gefangen gehaltenen Herzensgaben befreien.

Projektion

Projektion hat eigentlich zwei Facetten: Entweder projizieren wir unser *Licht* oder unseren *Schatten.*

Unser Licht projizieren wir, wenn wir etwas oder jemanden idealisieren, anhimmeln, verherrlichen oder über uns stellen – und uns dabei kleiner machen, als wir sind. Projektionsobjekte können Lebenspartner, Freunde, Therapeuten, Lehrer, Stars und Politiker sein, aber auch ein übertriebenes Engagement für eine Sache. Es können spirituelle Meister sein oder Gott. Es kann auch ein falsches Ideal, etwa ein bestimmtes Schönheitsideal sein, das nicht aus uns selbst entsteht, sondern uns von außen aufoktroyiert wird. Dass wir unser Licht projizieren, merken wir daran, dass wir uns selbst verleugnen und daher nicht in unsere wirkliche Größe kommen.

Unsere Schattenseiten projizieren wir, wenn wir die Gründe für Unstimmigkeiten gleich welcher Art bei anderen Menschen oder bestimmten Lebensumständen zu finden meinen, noch ehe wir unsere eigenen Beweggründe angeschaut haben. Die Schattenprojektion setzt sich fort in Kritik; sie geht über in Ärger, Wut, Groll und Zorn; sie steigert sich in Schuldzuweisung hinein und endet in Zwietracht, Hass und Kampf. Probleme werden damit niemals gelöst. Die äußere Welt ist das Spiegelbild der inneren. Feindbilder sind nichts als Spiegelungen der eigenen Spaltungsillusion.

Vampirismus

Vampirismus macht sich dadurch bemerkbar, dass andere Menschen sich in unserer Gegenwart freudlos, genervt, überlastet und müde, kurz, schwächer fühlen als ohne uns. Als Energieräuber haben wir einen chronischen oder akuten

Mangel an eigener Lebenskraft und gesunder Selbstachtung. In solchen Zeiten klafft ein regelrechtes schwarzes Loch in unserem Inneren, in dem alles sogleich verschwindet, was aufgenommen wurde. Wir scheinen getrieben von einem unstillbaren Hunger nach Anerkennung und ungesunder Geltungssucht, der so beherrschend ist, dass wir unsensibel für das Befinden der Mitmenschen werden. Anstatt den Selbstwert durch »richtiges« Sein und Tun zu stärken, auf das Hohe Selbst ausgerichtet zu bleiben und auf die innere Stimme zu hören, meinen wir – bewusst oder unbewusst –, Bestätigung von anderen bekommen zu müssen. Dafür gehen wir billige Tauschgeschäfte ein, prostituieren uns und werden zu Liebeskäufern, spielen Spielchen und manipulieren, wo es nur geht, bis hin zum verzweifelten Festklammern, bis hin zur Selbsterniedrigung. In solchen Zuständen sind wir selbst extrem beeinflussbar und manipulierbar und werden zum Spielball der selbstsüchtigen Interessen anderer.

Ungesunde Grenzenlosigkeit

Ungesunde Grenzenlosigkeit herrscht vor, wenn wir unsere eigene Lebensenergie anzapfen lassen oder uns in Manipulationen und Machtspiele verstricken lassen; kurz, wenn wir nicht rechtzeitig »Nein« sagen. Wichtig ist hierbei die Erkenntnis, dass es *meiner* Verantwortung obliegt, ein solches Nein klar und deutlich auszusprechen, noch bevor ich in etwas hineingezogen werde, das nicht *»mein Ding«* ist. Wie wir schon einmal feststellten, kann ohne *meine innere Zustimmung* nichts geschehen. Bevor ich also unter den Schlägen eines brutalen Ehemannes ein blaues Auge davontrage, schicke ich ihn in die Wüste. Im besten Falle tue ich ihm sogar etwas Gutes damit und er kommt zur Besinnung. Bevor ich mich über meine aufdringlichen Nachbarn beklage, mache ich ihnen deutlich, dass mir Tratsch und Klatsch fern liegen und ich meine Zeit mit anderen Beschäftigungen verbringe. Bevor mich im Krieg eine Kugel trifft, verweigere ich den Kriegsdienst. Wer nicht im richtigen Augenblick Nein zu sagen vermag, macht sich selbst zum Opfer der Umstände. Tatsächlichen Gefahren geht immer ein Wink unseres Hohen Selbst voraus. Nur die Angst vor dem Verlust der Sicherheit macht uns ihnen gegenüber blind. Wären wir achtsam, könnten wir der Gefahr mit einem Nein entrinnen.

Ungesunde Grenzenlosigkeit ist, so seltsam es klingen mag, nichts anderes als Begrenzung: Begrenzung unserer Verantwortung, Begrenzung unserer Würde, Begrenzung unserer Autonomie, Begrenzung unserer eigenen schöpferischen Souveränität. Noch ehe wir uns versehen, hat ein anderer seinen Fuß in unser Revier gesetzt, beginnt sich auszubreiten und über uns zu herrschen, fängt an, uns sein Denken und Fühlen, sein Weltbild und seine Überzeugungen aufzuzwingen.

Diese drei Möglichkeiten, im menschlichen Miteinander Verantwortung abzugeben, können alle nur denkbaren Spielarten eingehen. Eines ist jedoch allen gemeinsam: Wir vergeuden damit unsere Lebenskraft, um falsche Selbstbilder, das heißt Ego, zu erschaffen. Mit der Abgabe der Selbstverantwortung verlieren wir nicht nur unsere Macht, sondern auch unsere Würde. Wir machen uns selbst zu Opfern. Und immer ziehen wir dabei andere mit hinein, vor allem jene, die uns am nächsten stehen, nämlich unsere Kinder und Lebenspartner, Familienmitglieder und Arbeitskollegen.

Würden wir – mit »wir« ist hier jeder Einzelne von uns gemeint –, die volle Verantwortung übernehmen, unsere Kraft und Liebe zu leben und den Weg des Herzens zu gehen, anstelle zu projizieren, zu rauben und uns vergewaltigen zu lassen, gingen die hilflos um sich schlagenden, terrorisierten und Terror erzeugenden Reste des Patriarchats ein wie Unkraut in der Dürre. Es hätte nicht so weit kommen müssen. Und doch ist es in Ordnung, so wie es war, denn nun können wir zu Spezialisten der Liebe werden.

Das zukünftige Wertesystem muss von Herzensqualitäten bestimmt werden, an denen sich jeder Einzelne, jede Gruppe, jede Gesellschaft, jede Nation, die ganze Welt, orientiert. Ein solches Wertesystem zu etablieren muss nicht schwer sein, denn Herzensqualitäten sind die zahlreichen universalen Blinklichter jenes einen übergeordneten Wertes, den jeder Erdenbürger versteht, weil er die tiefste menschliche Sehnsucht berührt: Liebe. Herzensqualitäten leben heißt: heil und ganz werden. Sie sind Ausdruck der Selbstliebe und der Liebe zum Ganzen, der Harmonie und des Ein-Seins. Gleichzeitig sind sie ein *Weg* zur Liebe: Sie sind Leitprinzipien, die uns helfen, alles auszuklammern, was blockiert, trennt, zerstört. Weil Herzensqualitäten echte und edle Bestrebungen sind, adeln sie unser Selbst und schenken der Welt unvergleichliche Schönheit. »Auf die Erkenntnisse des Herzens und des Instinkts muss die Vernunft sich stützen und ihre ganze Auslegung gründen«, hatte schon Blaise Pascal gesagt. Bewusst-Sein meint in seiner letzten Bedeutung: Würdigung und Wertschätzung des Lebens und alles Seienden.

Liebe – Schöpferische Souveränität

Herzensqualitäten sind die typischen Eigenschaften des Hohen Selbst, die verschiedenen Kennzeichen der Liebe. Weil das Hohe Selbst alles durchdringt, sind auch Herzensqualitäten auf allen Ebenen des Seins wirksam. Durch die beständige Ausrichtung auf das Hohe Selbst werden negative

Eigenschaften von selbst in positive transformiert. Jeder Moment, in dem wir eine Herzensgabe befreien, kommt einer Neugeburt gleich, bei der große Mengen an kostbarer Lebensenergie frei werden.

Die Herzensgaben sind aus *dem* Grund im Praxisteil dieses Buches angeordnet, weil sie erst durch bewusste Praxis existent werden. Zwar sind sie in unserem Innersten seit Anbeginn vorhanden, doch wollen sie gelebt werden, um *sein* zu können. Herzensgaben sind Ausdruck der Vollkommenheit. Würdige, wertschätze und lebe ich die Herzensqualitäten, dann bin ich vollkommen; dann habe ich Teil an der Vollkommenheit des Ganzen und trage wiederum zur Vollkommenheit des Ganzen bei; dann habe ich den Sprung vom bloßen *Über*leben in das bewusste *Er*leben dieser Welt geschafft; dann heile ich nicht nur mich selbst, sondern alles um mich herum.

Es gibt keinen anderen Weg zur Liebe als die Liebe. Die Liebe ist der Weg. Dieser Weg muss von jedem Einzelnen beschritten werden. Von dir und von mir. Wir alle tragen die Verantwortung dafür. Ohne Liebe gibt es keine Bewusstheit und ohne Bewusstheit kein Glück. Es ist die Liebe, die uns die Augen öffnet, damit wir die Wirklichkeit in ungetrübter Klarheit betrachten können. Es ist die Liebe, die unser Herz öffnet, damit wir die Wahrheit erkennen. Die Liebe entfacht Sinne und Empfindungen und lässt sie in Genuss und Freude erglühen. Liebe nährt Gefühle und Herzensqualitäten. Sie lässt uns schmecken, was uns gut tut. Sie lässt uns den Duft der Schönheit und den Klang der Verbundenheit wahrnehmen, den Atem des Lebens spüren. Ohne Liebe kann niemand existieren.

Letztlich gibt es nur die Liebe. Wenn wir diese letzte aller Wahrheiten im tiefsten Inneren verstehen, gleiten wir wie von Zauberhänden getragen in den Zustand der Erleuchtung hinein. »Amo ergo sum – Ich liebe, also bin ich« wird es dann in der Kammer unseres Herzens widerhallen, wobei jegliche Wertung und Be-Ur-Teilung ein Ende findet und sich ALLES in einem Meer von Glückseligkeit auflöst.

Liebe ist der Dreh- und Angelpunkt von Macht und Ohnmacht, von Opfertum und schöpferischer Souveränität, von Knechtschaft und Meisterschaft. Die einzige Chance, dorthin zu gelangen, liegt darin, die Verantwortung für unseren Lebensweg zu übernehmen. Diese Verantwortung ist nicht weniger als die *absolute* Selbstverantwortung.

Spiritualität ist der Weg zur Wahrheit. Die Wahrheit ist geistiger Natur, da sie in allem Leben und in allen Erscheinungen wirksam ist. Spirituelle Wahrheiten erwachen erst durch das Selbst und den direkten Bezug zur aktuellen Wirklichkeit zum Leben. Gelebte Wahrheit ist Weisheit. Gehen wir den Weg der Wahrheit ganz bewusst, das heißt in voller Verantwortung, verwandeln sich Schwächen in Stärken, Verwirrung und Zweifel in Klarheit, Ängste in Vertrauen, Begrenzungen in Akzeptanz, Wut in Gelassenheit, Mangel und Gier in Fülle. Alle Herzensqualitäten werden erlöst. Ein echter Meister lebt in Weisheit und Liebe. Er lebt die Wahrheit – die Weisheit des Herzens. Auch Weisheit und Liebe sind das Gleiche.

Der Weg der Liebe ist ein Weg auf des Messers Schneide, ein Balanceakt zwischen Selbstdisziplin und Willensstärke einerseits und Absichtslosigkeit andererseits. Gewinnen Disziplin und Willen die Oberhand, arten sie in Kontrolle aus; wird die Absichtslosigkeit überbetont, bleibt unser Platz in der Welt unbesetzt.

Liebe ist ein Wert, der durch liebende Handlungen verwirklicht wird. Liebe gedeiht nur auf dem Nährboden der Ganzheit. Beheimatet im Kraftfeld von Wahrheit und Wirklichkeit, ist sie das größte Paradoxon, das es gibt: Sie muss wachsen und sich entfalten, obgleich sie bereits in voller

Blüte vorhanden ist. Sie will kultiviert werden, obschon sie die Grundlage alles Natürlichen ist. Das Paradoxon der Liebe ist das Bindeglied von Natur und Kultur, das typisch Menschliche an sich, das Prinzip der Vereinigung, die Eine Bewegung. Sie überbrückt alle Gegensätze und doch kann sie ohne das Prinzip der Dualität nicht sein. Um sich entfalten zu können, braucht sie das Du.

ELFTE AFFIRMATION

Amo ergo sum.
Ich liebe, also bin ich.

Das neue Miteinander

EINS zu werden mit seinen höchsten Bewusstseinsebenen
erfordert das Beschreiten des Weges in die INNERE
Freiheitlichkeit.
Das Maß ihrer Verwirklichung in uns
erkennen wir am Maß der Freiheitlichkeit,
das wir im Herzen bereit sind,
unseren Mitmenschen zuzugestehen.

Ingrid Diallo

Der Mensch der neuen Welt ist nicht länger nur ein denkender Mensch, er ist ein liebender Mensch. Er ist nicht bloß eine funktionierende Maschine, sondern ein zum ganzen Selbst erwachtes Wesen.

Probleme, die er einst erschuf, weil er das Spiel von Wahrheit und Wirklichkeit nicht kannte, werden nun gar nicht erst in sein Leben treten. Wo früher Gewalt, Neid und Eifersucht, Missgunst, Rechthaberei oder der Drang des Besser-sein-Wollens das menschliche Miteinander beherrschten, bestimmen fortan Mitgefühl und Respekt vor der Würde des anderen, Fürsorglichkeit, Kooperation und ein Grundgefühl der Zusammengehörigkeit das Leben. Ein Großteil der Unstimmigkeiten und Krisen wird einfach vermieden.

Wenn er sich dennoch einmal mit Situationen konfrontiert sieht, die nicht gerade Freude, Liebe und Wahrheit sind, betrachtet er dies als einen Wink, Achtsamkeit zu üben. Er kann seine eigenen Schwächen und die seiner Mitmenschen wertfrei betrachten und »das, was fehlt«, ergänzen. Er weiß um die Bedeutung natürlicher Emotionen und Herzensqualitäten. Er hört auf seine innere Stimme. Aggression (lat.: *aggressus* – herangehen) ist für ihn nicht länger die Aufforderung zum gewaltsamen Rückschlag, sondern die Kraft, JETZT neu zu entscheiden und konstruktiv an eine Sache heranzugehen. Hass verwandelt er in die Bereitschaft des Zuhörens, Austauschens und konstruktiven Verhandelns; Überheblichkeit in die Gabe, das Schöne im anderen zu sehen. Er hat keine Angst, seine Stärke geltend zu machen, denn sein ehemals verzerrtes und negatives Bild von Stärke ist verschwunden.

Er lebt in der inneren Verpflichtung, seine Mitmenschen in ihrer höchsten Möglichkeit zu sehen. Denn er ist sich bewusst, dass, wenn er das Hohe Selbst eines Menschen anspricht, er diesem hilft, sein Selbst zu realisieren.

Der neue Mensch hat zu einer echten Kommunikation zurückgefunden, zu einer *wahrhaftigen* Kommunikation zwischen Partnern, zwischen Vater und Sohn, zwischen Mutter und Tochter, zu einer Kommunikation zwischen den Nationen. Die Praxis der Achtsamkeit befähigt ihn, das Leiden anderer Menschen zu verstehen. Anstatt zu urteilen und zu kritisieren, spricht er freundlich und liebevoll. Seine Sprache ist nicht mehr scharf und bitter, sondern aufmunternd und voller Zuversicht. In jeder Lebenssituation vermag er Hoffnung zu vermitteln und seine Dankbarkeit zu zeigen. Durch echte Kommunikation trägt er dazu bei, die Herzenstüren zu öffnen und die Kraft der Liebe strömen zu lassen. In der neuen Welt dürfen die alten Bomben entschärft werden.

Mann und Frau

Besonders die Begegnung von Mann und Frau kann nun zum Mysterium werden, zur Berührung in der Tiefe.

Wir sind mehr als unser Körper, und die höchste Vision der Liebe geht weit über Leidenschaft hinaus, obwohl sie diese beinhaltet. Zu lange war die Leidenschaft der Gott der Liebenden, zu lange war sie das einzige Ziel in einer Paarbeziehung. Zu wenig wusste man von dem Raum, der sich hinter ihr auftut. Denn Leidenschaft ist erst der Anfang.

Die Leidenschaft ist nur ein Tor, ein Durchgang, der in den geheimen Saal der Hingabe führt, in dem reine Liebe pulsiert, unaufhörlich strömt; wo wir uns in den höchsten Wonnen baden dürfen. In diesem Raum wird ein Paar für immer eins. Einmal hier angekommen, kann nicht einmal der Tod die Liebenden trennen. Hier gibt es nichts als Anbetung füreinander, hervorgegangen aus einer Umarmung, die keine Kraft der Welt zu lösen vermag. Es ist der Raum, in dem wir im Hohen Selbst verschmelzen und der von wahrhaft unerträglicher Schönheit ist. Dort kann man die Schönheit, die man erfährt, buchstäblich nicht mehr ertragen: Sie bringt die harte, starre Schale des Ich zum Bersten und der gewaltige Strom der Wahrheit bahnt sich seinen Weg, dem Gegenpol entgegendrängend, Ganzheit suchend.

Wir achten behutsam auf die Wahrheit, lassen uns von ihr treiben. Wir umarmen die Wahrheit des geliebten Menschen, die uns entgegenströmt und tanzen mit jedem ihrer Impulse mit. Es geht darum, die eigene Wahrheit und die des anderen bedingungslos zu respektieren, ja zu würdigen, ihr zu huldigen. In diesem Raum braucht man nichts mehr zu wissen, nichts mehr zu erkennen, nur noch zu *sein*. Hier gibt es keinen Stress mehr um Richtig oder Falsch, sondern nur noch das Pulsieren im Rhythmus der Gegenwart. Denken, Fühlen und Erfahren sind ein einziges Spiel sanft fließender Energien, das den Augenblick in vollendete Schönheit verwandelt.

Der neue Mann und die neue Frau sind gleichberechtigt, bewahren und pflegen jedoch ihre Unterschiedlichkeit. Auch hier wird das Prinzip der Dualität gewürdigt und als Quelle gegenseitiger Bereicherung angesehen. Auf der Ebene der Wirklichkeit ist ein Mann ein Mann und eine Frau eine Frau. Ein altes tibetisches Sprichwort lautet: »Der Mann ist die treibende Kraft, die Frau ist die Quelle der Weisheit. Erst aus der Ergänzung entsteht die Frucht der Vollkommenheit.« Auf einem solchen geistigen Nährboden können sich Männer und Frauen in gegenseitiger Achtung und tiefem Vertrauen begegnen.

Auch Elternschaft, Kindererziehung und die damit verbundenen Aufgaben werden eine neue Art der Wertschätzung genießen; obwohl eine Frau, um Mutter zu sein, nicht ihren eigenen Lebensweg opfern muss. Neue Formen des Zusammenlebens und Teilens werden ermöglichen, dass für beides genügend Raum bleibt. Es wird wie zu allen Zeiten des Wandels sein: Einige Pioniere probieren das Neue aus und leben es vor, andere folgen ihrem Beispiel. Die passenden Einrichtungen und Institutionen entstehen, und die neue Form wird manifest – ein Akt schöpferischer Souveränität.

Auch in der Beziehung von Eltern und Kindern wird die bewusste Verbindung von Hohem Selbst zu Hohem Selbst, die Kommunikation von Herz zu Herz das entscheidend Neue sein. Zuwendung, Nähe, Körperlichkeit; umhegt und gehört werden; sich angenommen wissen; nicht nur *be*achtet, sondern als einzigartiges Wesen *ge*achtet zu werden; Geborgenheit – das sind Erfahrungen, die für die Entwicklung eines Kindes wirklich förderlich sind. Liebe kann man nicht zu viel geben, sofern es sich um bedingungslose Liebe und nicht um ein Tauschgeschäft handelt. Wirkliche Liebe ist achtsam. Sie würdigt die Impulse des anderen, fordert nicht und drängt sich nicht auf. Wird ein Kind wie der wertvollste Schatz auf Erden behandelt, darf es fröhlich, unbeschwert und glücklich sein, muss es nicht zu schnell erwachsen werden, wird auf seinen individuellen Charakter mit Hingabe und Einfühlungsvermögen eingegangen, dann kann es ein unerschütterliches Gerüst aus Sicherheit und Selbstvertrauen und ein tragendes Fundament für die Herausforderungen des Lebens aufbauen.

Wahrheit und Wahrhaftigkeit, Großherzigkeit und Freundlichkeit stellen die Grundelemente der neuen Erziehung dar und sind jedem Menschen von Kindheit an vertraut. Solche Werte müssen vorgelebt werden. Erziehung geschieht praktisch von selbst. Dadurch wird Eltern und Kindern jede Menge Stress erspart. Verwirrung bleibt aus, weil sich die gesellschaftlichen Werte und Prinzipien mit der inneren Stimme in Einklang befinden. Die neuen Kinder dürfen das Geheimnis des Urvertrauens wieder entdecken, das sie mit der innersten Quelle verbindet und ihnen hilft, die Einzigartigkeit ihres Wesens zur Blüte zu bringen. Besonders für Jugendliche, die sich allmählich ihrer selbst bewusst werden, ist Vertrauen in ihren wahren Kern von ausschlaggebender Bedeutung. In der Phase des Heranwachsens befähigt es sie, ihr Potenzial zu ergründen und selbstverantwortlich davon Gebrauch zu machen. Jugendliche brauchen nicht von Überzeugungen, Geboten und Normen gelenkt und geleitet zu werden, welch eine Anmaßung! Oft sind sie in ihrem Innersten weit höher entwickelt als wir. Was wir mühevoll erlernen mussten, ist ihnen – als Geburtsgabe des kollektiven Bewusstseins – bereits in die Wiege gelegt. Kinder sind das Saatgut der Zukunft. Ihre Entwicklung durch unsere Vorstellungen und Überzeugungen zu bremsen würde bedeuten, die Evolution zu stoppen.

Dennoch kann man diesen Ansatz nicht mit dem Konzept der *antiautoritären Erziehung* vergleichen, in dem keinerlei Autorität anerkannt wurde. Der neue Mensch *bekennt sich* zu einer Autorität. Er achtet die natürliche Hierarchie der Dinge. Seine Autorität ist das Hohe Selbst, durch das er sich mit allem verbunden weiß. Seine Gesetze sind die *universalen* Gesetze und seine Prinzipien und Werte sind jene, die auf diese Gesetze ausgerichtet sind. Sein Beitrag an diese Welt basiert auf der Prämisse »Zum Wohle des Ganzen«.

Das Bildungswesen der neuen Gesellschaft bietet eine Grund-Ausbildung, wie sie beispielsweise schon von Mahatma Gandhi entworfen wurde: eine integrierte Erziehung von Körper, Seele und Geist, die in jedem Menschen eine gesunde, organische Beziehung zur Welt fördert und persönliche Talente entfalten hilft. Rudolf Steiners Gedanken folgend, würde sich eine solche Bildung zunächst an die Gefühlskräfte richten. Steiner lehrte, dass das Kind in den ersten sieben Lebensjahren vor allem auf der Gefühlsebene wachsen müsse und dass die Erziehung diese Entfaltung der natürlichen Emotionen unterstützen sollte. Im zweiten Lebensjahrsiebt dominiert das Wachsen der Vorstellungskräfte, und die Ausbildung konzentriert sich auf Musik, Kunst, Tanz und Poesie – auf die Verwirklichung von Schönheit, die so wichtig ist für das Untere Selbst. Erst im dritten Jahrsiebt, ab dem fünfzehnten Lebensjahr, sollte das rationale, logische Denken geübt und ernsthaft entfaltet werden. Das Ergebnis dieser Grundsätze ist eine umfassende Bildung des ganzen Menschen – emotional, imaginativ und rational –, bei der jeder Bereich angemessen entwickelt, gefestigt und stabilisiert wird; eine Bildung, die das harmonische Zusammenspiel der drei Selbste im Einklang mit dem Ganzen erwachsen lässt. Dies steht in unübersehbarem Gegensatz zu unserem herkömmlichen Bildungssystem, das sich darauf konzentriert, ab dem sechsten Lebensjahr das rationale, logische Denken zu unterstützen, wobei die anderen Aspekte der menschlichen Persönlichkeit meist zu kurz kommen.

Wer Liebe, Fürsorge und Geborgenheit genossen hat, wer frühzeitig den Rücken gestärkt bekam, indem sein wahres Wesen gefördert wurde, wer die natürliche Weisheit bewahren darf, der entdeckt hierin sein Kapital – und seine Verantwortung. Die Liebe, die man in so reichem Maß bekommen hat, heißt es nun weitergeben. Die innere Autorität gewährleistet dabei größtmögliche Flexibilität. Der junge Mensch geht seinen Lebensweg und folgt den inneren und äußeren Impulsen, ohne sich selbst zu verlieren.

Die Entwicklung einer echten Herzensbildung wird das wichtigste Anliegen der zukünftigen Erziehung sein: wirkliche Teilhabe am Ganzen durch ein offenes und bewusstes Selbst, durch die Integrität von Herz und Verstand. Da unsere Kinder das Saatgut der Zukunft sind, tragen wir durch eine solche Erziehung dazu bei, dass besonders die Menschen, die unsere Gemeinschaften führen und das Schicksal Vieler in ihren Händen tragen, diese Art der Integrität und Herzensbildung verkörpern. Sinnvolle Entscheidungen können nur von jenen getroffen werden, die das Wohl des Ganzen im Auge haben, Respekt vor der Würde *jedes* Menschen besitzen und die *volle* Verantwortung übernehmen: für das Wohl der Allgemeinheit, die Achtung der Natur, ja, für die ganze Welt; für die Gegenwart und für die Zukunft, die aus dem Hier und Jetzt geboren wird.

»Adieu«, sagte der Fuchs zum kleinen Prinzen. »Hier ist mein Geheimnis. Es ist ganz einfach: man sieht nur mit dem Herzen gut. Das Wesentliche ist für die Augen unsichtbar.«[12]

An dich

Ich liebe dich.

Ich umarme deine Wahrheit
und achte behutsam auf meine Wahrheit.
Unsere Liebe pulsiert
im Rhythmus der Gegenwart.

Ich wünsche mir nichts mehr, mein Liebling,
als dass du deine eigene Wahrheit lebst und würdigst,

Denn nur durch die weit geöffneten Tore der Wahrhaftigkeit kann sich unsere Liebe zu einem Strom vereinen.

Ich bete dich an.

Kommunikation – das Göttliche in mir grüßt das Göttliche in dir

Kommunikation ist das Bindeglied zwischen der persönlichen schöpferischen Phantasie und der zu ihrer Umsetzung erforderlichen Kräfte da draußen in der Welt. Nur wenn wir das, was wir sind und wollen, in einer klaren und unmissverständlichen Weise nach außen vermitteln, werden unsere Träume und Visionen Wirklichkeit werden. Die Kommunikation ist ein Schatzhaus. In ihr sind die tiefsten und wertvollsten Einsichten der Menschen verwahrt, an denen wir teilhaben können. Sie kann den Funken der Kreativität entzünden. Durch Kommunikation werden Wissen und Erkenntnisse von Generation zu Generation weitergegeben, die individuellen Energien in das kollektive Kraftfeld eingebracht. Es werden Verbindungen und Gemeinsamkeiten geschaffen. Im gegenseitigen Geben und Nehmen entsteht Austausch.

Das Wort »Kommunikation« (lat.: *communicare*) bedeutet in seinem ursprünglichen Sinn: »gemeinsam das Eine pflegen« – das Eine, Höchste. Kommunikation ist somit ebenfalls eine Ausdrucksform der Einen Bewegung. Ihre Vollendung findet sie wieder in der Liebe. Gemeinsam das Eine pflegen heißt: sich gemeinsam im Hohen Selbst begegnen. Daher fällt ihr in der Meisterschaft eine Schlüsselrolle zu.

In der vollendeten Kommunikation öffnen wir uns der Wahrheit des anderen, gewähren ihr gebührenden Raum, während wir gleichzeitig der eigenen Wahrhaftigkeit Ausdruck verleihen. Vollendete Kommunikation ist Bedingungslosigkeit und Mitgefühl, die Quelle liebevollen Miteinanders. Sie erschließt sich durch Achtsamkeit und geht Seite an Seite mit Selbstachtung.

Mitfühlendes Zuhören ist mehr als mit den Ohren hören. Es ist ein Wahrnehmen mit allen Sinnen, durch das wir nicht nur die Worte vernehmen, sondern das tiefere Anliegen des Menschen, der mit uns spricht, seiner Gefühle, dessen, was in seinem Herzen vor sich geht, dessen, was uns dieser Mensch tatsächlich erzählen möchte. Diese Wertschätzung lässt Kommunikation zu einer Brücke werden, die uns zum Verstehen des Menschseins führt. Gegenseitiger Respekt und Anerkennung sind so viel lohnender als Lob und Bewunderung, die man sich spendet, um gegenseitig seine falschen Selbstbilder aufzupolieren!

Echte Kommunikation heißt: sich gegenseitig inspirieren, empfänglich werden und sich großherzig verströmen. Seine Energien nicht zurückhalten, sich zeigen, seinem Selbst und der Sympathie für den anderen Ausdruck verleihen. Sich in seinem wahren Wesen mitzuteilen ist die höchste Form des Teilens; eine Form, die nicht einmal anstrengend ist, bei der man nicht hergeben muss, was man am liebsten behalten möchte, sondern sich selbst in seiner Vielfalt offenbaren *darf*, um im Miteinander-Teilen immer neue Facetten seines Wesens zu entdecken.

»Das Göttliche in mir grüßt das Göttliche in dir. Das Höchste in mir grüßt das Höchste in dir. Das Vollkommene in mir grüßt das Vollkommene in dir«, könnte die Affirmation des neuen Miteinanders lauten. In der Begegnung von Hohem Selbst zu Hohem Selbst sind wir ganz buchstäblich ein Herz und eine Seele, denn im Hohen Selbst sind wir alle eins. Wenn wir im Herzen verankert sind, können wir Gedanken und Gefühle *selbstverständlich*, ohne Zögern und ohne Scheu, ohne die Angst, zurückgewiesen zu werden, klar und liebevoll äußern. Solange wir im Hohen Selbst sind, achtsam und voller Interesse für den anderen bleiben, wird sich niemand von uns angegriffen, bedroht, beleidigt, herabgesetzt oder kritisiert fühlen. Ein jeder befindet sich in *Sicherheit*, in seiner ureigenen Stärke und gegenseitig verhilft man sich, das höchste Potenzial zu heben.

Die Kommunikation des patriarchalen Zeitalters war genau das Gegenteil. Sie war dadurch gekennzeichnet, dass stets *einer* siegreich hervorgehen musste: mit der besten Meinung oder dem letzten Wort, das notfalls mit einer Attacke unter die Gürtellinie erkämpft wurde. Dem Gewinner zollte man uneingeschränkte Bewunderung. Konkurrenz und Rivalität waren die vorherrschenden Merkmale. Die Folge war, dass sich jeder mit einer energetischen Wand vor seinem Nächsten schützen musste und die Energien nicht unmittelbar fließen konnten. Daher hatten die meisten Begegnungen weder eine Chance, ihren tiefen Sinn preiszugeben, noch konnten sie die Freude bringen, die möglich gewesen wäre. Aus Angst vor möglichen Angriffen verbarg man sein wahres Wesen und stellte stattdessen ein starkes Image zur Schau, in der Hoffnung, das Gegenüber falle darauf herein. Kommunikation war ein Täuschungsmanöver, mit dem Ziel, den anderen zu beeindrucken, um aus der Begegnung als der Bessere hervorzugehen. Gehen die falschen Selbstbilder miteinander in Kontakt, kann natürlich nichts anderes herauskommen als Verwirrung und Verstrickung. Unaufhörlich wird neues Karma erzeugt und tieferes Leiden geschaffen. Solange wir weder die Stärke des Hohen Selbst noch die Motive des Unteren Selbst kannten, hatten wir außer Verwirrung nicht viel mitzuteilen und konnten nicht am Reichtum des Ganzen partizipieren. Unsere Botschaften waren verstümmelt, unklar und widersprüchlich und wir missbrauchten das Mysterium der Begegnung zu gegenseitiger Manipulation.

Weil die Energien als Träger wichtiger Informationen nicht ungehindert fließen durften, gingen nicht nur wertvolle Botschaften verloren – durch das fortwährende Blockieren des freien Flusses war es auch unmöglich, an seine eigene Quelle zu gelangen. Während des patriarchalen Zeitalters haben wir den eigentlichen Sinn der Kommunikation vergessen. Wir haben uns von dem unendlichen Reichtum, den eine fließende Interaktion zu bringen vermag, abgeschnitten und uns dem Strom an Energie und Weisheit verschlossen, mit dem wir eigentlich jederzeit verbunden sind.

In jeder Begegnung, die durch das Hohe Selbst und im Hohen Selbst geschieht, liegt eine neue Botschaft verborgen, die unsere Entwicklung in Richtung Vollkommenheit vorantreibt. Von der Einen Bewegung geführt und von der Wahrheit genährt, geschieht in solchen Begegnungen das, was geschehen *soll.* Im Miteinander der Hohen Selbste ist das karmische Gesetz von Ursache und Wirkung außer Kraft gesetzt und macht dem Gesetz der Synchronizität Platz, das sich durch *Fügungen* und geheimnisvolle *Zufälle* zu erkennen gibt. Die gemeinsame Teilhabe am Kraftfeld von Wahrheit und Wirklichkeit lässt uns tatsächlich das *zufallen,* was uns im Augenblick unterstützt und weiterbringt. Dadurch werden Beziehungen herzlich und dauerhaft und erschließen uns Vertrauen und tiefen Frieden. Wir fühlen uns verstanden, angenommen, unterstützt und geliebt. In dieser Art von Begegnung wird kein neues Karma mehr geschaffen.

Die Energie des realisierten Menschen, die pure Wahrheit, Liebe und Freude ist, strömt ungehindert nach außen, dorthin, wohin er seine Aufmerksamkeit richtet. Ohne die Barrieren von Schutz-, Verteidigungs- und Aggressionsmustern, ohne Erwartungen, insgeheime Forderungen und Manipulationsversuche ist er unmittelbar mit den anderen verbunden. Er ist ein Licht und nicht mehr ein Richter, ein

Modell, nicht ein Kritiker, Teil der Lösung und nicht Teil des Problems. Er argumentiert weder mit den Schwächen anderer noch mit den eigenen. Er betrachtet die Fehler seiner Mitmenschen mit Mitgefühl, ohne Anschuldigungen. Er weiß, wo er helfen und wo er Grenzen setzen muss. Er schützt seinen inneren Raum, seine Werte und Wünsche, Gedanken und Gefühle mit einer *selbstverständlichen Selbstliebe* und zeigt denselben Respekt vor der individuellen Wahrheit seiner Mitmenschen.

Die Energien fließen in natürlichem Austausch: Es ist ein Geben und Nehmen ohne Hintergedanken an mögliche Verluste, ohne Gier und ohne Verkrampfung. Es ist ein Tanz von Menschen, die das Gefühl haben, sich gerade erst begegnet zu sein und sich doch schon immer zu kennen. Es gibt nichts Fremdes in diesem Tanzen, nur die Faszination am Neuen auf dem Hintergrund ewiger Vertrautheit. Die Bewegungen sind anmutig und fließend, man ist achtsam für die kleinsten Impulse und antwortet mit spontanem Verstehen – der Tanz ist zu schön, um ihn zu unterbrechen. Mehr und mehr öffnen wir uns, mehr und mehr entdecken wir von dem in unserem Inneren verborgenen Wunder, das in der Begegnung seinen vollkommenen Ausdruck erlangen darf.

Wir sind alle miteinander verbunden, aber erst wenn wir uns in der Welt zum Ausdruck bringen, kann unsere Schöpfung ihren heilsamen Kreistanz beginnen. Erst dann bleibt das Erschaffene am Leben, getragen vom gemeinsamen Atem des Alls. Fände unsere Schöpfung niemanden, der mit ihr spielt, wäre sie ohne Sinn. Könnten wir die gesammelte Energie nicht weitergeben, würden wir an ihr ersticken.

Im Stadium vollendeter Kommunikation ist das Spiel so vertraut, die Übereinstimmung so erfüllend, die Nähe so groß, dass wir uns selbst vergessen und auch der andere in seinem Anderssein nicht mehr existiert. Wir sind nichts weiter als Spiegel füreinander, geschaffen, um im anderen unsere eigene Vollkommenheit zu erkennen. Fast jeder kennt diesen Zustand. Wir nennen ihn Verliebtheit, und doch bleiben es für die meisten von uns seltene Momente, Höhepunkte des Lebens nur, obwohl wir alle ständig davon träumen. Meist scheinen solche Zustände weit, weit entfernt zu liegen, in jenem Paradies, aus dem wir vor langer Zeit vertrieben wurden. Es war der Ort, an dem wir nackt und unschuldig, »so wie uns Gott erschaffen hatte«, in einen immer währenden Tanz versunken waren; an dem wir in der natürlichen Fülle eines üppigen Gartens lebten und nur die Hand auszustrecken brauchten, um uns zu nähren.

Wenn wir jedoch aktiv am Ganzen teilhaben, teilen und uns mitteilen, füreinander da sind und uns einfach an den Händen halten, wenn wir ausnahmslos an jedes Geschöpf unsere Liebe verströmen, holen wir den Himmel auf die Erde. Und dieser Himmel wird niemals enden. Warum sollten wir uns mit weniger als der Vollkommenheit zufrieden geben?

ZWÖLFTE AFFIRMATION

Das Göttliche in mir
grüßt das Göttliche in dir.

Zusammenarbeit

Während sich *Kommunikation* auf das Miteinander-Teilen des *Seins*, auf die weiblich-passiven Fähigkeiten des Raum-Gewährens und Sich-Verströmens bezieht, ist Zusammenarbeit das aktive Teilen von Fähigkeiten und Fertigkeiten, von Wissen und Erfahrung, des *Tuns* also. Vollkommenheit entsteht, wenn bewusstes Sein und Tun ineinander überfließen. Auf diese Weise wird die Wahrheit zu einer gemeinsamen Wirklichkeit, zu einem potenzierten Energiefeld, das einen viel größeren schöpferischen Effekt hat, als es die Energie eines Einzelnen jemals haben kann. Zusammenarbeit und Kommunikation sind deshalb nicht nur auf der kollektiven, sondern auch auf der individuellen Ebene die wichtigsten Voraussetzungen für Fortschritt und Erfolg. Auf der globalen Ebene helfen sie, die Evolution um ein Vielfaches zu beschleunigen.

Vollendete Zusammenarbeit basiert auf dem Empfinden der Gleichwertigkeit, und nicht auf der eingefleischten Neigung, sein Können entweder höher einzuschätzen als das der Kollegen oder sich unterlegen, unwert, als Versager zu fühlen. Jeder Mensch hat ein ihm eigenes Bündel von Fähigkeiten, selbst wenn er diese noch nicht erkannt hat. Durch Respekt und Wertschätzung können wir jedem Menschen verhelfen, sein Potenzial zu entdecken bzw. mehr und mehr zu entfalten. Lassen wir die Würde eines Menschen unangetastet, geschieht dies sogar von alleine. Kreativität und der Genuss am Zusammenspiel können wachsen. Energien, Wissen und neue Ideen verbinden sich und erzeugen eine Welle intensiver Dynamik, auf deren Kämmen wir uns zu Zielen schaukeln lassen, die wir – auf uns selbst gestellt – wohl niemals erreichen würden. Der Wert der gemeinsamen Arbeit wird dabei stetig angehoben. Erfolg stellt sich automatisch ein. Ohne Energie zu verlieren, arbeiten wir immer effizienter und produktiver. Der Arbeitsplatz wird zu einem Zentrum vitaler, schöpferischer Energien. Vollendete Zusammenarbeit stimuliert Wachstum auf allen Ebenen, authentische Stärke, Bewusstheit, Originalität und den Willen aller Beteiligten, ihr Bestes zu geben. Diese Eigenschaften fließen in unsere Projekte ein und verleihen unseren Produkten die Aura von Einzigartigkeit und Kraft. Nicht nur der Wert der Arbeit selbst, sondern auch der Wert der Erzeugnisse wird dadurch erheblich gesteigert.

In der Arbeitswelt der nahen Zukunft werden deshalb auch Eigenschaften wie die Fähigkeit, andere zu motivieren – sie in ihrer Kreativität, ihrem Selbstbewusstsein und ihrem Einsatz zu bestärken –, oder die Eigenschaft, ein harmonisches Betriebsklima zu schaffen, finanziell gewürdigt werden – was wiederum das Potenzial der Mitarbeiter entfacht und deren Einsatzfreude verstärkt. Zusammenarbeit ist nun das konkrete Erleben von Erfüllung, Sinngebung, Sicherheit, Würde, Respekt und gegenseitiger Achtung, eine Quelle unbegrenzter Inspiration und schöpferischer Kraft. Alle Schöpfungen und Produkte, die aus vollendeter Zusammenarbeit hervorgehen, besitzen wirklichen Wert, erfüllen wichtige Funktionen und strahlen Schönheit aus. Die neue Ästhetik ist sinnvoll, wertvoll, funktionstüchtig, wahrhaftig – brillant. Die Energie der Schönheit fließt immer weiter, bis sie alles Leben erfasst und durchdringt. Arbeit ist nicht länger eine Qual, ein Muss, das, indem es unser *Über*leben sichert, uns vom eigentlichen *Er*leben dieser Welt abhält. Nun nehmen wir ganz bewusst unseren Platz im Ganzen ein, indem wir der Berufung folgen und im Beruf unser Bestes geben. Unsere Arbeit ist harmonisch in unser eigenes und das Leben der Gemeinschaft integriert.

Gemeinsam können wir allen Hindernissen kraftvoll begegnen. Zusammen schaffen wir ALLES.

Globale Selbstverantwortung

Der erste Friede, der wichtigste, ist der,
welcher in die Seelen der Menschen einzieht,
wenn sie ihre Verwandtschaft, ihre Harmonie mit dem
Universum einsehen und wissen, dass im Mittelpunkt
der Welt das große Geheimnis wohnt und
dass diese Mitte tatsächlich überall ist.
Sie ist in jedem von uns – dies ist der wirkliche Friede,
alle anderen sind lediglich Spiegelungen davon.
Der zweite Friede ist der, welcher zwischen Einzelnen
geschlossen wird und der dritte ist der zwischen Völkern.
Aber vor allem sollt ihr sehen,
dass es nie Frieden zwischen Völkern geben kann,
wenn nicht der erste Frieden vorhanden ist, der,
wie ich schon sagte, innerhalb der Menschenseelen wohnt.

HEKAKA SAPA – *Black Elk*

»Die Erneuerung des Menschen selbst als Mensch muss jedem Bemühen, eine bessere Gesellschaft ins Leben zu rufen, vorausgehen oder wenigstens dieses Bemühen ständig begleiten. Denn ohne Aufrichtigkeit, Vertrauen und echte Liebe ist ein glückliches Zusammenleben auf dieser Erde nicht möglich, auch wenn uns der ganze Weltraum zur Verfügung steht«, schrieb der Zen-Meister Hugo Makibi Enomiya-Lassalle.[13]

Keine noch so gut gemeinte »Bewegung« oder Vereinigung, keine noch so faire Politik wird auf Dauer Erfolg bringen, solange sie nicht über das Medium des realisierten Selbst führt. Selbstrealisation ist unumgänglich für dauerhaften Frieden. Erst gelebte Werte wie ein offenes Herz, Selbstvertrauen, die Bereitschaft, das Leben direkt anzupacken, Verantwortung zu übernehmen, Freude, Liebe, und Wahrhaftigkeit zu verströmen, sind die Garanten für das Entstehen einer neuen Wirklichkeit. Der wahre Fortschritt unserer Zeit liegt in der Rückkehr zu sich selbst.

»The Logic of Power has come to an end.« Der magische Zauber der Gott-Besessenen ist vorbei und mit ihm das Zeitalter der Macht und des Machtmissbrauchs. Eine neue Logik der Kooperation, Kommunikation und der Konstruktivität muss anstelle der machtorientierten Konzeption entstehen; nicht als lebensferne Moralvorstellung, sondern als Gestaltungsprinzip für den Aufbau einer neuen, eins-gewordenen Welt. Diese Welt ist auf der wirtschaftlichen, politischen und sozialen Ebene bereits unlösbar vernetzt. Es gibt kein Zurück mehr in archaische oder matriarchale Zustände. Es gibt nur ein Vorwärts-Schreiten, ein Mitgehen mit dem Drang der Evolution nach Selbsttranszendenz. Nun gilt es, die äußere Vernetzung mit einer inneren Konzeption zu verbinden, die es den Menschen der neuen Welt ermöglicht, sich in einem gemeinsamen, übergeordneten Welt- und Menschenbild vereint, sicher, geborgen und gestützt zu fühlen, und dennoch ihre kulturelle Individualität und Identität bewahren und entfalten zu können. Dieses übergeordnete Weltbild kann nur in einer modernen Spiritualität gefunden werden, die auf den ewig gültigen Weisheiten basiert, welche durch die Mystik zugänglich werden. Es kann nur eine Weltanschauung sein, welche die grundlegende Dualität, die im Patriarchat zur Blüte gelangte, transzendiert und zur Überwindung der Gegensätze *in der Trinität* führt. Erst die Besinnung auf die gemeinsamen universalen Werte wird zur Aufhebung der Dualismen zwischen Kulturen, Religionen, Nationen, Innenpolitik und Außenpolitik führen. Der Pluralismus muss erhalten bleiben, aber vereint unter einem *human way of life*. Pluralismus und Einheit schließen sich nicht aus, sondern sind Ausdruck der Gesetze von Wahrheit und Wirklichkeit.

Auch echte Spiritualität wird in diesem Evolutionsschritt eine einschneidende Weiterentwicklung erfahren. Das heutige Kollektivbewusstsein ist bereits so weit fortgeschritten, dass die spirituellen Weisheiten allgemein verstanden und verantwortungsvoll genutzt werden können, insofern sie dem Menschen in einer modernen, zeitgemäßen Form nahe gelegt werden. Das Thema »Selbstrealisation« ist heute nicht mehr nur eine persönliche oder religiöse, sondern auch eine *politische* Angelegenheit, eine Angelegenheit, die mit allen anderen Vorstellungen und Aktivitäten bezüglich Ganzheit, Frieden, Versöhnung und Heilung verschmelzen muss, die gerade im Entstehen sind oder schon von langer Hand vorbereitet wurden.

Wir alle können nur durch Ganzheit und Liebe Vollkommenheit erlangen. Im Hohen Selbst sind wir alle eins. Das Vergessen dieser Wahrheiten war der einzige Grund für Hass und Krieg auf der Welt. Der Weg, sich daran zu erinnern, ist nicht schwer. Er ist Liebe. Wenn wir fähig sind, auch jene zu lieben, die uns bedrohen und angreifen, und wenn wir versuchen, zu verstehen, warum sie dies tun – wie lautete dann unsere Antwort? Wenn wir aber damit fortfahren, Negativität mit Negativität zu vergelten, Rache mit Rache, Terror mit Terror – was wird dabei herauskommen? Mit diesen Fragen ist die Menschheit gegenwärtig mehr denn je zuvor konfrontiert. Vergeuden wir die Chance, eine befriedigende Antwort auf diese Frage zu finden, wird sich die Notwendigkeit, sie überhaupt zu beantworten, möglicherweise von selbst erübrigen. Wenn wir jedoch die Schönheit der Erde, deren Mitschöpfer wir sind, für unsere Kinder und Kindeskinder erhalten wollen, wird uns nichts anderes übrig bleiben, als genau hier und genau jetzt die Wahrheit zu leben und Spiritualität zur Grundlage unseres Denkens,

Fühlens und Handelns zu machen. Vor diese Herausforderung ist heute jeder bewusste Mensch gestellt. Die Initiation in das neue Welt- und Menschenbild zu vollziehen ist nicht nur wichtig. Sie ist essenziell.

Harmonie und Frieden, Verantwortlichkeit füreinander, Akzeptanz, Toleranz, Mitgefühl, Verbundenheit, Achtsamkeit, Kreativität, Integrität und persönliche Autonomie, aktive politische Mitsprache, Dezentralisierung der Macht und Engagement in einer wirklich zivilen Gesellschaft, die nicht alle wichtigen Gesellschaftsbereiche dem Staat überlässt. Das wäre so eine Reihe von Werten des Mensch-Seins, mit denen sich wohl fast alle Menschen auf dieser Erde identifizieren können. Wenn die Versuche, universalen Werten des Menschseins allgemeine Gültigkeit zu verleihen, von immer mehr Menschen zu einer Vision verdichtet werden, kann es zur Entfaltung eines Paradigmas kommen, das auf Weisheit und Liebe beruht.

Die neue Welt wird nicht von einem Gott dort oben erschaffen, sondern durch jene höchste Kraft, die in uns selbst, in jedem Menschen ruht. Wollen wir den Himmel auf Erden erschaffen, was durchaus in unserer Hand liegt, muss diese Kraft bewusst durch die Herzensqualitäten kanalisiert werden. Der Himmel auf Erden ist kein Schlaraffenland blinden Konsums. Er kann nur ein Ort des Herzens sein. Daher ist Selbstrealisation die wichtigste Grundlage der neuen Wirklichkeit. Erst darauf folgen politische, wirtschaftliche und gesellschaftliche Maßnahmen. Denn diese müssen in Weisheit und Liebe ersonnen werden.

Jeder Einzelne ist nun gefragt. Schon ein einzelner Mensch kann viel bewirken. Es waren immer Einzelne, die der Welt von einem Tag auf den anderen ein neues Gesicht gaben. Deshalb sollten wir unser Engagement beharrlich fortsetzen und nie die Hoffnung aufgeben, ebenso wenig Verständnis und Mitgefühl, am allerwenigsten aber den unerschütterlichen Glauben an unser wahres Selbst, in dem wir mit allem eins sind, was ist.

Es gibt viele halbherzige Möglichkeiten, einen Krieg zu beenden. Aber es gibt nur eine wahrhafte Lösung für dauerhaften Frieden: die Rückkehr zur eigenen Mitte, dorthin, wo wir die Wahrheit finden. Es kann nur *eine* Lösung geben, weil es nur *eine* Wahrheit gibt.

Daher sollten wir auch den »Feinden« da draußen die Arme öffnen. Wir sollten ihnen Gehör, Aufmerksamkeit und Mitgefühl schenken. Liebe war und ist die stärkste Macht der Menschheit. Es ist die reine Kraft der Transformation. Liebe verwandelt und Liebe lässt uns wachsen, bis wir heil und ganz geworden sind. Es gibt keine stärkere Macht als die Liebe, ebenso wenig wie es einen Sieg jenseits der Liebe gibt.

Auszug aus der »Erd-Charta«, veröffentlicht von der Erd-Charta-Kommission nach ihrem Treffen am 12. bis 14. März 2000 in der UNESCO-Zentrale in Paris:

> Wir stehen an einem kritischen Punkt der Erdgeschichte, an dem die Menschheit ihre Zukunft wählen muss. Da die Welt zunehmend miteinander verflochten ist und zerbrechlich wird, birgt die Zukunft gleichzeitig große Gefahren wie große Chancen. Wir müssen uns zusammenfinden, um eine zukunftsfähige Weltgesellschaft zu schaffen, die sich auf Ehrfurcht vor der Natur, die allgemeinen Menschenrechte, wirtschaftliche Gerechtigkeit und eine Kultur des Friedens gründet. Auf dem Weg dorthin ist es unabdingbar, dass wir, die Völker der Erde, Verantwortung füreinander übernehmen, für die größere Gemeinschaft allen Lebens und für künftige Generationen.
>
> Die Menschheit ist Teil eines sich ständig entwickelnden riesigen Universums. Eine einzigartige Gemeinschaft allen Lebens bevölkert unsere Heimat Erde. Die Erde bietet alle Grundvor-

aussetzungen für die Entwicklung des Lebens. Die Kraft der Gemeinschaft allen Lebens und das Wohlergehen der Menschheit hängen davon ab, ob es uns gelingt, eine gesunde Biosphäre zu bewahren mit ihren ökologischen Systemen, dem Artenreichtum ihrer Pflanzen und Tiere, fruchtbaren Böden, reinen Gewässern und sauberer Luft. Die globale Umwelt mit ihren endlichen Ressourcen ist der gemeinsamen Sorge aller Völker anvertraut. Die Lebensfähigkeit, Vielfalt und Schönheit der Erde zu schützen, ist unsere heilige Pflicht.

Die vorherrschenden Muster von Produktion und Konsum verursachen Verwüstungen der Umwelt, Erschöpfung der Ressourcen und ein massives Artensterben. Sie untergraben die Gemeinwesen. Die Erträge aus wirtschaftlicher Entwicklung werden nicht gerecht verteilt, und die Kluft zwischen Reichen und Armen vertieft sich. Ungerechtigkeit, Armut, Unwissenheit und gewalttätige Konflikte sind weit verbreitet und verursachen große Leiden. Ein beispielloses Bevölkerungswachstum hat die ökologischen und sozialen Systeme überbelastet. Die Grundlagen globaler Sicherheit sind bedroht. Das sind gefährliche Trends, aber sie sind nicht unabwendbar.

Wir haben die Wahl: Entweder bilden wir eine globale Partnerschaft, um für die Erde und füreinander zu sorgen, oder wir riskieren, uns selbst und die Vielfalt des Lebens zugrunde zu richten. Notwendig sind grundlegende Änderungen unserer Werte, Institutionen und Lebensweise. Wir müssen uns klar machen: Sind die Grundbedürfnisse befriedigt, dann bedeutet menschliche Entwicklung vorrangig »mehr Sein« und nicht »mehr Haben«. Wir verfügen über das Wissen und die Technik, alle zu versorgen und schädliche Eingriffe in die Umwelt zu vermindern. Das Entstehen einer weltweiten Zivilgesellschaft schafft neue Möglichkeiten, eine demokratische und humane Weltordnung aufzubauen. Unsere ökologischen, sozialen und spirituellen Herausforderungen sind miteinander verknüpft, und nur zusammen können wir umfassende Lösungen finden.

Um diese Wünsche zu verwirklichen, müssen wir uns entschließen, in weltweiter Verantwortung zu leben. Wie nie zuvor in der Geschichte der Menschheit fordert uns unser gemeinsames Schicksal dazu auf, einen neuen Anfang zu suchen. Die Grundsätze der Erd-Charta versprechen diese Erneuerung. Um dieses Versprechen zu erfüllen, müssen wir uns selbst verpflichten, die Werte und Ziele der Charta zu fördern. Um eine nachhaltige globale Gemeinschaft aufzubauen, müssen die Nationen der Welt ihre Bindung an die UNO erneuern, ihre Verpflichtungen aufgrund bestehender internationaler Übereinkommen erfüllen und die Umsetzung der Erd-Charta-Grundsätze zu einem internationalen, rechtlich verbindlichen Instrument für Umwelt und Entwicklung unterstützen.

Lasst uns unsere Zeit so gestalten, dass man sich an sie erinnern wird wegen des Erwachens einer neuen Ehrfurcht vor dem Leben, dem festen Vorsatz, Nachhaltigkeit zu erreichen, der Belebung des Ringens um Gerechtigkeit und Frieden und der freudigen Feier des Lebens.

Der große Zusammenhang

Bekanntlich gibt es viele Wege zum Ziel. Doch einige haben den Vorteil, schneller und effektiver als andere zu sein. Die Neuplatoniker sprachen bereits von drei Hauptwegen, die man gehen könne, um sein Selbst zu realisieren und Vollkommenheit zu erlangen: 1) philosophische Beweisführung, 2) die Entwicklung von Tugenden und 3) das Streben nach Schönheit.

Die globale Vernetzung und das sich dadurch erschließende neue Bewusstseinsfeld erlauben es heute, die drei Wege parallel zu schalten. Genau dieser Versuch, die bisherigen Wege zu einem einzigen zu vereinen, wurde in diesem

Buch unternommen. Zusätzlich wurde diese Verbindung durch den genialen Schachzug des »Schnellen Fahrzeugs« – der Vorwegnahme des Ziels in das Hier und Jetzt – ergänzt. Dadurch entsteht ein enormer Synergieeffekt, der die Wirksamkeit abermals potenziert und die Dauer des Weges um ein Vielfaches verkürzt.

Die Beschäftigung mit der Urphilosophie, der *Philosophia perennis*, erschließt das intellektuelle Verständnis des »großen Zusammenhangs«, des unendlichen Spiels von Wahrheit und Wirklichkeit. Sie »kultiviert« das Mittlere Selbst und den Bereich des Wissens.

Die Entwicklung der Tugenden oder Herzensqualitäten ermöglicht den Zugang zum Hohen Selbst und zur bedingungslosen Liebe.

Das Streben nach Schönheit ist gleichbedeutend mit der Erziehung des Unteren Selbst, die uns die Odyssee durch unnützes Leiden erspart. Dabei werden gleichzeitig die Sinne kultiviert, welche allein Mittleres, Hohes und Unteres Selbst zu verbinden vermögen und deren Wahrnehmung ermöglichen.

Die Folge ist eine neue, moderne Praxis der Selbstrealisation, die dem Menschen Sicherheit, Weisheit, Orientierung und Kraft verleiht, jene Gaben, die einen realisierten, selbstverantwortlichen Menschen letztendlich auszeichnen.

Sicherheit ist die Folge des Selbstbekenntnisses, das die wahre Identität und den Selbstwert festigt, Selbstachtung und Selbstvertrauen schenkt und die Basis persönlicher Autonomie darstellt.

Orientierung ergibt sich durch die Ausrichtung auf das Hohe Selbst und auf die höchsten Lebensvisionen. Dadurch wird ein innerer Bezugsrahmen geschaffen, mit dessen Hilfe alles, was da draußen geschieht, interpretiert, eingeordnet, verarbeitet und vernetzt werden kann.

Weisheit ist das *innere* Wissen und das Verständnis davon, wie Menschen, Wesen, Dinge und Erscheinungen innerhalb der kosmischen Gesetze zueinander in Beziehung stehen, und wie man mit diesen Interdependenzen arbeiten kann, um seine Ziele zu erreichen und seinen Platz im Ganzen einzunehmen. Weisheit ist die Folge von Achtsamkeit, Meditation und der Befreiung von Herzensqualitäten. Dies schließt die Fähigkeit ein, tief eingegrabene Glaubenssätze, Verhaltensmuster und Gewohnheiten zu überwinden und diese in eine höhere, effektivere Lebensweise zu transformieren. Dieselbe Energie, mit der früher alte Verhaltensmuster *verstärkt* wurden, wird nun dazu verwandt, Schwierigkeiten schnell und gründlich zu meistern.

Kraft ist die Energie, die frei wird, wenn wir von diesem Platz aus unseren aktiven Beitrag zum Ganzen leisten. Kraft ergibt sich aus der Fähigkeit, sich zu konzentrieren, zu wählen, Entscheidungen zu treffen, bewusst zu handeln und Verantwortung zu übernehmen. Durch die Befreiung dieser Kraft werden wir entdecken, dass unsere kreative Energie und die Fülle unserer Erfahrung grenzenlos sind, dass wir tatsächlich schöpferische Souveränität – Vollkommenheit – erlangt haben.

Die ganze Schöpfung – physikalisch: das Universum – wartet mit Verlangen auf die Umwandlung des menschlichen Wesens in das wahre Selbst. Unser menschliches Wesen *muss* sich dieser Veränderung unterziehen. Aber Körper und Seele können nicht ohne das Universum, zu dem sie gehören, verwandelt werden. Deshalb ist es evident, dass die Umwandlung der Menschheit auch die Umwandlung des Universums bedingt.

Das Kraftfeld ist das umfassende morphische Feld[14], das die Felder sämtlicher Lebensformen beherbergt. Die einzelnen Felder sind verantwortlich für die Gestalt und die Fähigkeiten einer Spezies und sind einer ständigen Veränderung und gegenseitigen Beeinflussung unterworfen. So wird auch das morphische Feld der Menschheit andauernd von Gedanken, Erfahrungen, Handlungen und neu Erlerntem umprogrammiert und umstrukturiert. Alles, was wir individuell zur Blüte bringen, kommt der ganzen Spezies zugute. Wenn *viele* Menschen sich auf den Weg der Selbstrealisation begeben, wird irgendwann die kritische Masse erreicht sein, und Verwandlung kann stattfinden. Die persönliche Entfaltung ist eine Chance für die Transformation des Ganzen. Selbstrealisation ist die Grundlage einer neuen Kultur des Herzens.

Daher geht es heute in erster Linie darum, den »großen Zusammenhang« zu erfassen. Nur durch das Erkennen des Zusammenhangs kann ich mein Selbst verwirklichen. Wer den Zusammenhang nicht erfasst, versteht praktisch *nichts*, selbst wenn er noch so viel weiß.

Im Verlauf des patriarchalen Zeitalters hatte sich der Mensch der Erforschung der einzelnen *Teile* gewidmet. JETZT heißt es, diese Teile zu einem Gesamtkunstwerk zusammenzufügen und dem Zeitalter der Integration die Tore zu öffnen. *Bewusste* Verbindung aber ist Liebe; Liebe in ihrer ursprünglichsten Idee: *agape*, allumfassende Liebe.

Menschen, die den Zusammenhang nicht erfassen, können nicht wahrhaft lieben, selbst wenn sie der heftigsten Gefühle fähig sind. Dem Begehren verhaftet, kreisen sie um sich selbst und vertreiben das, was sie zu lieben glauben. Ihre Welt ist klein, nur ein Ausschnitt dessen, was möglich wäre. Daher sind diese Menschen unglücklich und ohne Freude. Wer jedoch einmal den Zusammenhang erkannt hat, der wird wirklich und wahrhaftig *sein* können.

Der Zusammenhang ist immer da. Es ist der gemeinsame, verbindende Urgrund. Es ist Gott. Gott ist die Liebe.

Nur weil es einen Zusammenhang gibt, kann ich existieren. Nur weil ich Liebe bin, bin ich.

Ein Teil von mir schwingt immer in dieser Liebe; er war immer Liebe und wird immer Liebe sein. Und dieser Teil ist mein wahres Selbst. Wenn ich mich der Liebe öffne, erfahre ich den Zusammenhang und wenn ich den Zusammenhang erkenne, erfahre ich die Liebe. Dies ist das Mysterium der Gnade.

Selbstrealisation ist der übergeordnete Auftrag im Leben eines Menschen. Schon die Entscheidung, diesen Auftrag anzunehmen, erhebt seine Persönlichkeit, seine Lebens- und Seinsqualität, seine Beziehungen, seine Arbeit, seine Möglichkeiten für inneres und äußeres Wachstum auf eine höhere Stufe. Wer im Hohen Selbst einen klaren Standpunkt bezogen hat, dem werden sich allmählich immer subtilere Bereiche des großen Zusammenhangs offenbaren. All die Bruchstücke seiner Erkenntnisse, Erfahrungen und Erinnerungen werden sich wie Teile eines Puzzles zu einem ganzen Bild zusammenfügen, bis er verbunden ist mit allem, was ist, jemals war und jemals sein wird.

Amo ergo sum

Mich selbst lieben heißt:
mein wahres Selbst erkennen
und zur Entfaltung bringen.

Einen Menschen lieben heißt:
ihn so sehen, wie er »gemeint ist«
und ihn in seiner Wahrheit unterstützen.

Die Menschheit lieben heißt:
verstehen, dass wir im Kern alle eins sind.

Die Natur lieben heißt:
die in ihr herrschenden Prinzipien wertschätzen
und nach ihren Gesetzen leben.

Die Erde lieben heißt:
alles Leben wertschätzen.

Den Kosmos lieben heißt:
geben und nehmen, leer werden und erschaffen,
werden und vergehen.

Die Wirklichkeit lieben heißt:
Verantwortung übernehmen.

Die Wahrheit lieben heißt:
Vertrauen.

Gott lieben heißt:
das Mysterium der Gnade erfahren.

ALLES lieben heißt:
einfach *sein*.

Ich bin, was ich liebe.
Ich liebe, also bin ich.
Amo ergo sum.

Zu guter Letzt

Zu guter Letzt möchte ich mich bei jenen Menschen bedanken, die zum Entstehen dieses Buches beigetragen haben. In erster Linie gehören dazu meine Freunde, mit denen ich auf tiefster Ebene verbunden bin, denn ohne die gemeinsame Suche nach »Gott« und ohne den ständigen Austausch von Ideen, Gedanken und Erfahrungen, wäre das vorliegende Buch gar nicht erst entstanden. Allen voran danke ich meiner Freundin Anne Devillard, Chefredakteurin der Zeitschrift *Natur & Heilen*. Wir kennen uns seit mehr als zwanzig Jahren, und sie ist für mich das, was man in Deutschland eine »Busenfreundin« nennt. Ein schöner Ausdruck, finde ich. Der Busen ist der Ort des Herzens und unsere Freundschaft ist eine wirkliche Herzensfreundschaft. In all den Jahren ist nicht ein einziges liebloses Wort zwischen uns gefallen; ein Beweis dafür, dass es tatsächlich möglich ist, sich *jederzeit* respektvoll zu begegnen. Auf unseren gemeinsamen Reisen haben wir viele Menschen, die für das neue Zeitalter von Bedeutung sind, besucht und interviewt. Alles, was wir gemeinsam unternahmen, war geprägt von Bedingungslosigkeit, Lebendigkeit und einer enormen Lebensfreude. Des Weiteren möchte ich dem Religionsphilosophen Roland R. Ropers für seine geistigen Anregungen danken. Roland ist Chairman der *Gandhi & Griffiths Society*, einer Bewegung für Gewaltlosigkeit und Spiritualität, zu deren Gründungsmitgliedern Raimon Panikkar, Pater Michael Windey, Lama Doboom Tulku, Joseph Prabhu, Karan Singh, Ruben Habito, Peter Feuchtwanger, Hanna Ludwig, Haleh Alp, Christiane May-Ropers und auch ich zählen; er ist eine wandelnde philosophische Zitatensammlung und ein genialer Etymologe. Eine ganze Reihe der in diesem Buch vorgestellten Zitate stammen aus seinem Fundus. Ganz herzlich danke ich meiner Tochter Elena für die Erklärung lateinischer Begriffe und für ihre Mitarbeit bei der Korrektur des Buches.

Nicht vergessen möchte ich meinen Herzensfreund Carlo Grunow, Physiker und Mystiker, meinen brüderlichen Freund Geshe Lobsang Sampten, der mich monatelang im Drepung Kloster in Mundgod, Südindien, bei sich beherbergte und mich in den buddhistischen Lehren unterwies; Elena Rohacsek mit ihrer natürlich-medialen Begabung und ihrer außergewöhnlichen Liebesfähigkeit; Els Bohnenkamp, die wunderbare Gedichte verfasst; meinen väterlichen Huicholfreund, den Schamanen Don Antonio aus Tuxpan de Bolanos, Mexiko, mit dem ich aufs Engste verbunden bin, auch wenn ich ihn schon seit vielen Jahren nicht mehr gesehen habe.

Ein herzliches Danke an meinen Verleger Lienhard Valentin vom Arbor Verlag, an Dirk Henn für die Gestaltung des Buches, sowie an Eva Bachmann für ihre engagierte Lektoratstätigkeit.

Ganz besonders bedanken möchte ich mich bei Franz Bergmann, dem Lebensgefährten meiner Mutter seit dem Tode meines Vaters. Er hat mich immer wie seine eigene Tochter behandelt und mich unterstützt, wo er nur konnte.

Großer Dank gebührt den Meistern, bei denen ich in die Lehre ging. Ich brauche weder sie noch ihre Schulen beim Namen nennen. Was sie lehrten, ist von universaler Gültigkeit und sie selbst befinden sich bereits in einem Bewusstseinsfeld jenseits der Unterschiedlichkeit. Was bedeuten dort noch Namen oder Richtungen? Ich denke, dass ich sie auf diese Weise weit mehr würdige, als wenn ich sie namentlich aneinander reihe.

Ein neuer *way of life*, ein neues Miteinander ist im Entstehen, und es ist wunderbar, daran beteiligt zu sein: mit all seinen Kräften und Gaben, mit der ganzen Fähigkeit, Schönheit zu schaffen und mit jener Freude, die zu sprudeln beginnt, wenn die höchsten Visionen Wirklichkeit werden. Meine höchste Vision ist es, einen Beitrag zur Entstehung dieser »Kultur des Herzens« zu leisten und mein Wissen darüber mit möglichst vielen Menschen zu teilen. Meine ganze Arbeit steht im Dienst dieser Sache.

So wird im Herbst 2005 das Arbeitsbuch zu *Amo ergo sum* mit vielen praktischen Übungen und 2 CDs im Integral Verlag erscheinen. Und jeder, der tiefer in den Spirit und die Philosophie von *Amo ergo sum* eintauchen und diese weitergeben möchte, ist herzlich eingeladen, an meinen Workshops und Seminaren zur Selbstrealisation teilzunehmen oder die zweijährige Ausbildung zum *Consultant for Integral Development* (Berater/in für Selbstrealisation und Integrales Wachstum) zu absolvieren. Ausführliche Informationen hierzu bietet meine Webpage www.christinakessler.com oder das *Amo-ergo-sum*-Organisationsbüro,

Am Erlbach 7,
82386 Oberhausen,
Tel: 0049-(0) 8802/907337;
Fax: 0049-(0) 8802/907338.

Alle diese Veranstaltungen sollen ein Ort der Begegnung und der Inspiration sein. Es sollen keine Lehrgebäude vermittelt werden, sondern die Grundlagen für den Weg in die eigene Freiheitlichkeit. Wahrhaftigkeit, Liebe und Freude sind die Merkmale des neuen *way of life*, der neuen Wirklichkeit. Und diese neue Wirklichkeit hat bereits begonnen.

Liebe Leserin, lieber Leser,

eigentlich bräuchte ich gar nichts zu erzählen, denn jeder trägt dieses Wissen in sich. Und doch drängt es mich, all das zu sagen. Es ist mein Lied, meine Geschichte, mein Leben. Ich kann nicht anders, als es zu singen, einfach deshalb, weil es mir so gegeben ist. Es ist das Lied der Welt von morgen, dessen zarte Melodie heute schon zu vernehmen ist. Es ist das Lied der Fülle, des »Sowohl-als-auch«. Der neue Mensch wird ein Liebender sein oder er wird nicht mehr sein. Übermorgen, wenn die Evolution unser Bewusstsein noch weiter gelenkt haben wird, wird unser gemeinsames Lied nicht mehr von Worten getragen sein; unsere Erkenntnis wird »Keines-von-beiden« lauten und uns die *radikale Freiheit* bescheren. Doch diese Wirklichkeit liegt noch in weiter Ferne, so fern, dass wir nicht einmal Sehnsucht nach ihr verspüren, obwohl diese in unseren Tiefen bereits vorhanden ist. Es ist die gleiche Sehnsucht wie diejenige, die uns gegenwärtig zur schöpferischen Souveränität führen will. Es ist die universelle Sehnsucht nach Vollkommenheit, die uns im Strom der Entwicklung immer weitertreibt.

Danke, dass du meinem Lied gelauscht hast.

Anmerkungen

Erstes Buch

1 Die Morgengabe ist nach altem deutschem Brauchtum das Geschenk, das der Bräutigam der Braut nach der Brautnacht überreicht.

2 Paul Davies, *Gott und die moderne Physik*. München: Goldmann, 1989

3 Homosexuelle Gottheiten hat es in Kulturen, in denen Homosexualität eine legitimierte Form der Sexualität war, durchaus schon gegeben.

4 Fjodor M. Dostojewski, *Die Besessenen*. Zitiert nach der amerikanischen Ausgabe von Constance Garnett, New York: Modern Library, 1936

5 In Findhorn, einer spirituellen Gemeinschaft in Schottland, gegründet von der Familie Caddy Anfang der sechziger Jahre, wurde dies bereits vorgelebt.

Zweites Buch

1 Der Ausdruck *Philosophia perennis* oder »immerwährende Philosophie« wurde in dieser Bedeutung zum ersten Mal von dem deutschen Philosophen Gottfried Wilhelm Leibniz (1646–1716) benutzt und später von Aldous Huxley (1894–1963) übernommen, um die »höchsten gemeinsamen Faktoren« von Religion sowie spirituellen und esoterischen Philosophien zu beschrei-

ben. Die Philosophia perennis ist eine vom Dogmatismus befreite Religion – der die Zeit überdauernde Extrakt der Weisheit und des Wissens. Sie hat ihren Ursprung nicht in der Theorie, sondern in der Erfahrung: der Erfahrung der Einheit, des Eingebettetseins in ein universelles Bewusstsein, der *unio mystica*. Die Philosophia perennis ist in allen Zeitaltern und von allen Kulturen neu formuliert worden. Auch in der Alchemie und der Hermetik fand sie eine eigene Ausprägung. In unserer Zeit hat sie die Transpersonale Psychologie beeinflusst und wird von ihr praktisch genutzt. Der amerikanische Philosoph und Bewusstseinsforscher Ken Wilber (geb. 1949) ist einer ihrer bedeutendsten zeitgenössischen Vertreter, obgleich er sich in seinen neuesten, evolutionstheoretischen Werken davon distanziert hat.

2 Raimon Panikkar, *Der Weisheit eine Wohnung bereiten*. München: Kösel, 1991, S. 108

3 Brian Greene, *Das elegante Universum. Superstrings, verborgene Dimensionen und die Suche nach der Weltformel*. Berlin: Siedler, 2000

4 In den Jahren 1939–1950 arbeitete der Biologe Ludwig von Bertalanffy die »Allgemeine Systemtheorie« aus, die sich gemeinsam mit der modernen Physik und unter ihrem Einfluss entwickelte. Die Systemtheorie legte die Grundlage für die Arbeiten von Koestler, Ken Wilber und anderen, die entscheidend zur Entstehung des neuen holografischen, holistischen oder integralen Weltbilds beitrugen und immer noch beitragen.

5 Fritjof Capra, *Das Tao der Physik*. Bern/München: Scherz, 1984 (revidierte und erweiterte Neuausgabe); *Wendezeit*. Bern/München: Scherz, 1982

6 David Bohm, *Die implizite Ordnung. Grundlagen eines dynamischen Holismus*. München: Goldmann, 1987

7 Noch einmal zur Erinnerung: Das Wort Existenz leitet sich ab vom lateinischen *existere* – heraustreten. Existenz bedeutet also das Heraustreten aus dem Urgrund. Mit Bohms Worten könnte man sagen: Die Entfaltung der impliziten Ordnung der Ganzheit in den Bereich des Expliziten, Individuellen, Autonomen hinein.

8 Im Gesetz der natürlichen Hierarchie und der Theorie der Holons, die hier in Anlehnung an die Formulierung Wilbers (*Eros, Logos, Kosmos*. Frankfurt am Main: Fischer Taschenbuch Verlag, 2001) dargestellt sind, wäre auch die Theorie der morphischen Felder anzusiedeln, die 1981 von dem englischen Biologen und Naturphilosophen Rupert Sheldrake entwickelt wurde (Rupert Sheldrake, *Das schöpferische Universum*. Die Theorie des morphogenetischen Feldes. Berlin: Ullstein Taschenbuchverlag, 2001).
Sheldrakes Hypothese ist eine Anwendung der Feldtheorie auf die Biologie. Sie besagt, dass es innerhalb des Plenums ein formbildendes Prinzip gebe, das auf lebende Organismen und ihr Verhalten einwirke, jedoch selbst immateriell und nicht energetisch sei und am ehesten als Bewusstseinsfeld betrachtet werden könne. Jede Spezies besitzt ein eigenes solches Feld, ein »morphogenetisches Feld« also, das ihre charakteristischen Eigenschaften bestimmt: die Gestalt, die Struktur des Bewusstseins, des Verhaltens usw. Das jeweilige morphogenetische Feld beherbergt sämtliche Informationen einer Spezies, wobei die vergangenen Formen eines Systems jeweils die Neubildungen bestimmen, selbst wenn diese räumlich weit voneinander entfernt sind. Sheldrake zitiert Experimente, die in den zwanziger und dreißiger Jahren mit Ratten durchgeführt wurden. Diese Experimente zeigten, dass erlernte Fähigkeiten vererbt werden können. Neue Verhaltensweisen, die von Ratten in Australien erlernt worden waren, konnten kurze Zeit darauf bei Ratten in England festgestellt werden – für Sheldrake ein Anhaltspunkt dafür, dass jedes Mitglied einer Spezies mittels »morphischer Resonanz« mit dem entsprechenden Informationsfeld in Verbindung steht. In der Terminologie Bohms ausgedrückt, könnte man sagen, dass es innerhalb der impliziten Ordnung des Ganzen weitere, untergeordnete implizite Ordnungen gibt, die sich wiederum in das Explizite entfalten und umgekehrt – wie die russischen Puppen, die Schachteln innerhalb von Schachteln innerhalb von Schachteln sind: Holons.

9 Vgl. Ken Wilber, *Eros, Logos, Kosmos*

10 Vgl. ebd.

11 Vgl. ebd.
12 Joseph Needham, *Science and Civilization in China*. London: Cambridge University Press, 1956, S. 566
13 Friedrich Nietzsche, *Sämtliche Werke in zwölf Bänden*. Band VIII. Stuttgart: Alfred Kröner, 1964, S. 375/6
14 Raimon Panikkar, *Der Weisheit eine Wohnung bereiten*. München: Kösel, 1991, S. 28
15 Thomas Merton (Hrsg.), *Sinfonie für einen Seevogel und andere Texte des Tchuang-tse*. Düsseldorf: Patmos, o. J. [1973], S. 53
16 Michael Murphy definiert in seinem Werk *Der Quantenmensch*, München: Integral 1994, das Phänomen Gnade als »den Vorgang, durch den das Wissen um die Einheit allen Seins, ichtranszendierende Liebe und andere außergewöhnliche Fähigkeiten in uns entstehen«.
17 Paramahansa Yogananda, *An der Quelle des Lichts*. Los Angeles u. a. Self-Realization Fellowship, 2000, S. 220
18 Dieser bewusste Persönlichkeitsanteil wurde in der Literatur wie auch in der modernen Psychologie seit Freud häufig als »Ego« bezeichnet. Ich möchte noch einmal darauf hinweisen, dass, wenn in diesem Buch vom »Ego« die Rede ist, nicht das Mittlere Selbst, sondern die Summe der falschen Selbstbilder eines Individuums gemeint ist.
19 Eine alte Weisheit der Huna aus Hawaii.
20 Paramahansa Yogananda, *An der Quelle des Lichts*, S. 20
21 Ebd., S. 21

Drittes Buch

1 Ken Wilber, *Einfach »Das«*. Tagebuch eines ereignisreichen Jahres. Frankfurt am Main: Fischer Taschenbuch Verlag, 2001
2 Thomas Merton (Hrsg.), *Sinfonie für einen Seevogel und andere Texte des Tchuang-tse*. Düsseldorf: Patmos, o. J. [1973]
3 Parthasarathi Rajago-palachari aus Madras, Südindien, ist der gegenwärtige Präsident der Sahaj-Marg-Schule (Sahaj Marg – Der einfache Weg), einer modernen Richtung des Rajayoga.
4 Höchstes Stadium des *samadhi* (Skrt.).

5 Worte des Zen-Meisters Tesshu Yamaoka.

6 Zitiert nach Roland R. Ropers, *Geburtsstunde des neuen Menschen.* Hugo Makibi Enomiya-Lassalle zum 100. Geburtstag. Via Nova, 1998, S. 135

7 Zitiert in Shankar Vedantam, »Tracing the Synapses of our Spirituality – Researchers Examine Relationship between Brain and Religion«, in: The Washington Post, 17. Juni 2001, S. A1

8 Roland R. Ropers, *Geburtsstunde des neuen Menschen,* S. 144

9 Wasserkristalle und ihre Botschaft, in: *Natur & Heilen,* Januar 2002, S. 30–37

10 Die *Akasha-Chronik.* (skrt. *akasha* – Raum, Äther) wird auch *Buch des Lebens* genannt. Es ist die *Weltchronik,* das morphogenetische Feld, in dem alle Taten, Gedanken und Gefühle gleichsam als Bilder im Weltäther aufgezeichnet sind. Von dort können sie auf medialem Weg abgerufen werden.

11 Masaru Emoto hatte im oben erwähnten Interview das optimale Verhältnis von weiblicher und männlicher Energie anhand des Wassermoleküls interpretiert. Ich habe es mir erlaubt, die »Botschaft des Wassers« auf das Verhältnis von Achtsamkeit und Konzentration zu übertragen.

12 Antoine de Saint-Exupéry, *Der Kleine Prinz.* Düsseldorf: Karl Rauch, 1956, S. 72

13 Roland R. Ropers, *Geburtsstunde des neuen Menschen,* S. 144

14 Nach Rupert Sheldrake, *Das schöpferische Universum.* Die Theorie des morphogenetischen Feldes. Berlin: Ullstein Taschenbuchverlag, 2001